·本书受内蒙古自治区科技计划项目“内蒙古公共机构能耗大数据分类评价动态分析模型研究及应用系统实现（项目编号：201702018）”资助

Research on the Big Data Based Classified Evaluation and Dynamic Analysis of Public Institutions Energy Consumption

– A Case Study of Inner Mongolia Autonomous Region

公共机构能耗大数据分类评价动态分析研究

——以内蒙古自治区为例

曹文继　杜金柱　张维化◎著

中国经济出版社
CHINA ECONOMIC PUBLISHING HOUSE
北 京

图书在版编目(CIP)数据

公共机构能耗大数据分类评价动态分析研究：以内蒙古自治区为例/曹文继，杜金柱，张维化著．--北京：中国经济出版社，2023.1

ISBN 978-7-5136-7181-1

Ⅰ．①公… Ⅱ．①曹… ②杜… ③张… Ⅲ．①国家行政机关-能耗计算-评价-研究-内蒙古 Ⅳ．①F426.2

中国版本图书馆 CIP 数据核字(2022)第 231444 号

责任编辑 张利影
责任印制 马小宾
封面设计 华子图文

出版发行 中国经济出版社
印 刷 者 河北宝昌佳彩印刷有限公司
经 销 者 各地新华书店
开 本 710mm×1000mm 1/16
印 张 14.75
字 数 240 千字
版 次 2023 年 1 月第 1 版
印 次 2023 年 1 月第 1 次
定 价 80.00 元
广告经营许可证 京西工商广字第 8179 号

中国经济出版社 **网址** www.economyph.com **社址** 北京市东城区安定门外大街 58 号 **邮编** 100011
本版图书如存在印装质量问题，请与本社销售中心联系调换(联系电话：010-57512564)

摘　要

本书以内蒙古自治区公共机构能耗为研究对象，基于已有的海量能耗数据建立数据库，利用大数据分析方法，建立能耗分析模型，构建能耗大数据分布式处理应用系统，制定各级各类机构能耗基准线和能耗定额。在此基础上，建立能耗评价指标体系，确定指标权重，对内蒙古自治区各级各类公共机构进行能耗评价，形成机构能耗评价报告，并构建了基于大数据的公共机构能耗分级分类评价软件系统。

以内蒙古自治区各公共机构2016—2019年能耗数据为基础，整合内蒙古自治区2010年以来各地区的温度数据及部分机构的用电数据，建立多维度的能耗评价数据库，运用大数据分析手段，建立分区域、分行业、分级的公共机构能耗评价分析模型。

通过抽取、转换、整合部分公共机构细粒度用户用电数据，对内蒙古自治区公共机构能耗数据进行验证和评价，并针对差缺、异常、不规则数据运用多种手段进行梳理、修正，最终形成较为有效的公共机构能耗数据库。

研究编制首套内蒙古自治区党政机关、教育机构、医疗机构、其他机构四个行业分类的分区域、分级的能耗定额地方标准。在此基础上依据公共机构的用能总量、用能类型、用能结构、用能人数、建筑面积、气候环境等维度构建能耗评价模型，形成了各机构的用能评价报告，并开发了公共机构能耗分级分类评价系统。

关键词： 内蒙古自治区　公共机构能耗　能耗定额标准　大数据　数据处理　分级分类　评价指标　综合评价　可视化分析

摘 要

目 录
Contents

1 绪论

1.1 能耗研究背景与公共机构节能的意义

1.1.1 能耗研究背景

受温室效应的影响，全球多地出现了极端的气候现象，给世界带来了诸多灾难。南极和格陵兰岛的冰盖融化，北极海平面持续下降，非洲和亚洲大范围的暴雨和洪灾，南美洲严重干旱，欧洲高温酷暑，美国数量创纪录的风暴登陆，临海城市海平面上升。世界气象组织研究表明气候变化已接近危险的程度，全球气候变暖是当今人类面临的重大威胁，确立全球温控已成为世界共识。

从大环境来讲，20 世纪 70 年代至今，全球碳排放与全球经济发展基本呈现出正相关关系，随着全球经济的发展，全球碳排放总量和人均碳排放量均有大幅增长。

从碳排放总量和经济增速来看，全球碳排放量与经济总量呈现同步上升趋势，但增速近年来有所放缓。

经济总量与碳排放同步增长的原因是经济的增长加大了各经济部门对电力、石油等能源的需求，而电力生产、石油、天然气等化石能源的使用都会造成大量碳排放。2018 年，全球碳排放量达到了历史最高值(340.5 亿吨)，是 1965 年的 3 倍。碳排放增速方面，随着气候问题逐步成为全球共识，各国纷纷采取措施控制碳排放，碳排放增速开始放缓，2019 年全球碳排放增长率已接近于 0。

从区域结构来看，亚洲在中国、日本等国家经济增长的驱动下碳排放量快速增长，逐步成为世界第一大碳排放地区，主要原因是二战后很多亚洲国家开始进行大规模的经济建设。随着中国、日本、韩国、印度等国家的经济快速发展，对能源、工业产品等的需求剧增，从而带动了碳排放量的快速增长。北美、欧洲的碳排放量则逐步走低，进入负增长阶段。大洋洲、非洲、南极洲目前碳排放量极小。

根据一些研究资料估算，2019 年中国与能源相关的二氧化碳排放量约为 98.26 亿吨，占世界二氧化碳排放总量的 28.8%。由此可以看出，中国的碳减排对世界至关重要。

中国历来对节能减排工作非常重视，近年来更是把节能减排工作提高至战略国策的地位。

2020 年 9 月 22 日，国家主席习近平在第七十五届联合国大会一般性辩论上发表重要讲话，宣布中国二氧化碳排放力争于 2030 年前达到峰值，努力争取 2060 年前实现“碳中和”。这是我国基于构建人类命运共同体的责任担当和实现可持续发展的内在要求做出的重大战略决策。

2021 年 4 月 30 日，在中共中央政治局第二十九次集体学习时，习近平总书记指出，实现“碳达峰”“碳中和”是我国向世界做出的庄严承诺，也是一场广泛而深刻的经济社会变革，要推动经济社会发展建立在资源高效利用和绿色低碳发展的基础之上，促进全面绿色转型。

公共机构，尤其是党政机关是国家经济社会活动的管理中枢和全社会节能节约的倡议者、组织者、领导者，担负着推动、指导全社会节能的重任。公共机构带头节约资源，不仅对控制和降低资源消费增长有着直接的现实意义，还将对引导和推进全社会节约资源起到积极的示范效应和导向作用。

从“十二五”开始，我国的能源政策已逐步倾向于强度和总量“双控”。公共机构能耗定额是从控制能源总量消耗的角度特别提出的概念，特指在定额期内(一般一年)，公共机构所有建筑实现使用功能所允许消耗的能源数量的上限。

向能耗定额方式转换首先是由于传统的节能指标过于单一，在节能工作中存在一定问题。在过去的节能管控中，节能指标仅要求公共机构单位能耗强度比上年定量比例性减少，未考虑公共机构在经济性增长和工作量增长中的能耗需求；其次是由于在过去的公共机构节能中关于能源方面仅有统计功能，没有评价功能。

能耗定额与分类评价可以从源头上降低公共机构能源消耗，提高能源利用效率，减少能源消费支出。能耗定额与分类评价可以为制订用能计划提供可靠依据，具有重要现实意义。以能耗统计数据为基础，不断提高定额标准编制和应用的水平，而定额标准编制和应用水平的提高会进一步促进公共机构节能精细化管理，公共机构节能精细化管理则会使公共机构持续提高能源使用效率，降低能耗。为了提高能源使用效率，降低能耗，公共机构则会规范公共机构用能行为，合理设定定额标准。在这个过程中，必须使用更加细致的分量计量数据，进一步推动能耗统计数据的细化，从而形成一个良性循环。

《公共机构节能条例》第 16 条规定“国务院和县级以上地方各级人民政府管理机关事务工作的机构应当会同同级有关部门按照管理权限，根据不同行业、不同系统公共机构能源消耗综合水平和特点，制定能源消耗定额，财政部门根据能源消耗定额制定能源消耗支出标准”。第 17 条规定“公共机构应当在能源消耗定额范围内使用能源，加强能源消耗支出管理；超过能源消耗定额使用能源的，应当向本级人民政府管理机关事务工作的机构做出说明”。《公共机构节能“十二五”规划》提出“要根据不同行业、不同系统的能源资源消费水平和特点，制定公共机构能源消耗定额和费用支出标准，建立能源消耗基准线，实行能源消耗定额管理”。《公共机构节约能源资源“十三五”规划》提出“要推动建立能源资源消费基准线和能耗定额标准，强化能耗强度控制”。条例和规划对定额管理的表述，既说明定额管理是推进公共机构节能的理想状态，也说明定额管理目前仍是公共机构节能工作的短板。2019 年，国家机关事务管理局为推动能耗限额向定额转变，节能司发布《公共机构能耗定额标准编制和应用指南(试行)》(国管办发〔2019〕5 号)，要求各省份制定本地区的能耗定额。但目前全国各地区公共机构能耗定额标准编制工作整体水平参差不齐，定额标准编制还不够规范，需要以国标的方式规范各地能耗定额要求，以便统一管理和考核。因此，国家机关事务管理局节能司建议开展《公共机构能耗定额标准编制通则》编制工作，做好定额标准编制和应用的顶层设计，以此为纲，用于指导各地区规划定额标准编制工作，实现公共机构能耗定额精细化管理。

1.1.2 公共机构节能的意义

节约资源和保护环境是我国的基本国策。《中华人民共和国国民经济和社会发展第十四个五年规划和2035年远景目标纲要》明确提出，今后5年，单位国内生产总值能源消耗和二氧化碳排放分别降低13.5%和18%；展望2035年，广泛形成绿色生产生活方式，碳排放达峰后稳中有降，生态环境根本好转，基本实现美丽中国建设目标。

公共机构是建设生态文明的重要力量，在做好“碳达峰”“碳中和”工作中承担着重要职责。

从能源资源消费量和碳排放量上看，2020年我国共有公共机构158.6万家，能源消费总量为1.64亿吨标准煤，用水量达到106.97亿立方米，能源资源消费量和碳排放量仅次于工业、建筑、交通等领域。

从能源资源消费类型上看，公共机构建筑面积总量较大，建筑能耗约占全社会能耗的1/3，碳排放量约占社会碳排放总量的40%，推进公共机构建筑节能降碳将显著改善社会整体能耗和碳排放状况。因此，公共机构带头推进绿色建筑创建活动，严格执行绿色建筑标准，加大既有建筑节能改造力度，加强绿色化运行管理，对实现建筑全方位、常态化节能降碳具有重要意义。

从能源资源消费行业分类上看，2020年，全国教育类公共机构用能约5625万吨标准煤、用水约32亿吨，分别占公共机构用能、用水总量的34.4%、29.6%，是能源资源消耗大户。

从能源资源消费社会影响上看，公共机构包括机关、学校、医院等，类型多、数量多、人员多，而且很多单位还直接面向社会公众。公共机构带头推进低碳办公、倡导绿色生活、反对铺张浪费，能够有效带动形成勤俭节约人人尽责、节能减排人人担当、绿色环保人人作为、生态文明人人践行的良好社会风尚。而大力推进“绿色学校”建设，将绿色低碳理念贯穿到学校规划建设、运行管理、教育教学等各方面，培养学生形成节能环保和勤俭节约的观念，并通过学生带动家庭，进而提升全社会生态文明素养。因此，公共机构节能对全社会有重要的影响和示范作用。党政机关是全社会行为和道德风尚的标杆。公共机构带头节约能源资源、注重环境保护，就能引领全体国民提高节能和保护环境意识，在全社会形成良好的节能环保氛围。一把相对公平的标尺可以为从源头上降低公共机构能源消耗、提高能源利用效率、减少能源消费支出发挥有效的指导作用。

从提升自身公信力和节能监管能力上看，公共机构作为节能降碳工作的倡导者、监督者、执行者，将自身节能降碳的实践经验作为制定政策、完善制度规定和相关标准的重要依据，可以进一步提升工作的针对性和实效性。公共机构节能是提升公共机构自身公信力和节能监管能力的必然要求。各级公共机构，特别是党政机关，既是能源消费者，又是节约能源和保护环境的倡导者和管理者。正人先正己，公共机构只有带头节约能源资源、保护环境，才能有效地对其他社会主体在节能环保方面进行监督管理。

近年来，公共机构在推进能源资源节约和生态环境方面做了扎实的工作，这些工作包括但不限于公共机构能效水平的提高、公共机构节能制度标准的完善、公共机构节能示范带动作用的持续发挥、公共机构节能管理水平能力的增强。全国共创建6万余家节约型公共机构机关、3000多家节约型公共机构示范单位、近400家公共机构能效“领跑者”、约6万家公共机构节水型单位。与2015年相比，全国公共机构减少煤炭消费5.17%，公共机构单位建筑面积能耗下降约10.7%，人均综合能耗下降约11.1%，人均用水量下降约15.1%，圆满完成了“十三五”所规划的能源资源节约和生态环境保护工作，为国家的节能降耗做出了重要贡献。

“十四五”时期，我国生态文明建设进入了以降碳为重点战略方向、推动减污降碳协同增效、促进经济社会发展全面绿色转型、实现生态环境质量改善由量变到质变的关键时期。节约能源资源、保护生态环境，任重道远，使命光荣。公共机构一定会更加紧密地团结在以习近平同志为核心的党中央周围，立足新发展阶段、贯彻新发展理念、构建新发展格局，聚焦实现“碳达峰”“碳中和”目标，恪尽职守、攻坚克难，扎实做好公共机构能源资源节约和生态环境保护工作，推动新时代机关事务工作高质量发展，努力为美丽中国建设做出新的更大贡献。

1.2 国内外公共机构能耗现状综述

1.2.1 国内公共机构能耗现状

党的十八大以来，公共机构节能减排从无到有、由浅入深，取得了积极进展，在能源利用效率、示范引领机制、制度标准体系、管理体制机制4个方面打下了良好的基础，为公共机构开展“碳达峰”“碳中和”工作创造了有利条件。一是能源利用效率持续提升，为公共机构“碳达峰”奠定了基数优势。二是示范引领机制基本形成。通过多渠道、多层次创建示范单位，及以节能宣传周为主阵地的宣教体系，引领绿色风尚，带动全社会节能减排工作。三是制度标准日益健全，治理体系逐步完善。四是管理机制持续优化，形成了上下协调、横向互动、共同推进的工作格局，治理能力显著提升。建立了省、市、县三级公共机构节能联络员、统计员制度。通过组织面授培训、远程网络培训等方式，10年来累计培训公共机构节能管理人员300余万人次。

2015—2020年，公共机构扎实推进能源资源节约和生态环境保护工作，能效水平不断提升，制度标准日益完善，示范带动作用持续发挥，节能管理能力显著增强，具体表现在：

公共机构制度办法方面，国内分别出台了公共机构能源资源消费统计制度、能源审计管理暂行办法、有关公共机构的各类国家标准、29个省公共机构的节能政府规章等制度与办法。

公共机构数据统计方面，国内已推动各级公共机构实施能耗电力、水等分户、类、项三级数据计量，当前已有7000余家公共机构建设节能监管系统，已有70余万家公共机构报送统计数据。

公共机构设定目标责任方面，至2019年已有8省将节能纳入省政府绩效考核体系；多省建立节能考核的常态化机制、加大公共机构能源审计力度。多省制订“碳达峰”“碳中和”（“双碳”）目标和与之相关的计划。

公共机构宣传培训方面，国内从电视、报刊、网络等多方向开展节能宣传，部委加高校建立公共机构节能培训体系，10余年间培训节能工作者约300万人次。

从公共机构节能改造成果来看，当前国内公共机构已投入200多亿元实施供热、空调、照明、电梯、水泵、数据中心、食堂等用能系统改造；2017年年底，中央国家机关和29个地区的省直机关率先实现了生活垃圾强制分类；30个地区出台节水型单位建设标准，各地区1000多家省直机关和2000多家省属事业单位建成节水型单位，中央国家机关本级有独立办公区的单位全部建成节水型单位；建成2000余家国家级节约型示范单位、2300余家省级节约型示范单位、100余家地市级节约型示范单位。

从公共机构地方限额标准实施情况方面来看，国家机关事务管理局《节能条例》实施以来至今，各地积极推进能耗定额管理工作和定额标准编制工作；全国约有20个省份出台各类公共机构的能耗定额标准。

当然，当前公共机构节能也存在一系列问题。例如，部分地区编制（应用）定额标准认知不统一；部分地区缺乏经验，其出台标准应用性差，与实际结合差；部分地区缺乏专业编制方法与实施方案，或只有标准没有对应的实施方案；部分地区数据基础差，缺少对应的分量计量数据；各地地方用能情况不同，存在多种多样的特殊用能。

1.2.2　国外公共机构能耗现状

从大环境上看，面对碳排放快速增长带来的威胁，世界各国一般采取了立法、政策宣示等措施开展减排行动，包括中国在内的主要碳排放国家设置了实现“碳中和”的目标时间。

对于公共机构节能，各国采取的方式也不尽相同。

在日本，政府在节约资源的诸多方面提倡政府机关身体力行。政府机关开会用的讲稿，经常是使用用过的稿纸的背面来打印。政府机构发给新闻单位的新闻稿和相关资料，基本上都是双面复印的。这样做虽然会让工作人员麻烦点，但可以减少50%的用纸量。在使用公务车上，日本政府也有严格规定。专车原则上只能在领导执行公务时使用，不可用其办理私事。大臣和副大臣的通勤属于公务，他们可以由专车接送上下班，但局长一般情况下只接送到车站，然后乘坐公共交通工具上下班。

在德国，政府部门为每个建筑安装各种能源监测的读数表，通过对这些数据的收集整理，不仅可以随时掌握能源使用情况，发现潜在的浪费问题，还可以通过分析数据制定出适合社会情况的合理的能源消耗标准基数。读数表上设有能源使用情况的动态标尺（从绿色到红色表示能源消耗由少到多），如果能耗达到或者接近红色预警水平，设备会提醒楼宇的管理人员目前能源消耗过高，管理人员可以通过调整能源控制阀门来调整降低建筑物的能耗水平。

在英国，“政府能效最佳实践项目”（Government Energy Efficiency Best Practice Programme，EEBPP）始于1989年4月，用于向工业（包括交通运输业）和建筑业的各组织和用户提供免费信息，以帮助他们减少能源费用。该项目提供了大量关于节能技术和节能管理方面的信息，包括能源审计和热电联产等，最终可减少超过20%的能源费用。工业和建筑业的节能工作平行进行，两个行业之间会有相关信息的共享。

以EEBPP项目中医院建筑进行能耗基准评价的方法为例。由于医院建筑的种类不同，各医院的运营情况和管理情况等存在较大差异，所以针对不同医院建筑进行能耗评价具有一定的难度。如何考虑各因素对建筑能耗的影响，如何采取一些技术手段对这些因素进行归一化和统一化的计算，以消除其对建筑能耗的影响，是进行建筑能耗评价和能耗分析等必须要解决的问题。建筑类型的不同所引起的各方面因素对建筑能耗的影响差异巨大。该评价方法首先对医院建筑进行细化分类，包括大型医疗机构、专科医院、医疗站和疗养院。大型医疗机构一般指容积超过3万平方米的大型医院，专科医院指较小的急诊和专科医院，医疗站包括短期非急诊医院和诊疗所，疗养院是针对如精神疾病、老年病和其他病症病人需要长期看护的医院。

能耗基准指标采用品/(100m·a)和GJ/(100m^3·a)两个不同的单位，分别表示建筑能源费用和能源消耗量的高低，从用户最为关注的两个角度来反映建筑的能源利用情况。需要注意的是，该指标使用的是针对“单位体积”的能耗指标，而非“单位面积”，这样做可以充分考虑层高因素对建筑能耗的影响。为了确定基准指标的数值，该评价方法使用了来自英格兰、苏格兰和北爱尔兰的共约1500栋医院建筑在1995—1996年的全年能耗数据(不包括洗衣房)，包括总能耗量及分项终端能耗数据。根据统计分析确定了总能耗量及各分项终端能耗数据的“节能目标值”和“标准值”的基准。“节能目标值”表示在所有调查数据中，其建筑能耗水平优于或等于前25%的水平；而“标准值”则表示该建筑能耗水平代表了所有建筑的平均值。

EEBPP项目中医院建筑进行能耗基准评价的方法将建筑能源消耗基准指标分为化石能源和电力两大类，所有指标的计算都基于建筑能耗数据库的数据。该方法还对能源消耗和能源费用进行拆分，根据统计数据确定各分项的基准指标。基础能耗包括生活热水、医疗设备(如灭菌器、高温消毒器)和厨房设备等所需蒸汽，以及输送损失等能耗的总和。该项基准指标是基于苏格兰地区1995—1996年所有医院能耗的分析结果计算得到的，这些建筑约占英国医院总数的1/10。其他服务设备的电力消耗是指包括循环水泵、电加热等设备在内的能耗。照明能耗的基准指标是通过一个较小范围的调查获取的。对于个人设备、医疗设备和 IT 设备的能耗，由于所收集的数据不充分，无法给出基准指标，因此仅给出其他服务设备电力消耗的基准指标。实际上，各分项能耗指标的拆分计算应是基于统计数据的，但数据统计工作难度很大，因此计算中对建筑的一些运行参数进行了假设，包括 HVAC 系统的覆盖率和楼宇自控系统的覆盖率等，这些参数基本可以代表典型的医疗建筑。

考虑到全英国范围内医院建筑众多，建筑的年代跨度较大，老式建筑硬件条件较差，主要体现在围护结构性能差和 HVAC 系统的控制功能较差两个方面。硬件条件的改善需要大量的资金投入，如果不考虑建筑硬件较差这些基本情况，那么建筑能耗评价方法实际上能刺激建筑业主大量资金投入以实现节能。反之，若评价方法考虑到硬件情况，对目标能耗指标进行修正，能够保证该建筑可以与类似建筑进行比较，以便发现其运行和管理方面的不足，从而采取成本较低的方式实现节能。

1.2.3 国内外区别

从国内外的研究可以看出，对节能进行政策性引导，对能耗进行定额定量研究，对能源使用结构比例等指标进行评价是国内外节能减排的发展趋势。

从中国、日本、英国、德国的对比来看，时间方面，我国能耗定额工作开展的时间较晚。重视程度与执行力度方面，我国公共机构的节能减排更倾向于通过制度、标准来进行定额定量的管控，而德国与英国则更倾向于通过提供信息，提出指导，在经济方面引导其公共机构实现节能。

1.3 研究意义

面对全球越来越严峻的气候问题，世界各国全面推进节能减排工作。但相较于国外经过几百年的发展，已经把高碳排放逐步淘汰而进入新能源领域的欧美国家，我国等发展中国家的节能减排工作当前明显要艰巨得多。2021 年 11 月 1 日，印度总理莫迪在第 26 届联合国气候大会(COP26)峰会上宣布印度将争取在 2070 年实现二氧化碳零排放，但是，在做到零排放之前有一个条件，那就是发达国家要先为印度提供 1 万亿美元的气候融资，并且要在2030年就得到1万亿美元的资金支持。抛开印度的战略与经济发展政策暂且不谈，仅从这项要求上就可以看出发展中国家在这一阶段节能减排的艰难。

随着近几年公共机构节能减排工作的开展，公共机构节能这一环节已经取得了令人瞩目的成绩。但由于发展时间较短，公共机构在节能减排中的很多方面都缺乏经验和标准制度。当前公共机构节能减排工作既缺乏西方发达国家的经济基础，也缺少当前环境下节能减排的经验和策略。正如前文所提到的在这几年公共机构节能减排工作的推进过程中仍存在许多问题，其中比较突出的是仍未解决各行业、各地区节能减排工作没有统一的衡量标准的问题。

没有统一的衡量标准，在各公共机构单位的节能减排工作中就难以比较出哪些单位工作做得好，哪些单位的工作需要改进。无法比较就无法借鉴，也就无法形成先进促进后进、后进学习先进的良性循环机制。在各地区制定能耗标准之前，公共机构也有简单的能耗评比机制。该机制简单地从各单位每年节能减排的总量上规定完成节能减排比例，已完成节能排碳的比例系数，作为评比的排名标准。这种方法在大家能耗比较高的时候，很容易形成良性循环机制，但运行一段时间以后容易使公共机构单位无法正常生产和运行。因此，根据现有标准寻找各单位节能减排工作中的共性，是各单位节能减排工作的首要任务。因为只有有了可以相互比较的统一衡量标准，各公共机构单位之间才可以进行比较和借鉴，才有助于形成良性的循环机制。

内蒙古自治区公共机构能源消耗综合评定体系研究就是为了建立这样一个可以相互比较的统一衡量标准。该评定体系是以内蒙古自治区公共机构能耗定额标准为基础，从各公共机构单位的单位面积能耗评价、人均能耗评价、绿色环保综合评价三个维度对内蒙古自治区公共机构能源消耗进行数值评价的评定体系。

内蒙古公共机构能耗定额方面，在国家机关事务管理局专家的指导下，在内蒙古自治区周边省份专家的帮助下，在研究了本地公共机构2015—2020年5年间的能源消耗的数据后，制定出了符合现有条件的第一版内蒙古自治区公共机构能耗数据标准。

建立内蒙古自治区公共机构能源消耗综合评定分值体系的目的是将各公共机构能源消耗的情况通过综合评定体系投影到一条固定的数轴上，从而使人们对内蒙古自治区各公共机构能源消耗情况有一个直观的认识。该公共机构能源消耗综合评定分值体系由人均综合能耗指标评价、单位面积综合能耗指标评价、单位用能排碳结构指标评价三部分组成。

建立该公共机构能源消耗综合评定分值体系的目的是促进内蒙古自治区公共机构节能降耗工作尽早进入良性循环阶段。从前文可以看到，在节能降耗方面国内外都做了很多工作。国内公共机构节能降耗取得了一定的成就，当前正处在向通过制度、标准来进行定额定量的管控转变的关键阶段，特别是在教育节能、行为节能、技术节能等方面都取得了可喜的成果。通过多年的节能教育宣传，各公共机构单位人员在节能意识、节能行为方面取得了显著的成效。在多年的节能评比中，不少单位也已更换了有效的节能设备，采用了更先进的节能技术。目前所缺失的就是一个可以对各单位节能成果进行评比的衡量标尺。这样的衡量标尺可以有效地衡量各单位节能工作的具体表现，形成先进促进后进、后进学习先进的良性循环机制。

类似内蒙古自治区公共机构能源消耗综合评定分值体系这样的研究在国内尚属首次。当前，国内公共机构节能评价主要以各省制定的地方公共机构节能标准为依据，这样的评价与内蒙古自治区公共机构能源消耗综合评定分值体系的量化评价还是有一定的区别的。各地方公共机构节能标准的评价主要是将该地方的各公共机构单位以区域和行业来分类，各区域内的同行业公共机构单位再根据标准的指标值划分为引导区间、标准区间、约束区间，对每个公共机构单位的节能工作只做各分类标准数值的区间评定。而内蒙古自治区公共机构能源消耗综合评定分值体系则是在此标准评定的基础上，进一步对各单位节能工作的成果做一个综合的分值评定，使各单位节能工作成果分值量化后的直观性更强。

内蒙古自治区公共机构能源消耗综合评定分值体系除了具有将节能工作成果分值量化的优点，还具备将各单位节能成果跨地区、跨行业进行综合比较的优点。如前文所述，各地方公共机构节能标准评价主要是将该地方区域的各公共机构单位以区域和行业来分类，只能比较同地区同行业分类的单位节能成果。而内蒙古自治区公共机构能源消耗综合评定分值体系可以对不同地区、不同行业的单位的节能工作成果进行比较。因此，该公共机构能源消耗综合评定分值体系有利于促进不同行业、不同区域的公共机构单位的交流学习，有利于形成跨地区跨行业的优质良性循环机制，促进节能“双碳”工作的进一步展开。

由上所述可知，内蒙古自治区公共机构能源消耗综合评定分值体系研究工作，填补了各单位节能工作数字化空白，填补了各单位节能工作跨区域、跨行业进行比较的空白，是对国内各公共机构节约资源和保护环境工作的有益尝试。

2 公共机构节能降耗的相关研究

2.1 相关研究概述

节约能源资源是我国经济社会发展的重要战略，公共机构节能是全社会节能的重要领域。推行公共机构节能，是贯彻落实科学发展观，加快建设资源节约型、环境友好型社会的重要举措，也是公共机构加强自身建设、树立社会典范、引导社会潮流的主要方式。

2015 年 11 月 30 日，国家主席习近平在巴黎出席气候变化巴黎大会开幕式并发表题为《携手构建合作共赢、公平合理的气候变化治理机制》的重要讲话，提出中国将于 2030 年左右使二氧化碳排放达到峰值并争取尽早实现。2020 年国家机关事务管理局制定了到 2025 年全国公共机构用能结构持续优化，用能效率持续提升，年度能源消费总量控制在 1.89 亿吨标准煤以内，碳排放总量控制在 4 亿吨以内，在 2020 年的基础上单位建筑面积能耗下降 5%、碳排放下降 7%，力争 2025 年前实现“碳达峰”的远景目标。

目前，我国公共机构节能降耗的相关研究工作主要有 4 个方面：一是从能源的消耗方面入手，目前主流的方向是建筑的节能；二是从能源结构方面入手，主要提倡大力发展绿色节能减排；三是从能源的使用方式和意识方面入手，培养人们的节能意识和习惯；四是从公共机构能耗定额方面入手，为公共机构节能管控定额定量，引导公共机构从定额指标方面节能减排。

2.1.1 建筑节能方面

与居住建筑相比，公共建筑能耗高是不争的事实，国内已有学者对该现象进行了深入研究。从2011年的统计资料来看，大型公共建筑与普通公共建筑相比，更具有单位建筑面积能耗高的特点，其耗电量为70～300千瓦·时/平方米·年，是当年普通住宅的10～20倍。因此，大型公共建筑的能耗问题不仅是社会关注的焦点，也是国家实行建筑节能政策和措施的重点，有必要从技术层面讨论相关政策法规的科学性和适用性。其中，公共建筑能耗占建筑总能耗的26.4%。从2001—2012年的统计资料来看，公共建筑单位面积能耗从16.5千克标准煤/平方米增长到21.9千克标准煤/平方米，强度增长为33%，总量增长近1.6倍。实际上，从“十二五”开始，我国的能源政策已逐步倾向于强度和总量双控。基于能效提升和总量控制思想，中国工程院院士、清华大学江亿教授等提出了包括建筑用能控制目标等在内的中国建筑节能的技术路线图。对比国际来看，欧美发达国家经过多年的发展，已经初步建立了相对成熟的建筑能耗基准评价方法和管理制度。而目前中国尚无通用的能够适用于地区特征、指导实际工程应用的区域建筑能耗定额限值的制定方法及途径。

2.1.2 能源结构绿色减排方面

2020年国家机关事务管理局在改善能源结构、提高绿色减排方面提出加快能源利用绿色低碳转型，提升建筑绿色低碳运行水平，推广应用绿色低碳技术产品等号召。

其中，加快能源利用绿色低碳转型主要包括：

2.1.2.1 推进终端用能电气化

推进终端用能电气化，其核心为以电力替代煤炭、汽油、柴油、液化气等化石能源，提高公共机构办公生活用能的清洁水平，代表范例有现有供暖系统电气化改造研究和余热回收技术研究等。如使用电锅炉、空气源热泵等清洁设备替代燃油燃气锅炉，使用余热回收减少食堂自身供热等。

2.1.2.2 推广太阳能光伏光热项目

推广太阳能光伏光热项目，其核心为推动太阳能多元化利用项目，充分利用建筑房顶、侧墙、自行车棚等适宜场地或空间，提高绿色发电所占比例，代表范例有光伏发电研究、新型储能设备研究、充放电设施微网系统研究等。

2.1.2.3 推广新能源汽车

推广新能源汽车，其核心为加快淘汰报废老旧柴油公务用车，加大新能源汽车配备使用力度。

与提升建筑绿色低碳运行水平、推广应用绿色低碳技术产品等方面相关的绿色节能技术研究，由于不在本研究的核心讨论范围之内，所以不在这里一一阐述。

2.1.3 能源使用意识方面

公共机构关于能源使用意识方面的研究，主要集中在加大绿色低碳发展理念宣传力度、深入开展示范创建活动、引导职工绿色低碳生活方式、健全碳排放法规制度体系、开展碳排放考核等方面。

2.1.4 公共机构能耗定额方面

作为总量控制的重要科学参考以及公共建筑节能监管体系的重要组成部分，合理的能耗定额的制定可有效提高公共建筑能源管理水平，促进节能工作科学有效地开展。

目前，国家和地方已先后颁布并实施了多个公共机构节能定额及设计标准，例如，2016 年 12 月 1 日起实施的《民用建筑能耗标准》(GB/T 51161—2016)。浙江省亦在 2009 年发布过公共机构能耗定额地方标准。但目前我国尚无通用的能够适用于地区特征、指导实际工程应用的区域建筑能耗定额限值的制定方法及途径。现有的能耗定额制定方法包括模拟及统计分析两大类。无论采用何种方法、工具，大量多维度数据的获取都是必需的。为了促进节能工作的科学开展，国家及地方先后颁布并实施了包括能源审计、能耗公示及分项计量等在内的多项举措。目前，随着节能工作的不断推进，全国已建成 33 个省市能耗监测平台，累计完成了 7300 余栋建筑的能耗监测，积累了海量能耗数据。然而，由于数据杂乱、维度单一、质量参差不齐等多种问题的存在，目前这些数据的有效利用并不高，也不足以支撑现有节能工作对数据的需求。而对于没有建立能耗监测平台或者平台运行不良的城市，能耗定额制定工作的开展更是难上加难。

在能耗定额标准的编制过程中，公共机构管理单位如何采取节能措施，节约用能、合理用能，如何合理确定能耗定额标准是实施该标准的关键。当前能耗定额标准的编制应从不同公共机构的特点出发，对能耗定额标准进行深入研究，保证该制度能够得到社会的认可，减少公众对判定方法的质疑。

2.2 能耗定额的意义与流程

在国家能源“双控”政策下，开展公共机构能耗定额工作，编制定额指标有利于从特定指标的数量上对公共机构的节能行为进行量化管理。编制公共机构能耗定额标准，一般由各省份按照行业类型和地区对公共机构进行分类，选取能耗定额指标，再按照指标取值方法确定定额指标的数值，同时可结合本地区实际情况考虑影响因素给予适当修正。

2.2.1 能耗定额的意义

能耗定额可以从源头上降低公共机构能源消耗，提高能源利用效率，减少能源消费支出，具有重要的现实意义：

(1)为制订用能计划提供可靠依据。

(2)公共机构根据能耗定额标准对内部节能管理进行控制。

(3)是实现科学管理的基础。

(4)公共机构节能管理部门据此对公共机构节能进行监督考核。

(5)是实行经济管理责任制的依据。

(6)财政部门可据此确定公共机构的能源消耗支出。

(7)为“十四五”时期转变公共机构节能目标管理方式奠定基础。

2.2.2 能耗定额的流程

编制公共机构能耗定额标准，首先按照业务特点对公共机构进行分类，按照气候区域选取定额指标，再按照指标取值方法确定定额指标的数值，同时可结合实际情况考虑影响因素给予适当修正。

2.2.2.1 机构分类方面

公共机构分类一般需满足国家要求中一级分类的要求，可根据需要增加一级分类类型，但不宜减少；也可根据实际情况，对二级分类进行整合或细分，分类应涵盖所有公共机构。

2.2.2.2 定额指标选取

制定公共机构能耗定额标准时必须包含国家要求的主要指标，同时可结合各地区节能管理需要设定参考指标，但不限于国家要求中的参考指标。国家要求的主要指标有：

(1)单位建筑面积非供暖能耗：指公共机构运行过程中，一个自然年内，除供暖能耗和交通工具用能之外消耗的各种能源实物量，折算为标准煤的总和与建筑面积的比值，单位为 $kgce/m^2$。

(2)单位采暖建筑面积供暖能耗：指公共机构运行过程中，一个供暖期内，用于供暖消耗的能源实物量折算为标准煤的总和与采暖建筑面积的比值，单位为 $kgce/m^2$。

(3)单位建筑面积能耗：指公共机构运行过程中，一个自然年内，除交通工具用能外消耗的各种能源实物量，折算为标准煤的总和与建筑面积的比值，单位为 $kgce/m^2$。

(4)人均综合能耗：指公共机构运行过程中，一个自然年内，消耗的各种能源实物量折算为标准煤的总和与用能人数的比值，单位为 kgce/p。

(5)常规用能系统单位建筑面积电耗：指公共机构运行过程中，一个自然年内，由照明插座、空调、动力等用能系统消耗的电量总和与建筑面积的比值，单位为 $kW\cdot h/m^2$。

(6)特殊用能：指公共机构运行过程中，数据中心机房、大型医疗设备、大型实验设备设施、洗衣房、游泳馆、专业用途设备等特殊用能系统的能耗。

(7)数据中心机房 EUE 值：能量利用效率 EUE 值用于反映数据中心实际运行时某一时间段内信息设备和直接服务基础设施能耗的相对关系，是衡量数据中心能效水平最重要的指标，EUE=数据中心总耗电量÷IT 设备耗电量。

(8)不同种类能源统一折算标准煤的方法：电力与标准煤的折算按照当年本地区的供电煤耗法进行换算，化石能源与标准煤的折算按照当量热值法进行换算。能耗的分类方法和表示方法参考《民用建筑能耗分类及表示方法》(GB/T 34913—2017)。

(9)指标解释要求：建筑面积、采暖建筑面积、用能人数、能源消费量、供暖能耗、供暖周期等相关指标解释与《公共机构能源资源消费统计制度》保持一致。

2.2.2.3　定额指标取值方法

(1)指标数值分级。

定额指标原则上分为约束值、基准值和引导值3级。其中，约束值为实现公共机构正常运行所允许的能耗指标上限值；基准值为公共机构正常运行且采取一定的节能管理技术措施后的能耗水平；引导值为在公共机构正常运行的前提下，提升能效的努力目标。

(2)主要指标数值计算方法。

公共机构能耗定额标准主要指标数值采用统计分析方法进行确定。

a. 筛选数据样本。收集同一类型公共机构近3年的能耗数据，进行有效性检查和稳定性检查，对不满足有效性和稳定性的能耗数据，应采用重新核实、剔除或替换等方式进行完善，直到所有样本数据满足有效性和稳定性检查。

b. 建立数据样本库。将通过有效性和稳定性检查的数据，取各公共机构年度能耗平均值，建立同一类型公共机构能耗数据样本库。

c. 确定指标数值。对样本库中的数据按照升序方法进行排序，取下1/5分位数、中位数、上1/5分位数进行合理性、可行性分析验证后，分别确定为约束值、基准值和引导值。

(3)参考指标数值确定方法。

参考指标数值的确定方法原则上应与主要指标保持一致，也可参照已有标准、规范、政策中的相关要求进行取值或细化。

2.2.2.4　定额指标影响因素

在前述公共机构分类的基础上，同一类型公共机构中因建筑形式、建筑体量、用能设备等影响因素差异过大，宜按能耗影响因素进一步细化机构分类制定能耗定额标准。对于不便细化的因素，如人员密度、特殊业务面积等影响因素，可采用科学合理的方式对指标数值进行必要修正。

2.2.2.5　特殊情况处理

当公共机构存在特殊用能系统且该特殊用能系统可独立计量时，允许该公共机构在计算单位建筑面积非供暖能耗、单位建筑面积能耗和人均综合能耗时，依照计量数据对特殊用能系统的数据进行剔除，且应同时剔除特殊用能系统对应的建筑面积和用能人数。特殊用能系统应参照已有标准、规范、政策中的相关要求进行评价。

2.3 国内其他省份能耗定额工作的研究

2010年国家公共机构开始试点，为公共机构设定目标责任，截至2019年，已有8个省份将节能纳入省政府绩效考核体系。多省建立了节能考核的常态化机制，加大了公共机构能源审计力度。多省制定了“双碳”目标和与之相关的计划。为各地区制定公共机构能耗地方标准的工作也是在此背景下展开的。而公共机构能耗定额标准的编制原则主要有：

(1)科学合理：编制能耗定额标准应符合实际，方法科学，易于操作，既要保障公共机构正常运行需要，又要促进公共机构节约集约利用能源；既要考虑公共机构事业发展，又要考虑技术进步带来的能源利用效率提升。

(2)规范统一：各省份能耗定额标准编制应符合《标准化工作导则第1部分：标准的结构和编写》(GB/T 1.1—2009)的要求和规定，确保标准的版式、格式、文本结构、表述方式等方面规范、统一。

(3)分类编制：综合考虑公共机构所处气候区、业务特点、规模大小等对用能规律的影响，分类制定公共机构能耗定额标准。

2.3.1 其他省份能耗定额研究概述

在能耗定额标准的编制过程中，从国家的指导方针上理解，各地能耗定额标准的编制既应符合该地区的实际，又要保证方法科学、易于操作；既要保障公共机构正常运行需要，又要促进公共机构节约集约利用能源；既要考虑公共机构事业发展，又要考虑技术进步带来的能源利用效率提升。因此每一个地方制定的标准都应有不同的考量，在能耗定额标准的制定过程中既有地方差异，又有可以相互参照的地方。

下文以浙江和山西两省的能耗定额公式来进行对比和分析。

2009年，为规范能耗定额标准编制，促进能耗定额应用，深入推进公共机构节能工作，浙江省质量技术监督局联合相关部门，根据《中华人民共和国节约能源法》《中华人民共和国标准化法》《公共机构节能条例》等有关要求，制定了浙江省地方能耗定额标准。由浙江省经济贸易委员会提出，浙江工商大学、浙江省节能协会、浙江省卫生厅、浙江省教育厅起草，浙江省能源标准化技术委员会归口，浙江省质量技术监督局发布。2015年，浙江省质量技术监督局对该标准进行了修订。2019年，为了响应国家对公共机构节能定额标准的定制的号召，浙江省质量技术监督局又对该地方标准进行了进一步的修订。从国内公共机构节能来看，浙江省在公共机构节能方面是走得比较靠前的省份。因此该省的公共机构能耗定额标准的制定具有重要的参考意义。

自2019年《公共机构能耗定额标准编制和应用指南（试行）》（以下简称《指南》）印发以来，山西省直属机关事务管理局将公共机构能耗定额标准的编制工作作为“十三五”期间的重要任务加快推进。2019年7月，山西省委办公厅、山西省人民政府办公厅印发了《关于开展机关事务集中统一管理专项试点实施方案》，将出台公共机构能耗定额标准作为重要任务列入其中。目前，公共机构能耗定额系列山西省地方标准已经完成编制工作，于2020年2月28日发布，2020年5月28日开始实施。作为与内蒙古自治区气候区域相近且相邻的省份，山西省的能耗定额标准对其具有重要的参考意义。

2019年7月，山西省直属机关事务管理局正式向省市场监督管理局提交山西省地方标准立项申请。2019年6月25日，省市场监督管理局正式印发《山西省市场监督管理局关于下达2019年度第二批山西省地方标准制修订项目计划的通知》（晋市监标准〔2019〕173号），正式立项。项目立项的同时，该标准起草单位召开项目专题会议，明确编制工作的资料需求、分解工作任务；调查分析省内公共机构能耗现状，收集相关标准以及政策、技术资料，分类整理、汇集，为编制工作做好准备。在前期工作的基础上，该标准起草单位各工作组严格依据《指南》的要求，结合山西省地方标准的具体要求，按照《标准化工作导则第1部分：标准的结构和编写》（GB/T 1.1—2009）规定的编制规则，讨论形成标准的结构框架，确定标准的主要组成部分，并根据工作进展及时进行调整。根据《指南》中对数据的要求，工作组完成收集、整理相应的公共机构统计数据和基本信息，数据基础是山西省公共机构能耗统计分析系统内，各公共机构报送的2016—2018年的能耗数据，共计约8000家。按照《指南》的要求，工作组对收集的数据进行处理，筛选数据样本，进行有效性和稳定性检查。工作组根据数据的具体情况，选择一定数量的典型公共机构，对用能特点进行调研，核对统计数据的真实性、准确性和完整性。在上述数据处理的基础上，该标准起草单位工作组选择典型公共机构百余家，并编制数据调研函件和表格，对被调研机构的能耗数据、基本设备信息、用能特征、业务特点等方面进行数据或现场调研。将调研结果与数据处理结果相比对，对数据中偏差明显或明显不合理之处进行调整和处理，按照《指南》中规定的方法，确定指标数值。数据处理过程中同步对文本进行编制，进而形成征求意见稿。山西省直属机关事务管理局通过函件和网站公示的方式面向相关公共机构和社会公众征求意见。共发出函件 60 余份，收到回复 40 余份，提出意见 10 余条。其中，根据采纳的意见对标准进行了相应修改；对未采纳的意见给出了理由。山西省直属机关事务管理局于 2019 年 12 月 23 日在太原召开了标准初审会，与会专家对标准内容进行了技术审查，一致同意通过审查，并给出了修改意见。工作组根据专家提出的意见对标准文本进行了修改，形成标准送审稿。山西省机关运行保障管理标准化技术委员会于 2020 年 1 月 17 日组织召开了标准技术审查会，与会专家对标准内容进行了技术审查，一致同意通过审查，并给出了修改意见。工作组根据专家提出的意见对标准文本再次进行了修改和校对，形成标准报批稿。山西省机关运行保障管理标准化技术委员会于 2020 年 2 月向山西省市场监督管理局提交标准报批稿。山西省市场监督管理局经过审查，于 2020 年 2 月 28 日正式发布。

2.3.2　其他省份能耗定额理论公式

在以国家机关事务管理局节能司制定的《指南》的指导意见为指导方针，以本地区公共机构节能减排实际工作状况为基础的前提下，浙江省和山西省分别制定了符合其地方实际情况的公共机构能耗定额标准。

2.3.2.1　浙江省

公共机构综合能耗的统计范围是统计对象在计划统计期内(以年为单位)，办公过程中实际消耗的一次能源(如煤炭、石油、天然气等)和二次能源(如石油制品、蒸汽、电力、煤气等)，其中公共机构用于交通工具的所有能源不计入综合能耗的范畴。固体燃料发热量按 GB/T 213 的规定测定，液体燃料发热量按 GB/T 384 的规定测定，能源的低位热值应以实测为准，若无条件实测，可通过热值折算为标准煤，进行综合计算所得的能源消耗量。

公共机构独立核算的并能分项计量的食堂、浴室、健身等为非办公用能，其能耗不计入内。

公共机构中特殊用能中心，如中心控制室、信息中心、监控中心、档案室、演播中心、服务大厅等，有独立计量系统，消耗的能源则不列入综合能耗的统计范围。

公共机构电耗的统计范围是统计对象在统计期内（以年为单位），办公过程中实际消耗的电力。

公共机构独立核算的并能分项计量的食堂、浴室、健身等为非办公用电，其电耗不计入内。

公共机构中特殊用能中心，如中心控制室、信息中心、监控中心、档案室、演播中心等，有独立计量系统，则消耗的电量不列入电耗的统计范围。

公共机构建筑面积的统计范围是公共机构所使用的全部建筑的建筑面积，按照 GB/T 50353 的规定进行计算，其中，公共机构职工住宅除外。

在计算公共机构单位综合能耗、单位电耗时，计入公共机构的建筑面积应与能源使用量的统计范围一致，没有计入能源统计范畴的区域，该区域的建筑面积也相应地从建筑面积的统计范围中去除。

公共机构用能人数的统计范围是全天在公共机构办公的人员，包括在编人员、签订一年以上劳务合同的非在编人员和提供全天服务的人员等，临时进场工作、参加会议等的人员不计入内。

在计算公共机构人均综合能耗、人均电耗时，计入公共机构用能人数的数量应与能源使用量的统计范围一致，没有计入能源统计范畴的区域，该区域内的人员数量也相应地从人员的统计范围中去除。

（1）计算方法。

a. 公共机构综合能耗的计算。

公共机构综合能耗等于在计划统计期内（以年为单位），公共机构统计范围内实际消耗的各类能源实物量与该类能源折算标准煤系数的乘积之和。以千克标准煤（kgce）为单位，按照公式（2-1）进行计算。

$$E = \sum_{k=1}^{n} (e_k \cdot p_k) \tag{2-1}$$

式中：

E——公共机构综合能耗，kgce；

e_k——消耗的第 k 种能源实物量，采用各实物量的单位；

p_k——第 k 类能源折算标准煤系数；

n ——公共机构消耗的能源种数。

b. 公共机构单位综合能耗的计算。

公共机构单位综合能耗等于计划统计期内(以年为单位)，公共机构统计范围内的综合能耗除以其总建筑面积。以每平方米千克标准煤(kgce/m^2)为单位，按照公式(2-2)进行计算。

$$E_j = \frac{E}{M} \tag{2-2}$$

式中：

E_j——公共机构单位综合能耗，kgce/m^2；

E ——公共机构综合能耗，kgce；

M——公共机构建筑面积，m^2。

c. 公共机构单位综合电耗的计算。

公共机构单位综合电耗等于计划统计期内(以年为单位)，公共机构统计范围内的总电耗除以公共机构的统计范围内的总建筑面积。以每平方米千瓦·时(kW·h/m^2)为单位，按照公式(2-3)进行计算。

$$E_{jd} = \frac{E_d}{M} \tag{2-3}$$

式中：

E_{jd}——公共机构单位综合电耗，kW·h/m^2；

E_d——公共机构总电耗，kW·h；

M——公共机构建筑面积，m^2。

d. 公共机构人均综合能耗的计算。

公共机构人均综合能耗等于统计期内(以年为单位)，公共机构统计范围内的综合能耗除以统计范围内的总人员数量。以每人千克标准煤为单位，按照公式(2-4)进行计算。

$$E_r = \frac{E}{P} \tag{2-4}$$

式中：

E_r——公共机构人均综合能耗，kgce/p；

E——公共机构综合能耗，kgce；

P——公共机构总人数，p。

e. 公共机构人均电耗的计算。

公共机构人均电耗等于统计期内(以年为单位)，公共机构统计范围内的总电耗除以统计范围内的总人数。以每人千瓦·时为单位，按照公式(2-5)进行计算。

$$E_{rd}=\frac{E_d}{P} \tag{2-5}$$

式中：

E_{rd}——公共机构人均电耗，kW·h/p；

E_d——公共机构总电耗，kW·h；

P——公共机构总人数，p。

f. 公共机构综合能耗、电耗修正系数及其计算。

公共机构办公建筑为2005年以前投入使用，且没有安装中央空调的，该机关建筑的可比综合能耗、电耗修正系数为1.2。计算方法为公共机构统计期内(以年为单位)的综合能耗、电耗分别乘以1.2，得到该公共机构综合能耗、电耗的可比值。然后，用该可比值计算单位面积综合能耗、单位面积电耗、人均综合能耗、人均电耗。

(2)公共机构综合能耗、电耗定额的执行。

公共机构单位综合能耗限额标准和单位电耗定额值标准同时满足才能视为符合。

(3)公共机构能源统计和管理的基本要求。

a. 能源统计基本要求。

公共机构应按照GB/T 23331的要求建立能源管理体系。

公共机构应明确能源管理的职责，建立用能责任制度，落实相关人员负责实施能源管理工作。

公共机构应当加强能源计量管理，配备和使用经依法检定合格的能源计量器具，建立分户、分类、分项能耗计量系统。计量工具的配备和管理应符合GB 17167的要求。

公共机构应当建立能源消费统计和能源利用状况分析制度，对各类能源的消费实行分类计量和统计，并确保能源消费统计数据真实、完整。

b. 能源使用管理基本要求。

公共机构应在经营过程中节约用能，及时关闭不用的设备、设施，减少能源浪费。

公共机构应制定合理的年度用能目标，加强使用监管。

公共机构应使电动机、泵、风机、变压器、工业锅炉等通用耗能设备符合相关用能产品经济运行标准。

公共机构应积极推行节能技改，淘汰落后的用能设备。

新建、改建、扩建的公共机构采购电动机、泵、风机、变压器、工业锅炉等通用耗能设备时，设备的能效应为相应耗能设备能效标准中的 1 级能效。

2.3.2.2 山西省

统计期：单位建筑面积非供暖能耗、人均综合能耗和常规用能系统单位建筑面积电耗的统计期为一个自然年；单位采暖建筑面积供暖能耗的统计期为一个供暖期。

综合能源消耗量是在一个统计期内，党政机关运行过程中实际消耗的各种能源，包括一次能源(如煤炭、石油、天然气等)和二次能源(如石油制品、电力、煤气等)。

能源的低位热值应以实测为准，固体燃料发热量按 GB/T 213 的规定测定，液体燃料发热量按 GB/T 384 的规定测定；若无条件实测，化石能源与标准煤的折算应按照当量热值法进行换算。各类能源折算标准煤系数应符合 GB/T 2589 的要求。

电力与标准煤的折算应按照统计期本省当年的供电煤耗进行换算。

党政机关内集中设置、可单独计量的非办公区域能耗不计入统计范围，如实验室、印刷厂、付费型充电桩、浴室和居民区(宿舍)等。

公务车充电桩的电耗应计入交通工具用能的统计范围。

非供暖能耗的统计范围是在一个统计期内(以年为单位)，党政机关运行过程中的各种能源消耗量，其中用于供暖和交通工具用能不计入非供暖能耗的统计范围。

供暖能耗的统计范围是在一个统计期内(以年为单位)，党政机关运行过程中用于供暖的能源消耗量。

常规用能系统电耗的统计范围是在一个统计期内(以年为单位)，党政机关运行过程中由照明和插座、空调、动力等用能系统消耗的电量。

党政机关的特殊用能，如信息中心、监控中心、档案室、服务大厅等，若可单独计量，则消耗的能源不计入非供暖能耗的统计范围；若不能单独计量，则计入单位建筑面积非供暖能耗的统计范围。

(1)建筑面积计算。

党政机关建筑面积的统计范围是党政机关用于办公和后勤保障的全部建筑的建筑面积，按照 GB/T 50353 的规定计算。

(2)用能人数计算。

在计算人均综合能耗时，计入党政机关的用能人数应与能源使用量的统计范围一致。

(3)党政机关用能人数计算。

党政机关用能人数按照公式(2-6)计算。

$$N = \sum_{i=1}^{m} (N_i \times \eta_i) \tag{2-6}$$

式中：

N——党政机关用能人数，p；

N_i——党政机关第 i 种用能人员人数，p；

η_i——党政机关第 i 种用能人员计日系数，计算公式：计日系数=用能天数/365；

m——党政机关用能人员种类数。

示例 1：党政机关用能人数计算

某党政机关各种用能人员情况如下，计算方法如表 2-1 所示：

- 在编人员：300 人；
- 聘(借)的编外人员：50 人；
- 工勤、保障人员等：80 人；
- 会议 A 参会人员：200 人，会议时间 3 天；
- 会议 B 参会人员：100 人，会议时间 5 天。

表 2-1　某党政机关用能人数计算方法

用能人员	人数/人	计日系数		用能人数/人	
		算式	结果	算式	结果
在编人员	300	—	1	300×1	300.00
聘(借)的编外人员	50	—	1	50×1	50.00
提供全天服务的人员（工勤、保障人员）	80	—	1	80×1	80.00

续表

用能人员	人数/人	计日系数		用能人数/人	
		算式	结果	算式	结果
流动人员	200	会议 A 时间/365 天	3/365	200×3/365	1.64
	100	会议 B 时间/365 天	5/365	100×5/365	1.37
合计(结果四舍五入保留整数)					433.01

(4)单位建筑面积非供暖能耗计算。

党政机关单位建筑面积非供暖能耗按照公式(2-7)计算。

$$E_1 = \frac{1}{A_1}\sum_{i=1}^{n}(F_i \times C_i) \tag{2-7}$$

式中:

E_1——党政机关单位建筑面积非供暖能耗，kgce/m²;

A_1——党政机关建筑面积，m²;

n——党政机关非供暖消耗的能源、耗能工质品种数;

F_i——党政机关非供暖消耗的第 i 种能源、耗能工质实物量，单位为实物量单位;

C_i——第 i 种能源、耗能工质折算标准煤系数。

(5)单位采暖建筑面积供暖能耗计算。

党政机关单位采暖建筑面积供暖能耗按照公式(2-8)计算。

$$E_2 = \frac{151}{TA_2}\sum_{i=1}^{k}H_i \times C_i \tag{2-8}$$

式中:

E_2——党政机关单位采暖建筑面积供暖能耗，kgce/m²;

151——供暖基准时长，d;

T——党政机关统计期内实际采暖时长，d;

A_2——党政机关采暖建筑面积，m²;

k ——党政机关供暖消耗的能源、耗能工质品种数;

H_i——党政机关供暖消耗的第 i 种能源、耗能工质实物量，单位为实物量单位;

C_i——第 i 种能源、耗能工质折算标准煤系数。

(6)人均综合能耗计算。

党政机关人均综合能耗按照公式(2-9)计算。

$$EP = \frac{1}{N}\left[(A_1 \times E_1 + A_2 \times E_2) + \sum_{i=1}^{j} (T_i \times C_i) \right] \tag{2-9}$$

式中:

EP——党政机关人均综合能耗，kgce/p;

N——党政机关用能人数，p;

E_1——党政机关单位建筑面积非供暖能耗，kgce/m^2;

E_2——党政机关单位采暖建筑面积供暖能耗，kgce/m^2;

A_1——党政机关建筑面积，m^2;

A_2——党政机关采暖建筑面积，m^2;

j——党政机关交通工具消耗的能源、耗能工质品种数;

T_i——党政机关交通工具消耗的第 i 种能源、耗能工质实物量，单位为实物量单位;

C_i——第 i 种能源、耗能工质折算标准煤系数。

(7)常规用能系统单位建筑面积电耗计算。

党政机关常规用能系统单位建筑面积电耗按照公式(2-10)计算。

$$ED = \frac{1}{A_1}\sum_{i=1}^{r} D_i \tag{2-10}$$

式中:

ED——党政机关常规用能系统单位建筑面积电耗，kW · h/m^2;

A_1——党政机关建筑面积，m^2;

r——党政机关常规用能系统种类数;

D_i——党政机关第 i 种常规用能系统的耗电量。

2.3.3 其他省份能耗定额修正案例

从浙江的修正方案来看，浙江的修正方案主要集中在综合能耗和电耗的修正上。浙江的修正方案以 2005 年的建筑为分界线，公共机构办公建筑为 2005 年以前投入使用，且没有安装中央空调的，该机关建筑的可比综合能耗、电耗修正系数为 1.2。计算方法为公共机构统计期内(以年为单位)的综合能耗、电耗分别乘以 1.2，得到该公共机构综合能耗、电耗的可比值。然后，用该可比值计算单位面积综合能耗、单位面积电耗、人均综合能耗、人均电耗。

而在山西的能耗定额标准中未发现有修正方案。

综合从其他省份所拿到的能耗定额标准，南方的城市普遍有修正方案，这应当是由南北方计量数据采集的基础不同所导致的。从现有资料来看，南方的计量数据做得普遍较好，而北方的计量数据相对较差。

2.4 内蒙古自治区能耗定额工作的研究

2.4.1 内蒙古自治区能耗定额的工作过程

和其他省份一样，在内蒙古自治区公共机构能耗定额的制定当中，既有与其他省份的共同点，也有自身的特殊情况。因此在结合其他省份的成功案例中，内蒙古自治区能耗定额的编制过程既应符合自治区的实际，又要保证编制好的标准方法科学高效、易于操作。制定出的标准既要保障公共机构正常运行需要，又要促进公共机构节约集约利用能源；既要考虑公共机构事业发展，又要考虑技术进步带来的能源利用效率提升。在能耗定额的编制工作过程中经历了确定初稿、提交规范、反馈与修正、拓展与参考 4 个阶段。

2.4.1.1 确定初稿

根据内蒙古自治区公共机构节能工作开展的需要，项目组经过广泛调查研究并汇总了 2016—2019 年的全区各公共机构能耗数据，通过对赤峰市、呼和浩特市等盟市典型单位的实地调研，对部分盟市单位的问卷调查，参考有关国家标准、行业标准和其他省份有关地方标准，在广泛征求意见的基础上制定了内蒙古自治区公共机构能耗定额规范初稿，并于 2020 年 6 月举办了专家论证会后上报国管局。

初稿主要包含以下内容：

(1)确定了规范适用的范围。

适用于党政机关(含公检法、政协、人大等公共机构)以及全部或者部分使用财政性资金且用能特点与党政机关相类似的事业单位(除教育机构与医疗机构)和群团组织在运行阶段能耗的计算、评价、考核、对新建项目的能耗管控。

(2)划分了温度区域和跨温度区域系数。

公共机构能耗定额指标按温度对地域的影响划分为极寒区(呼伦贝尔市)、强寒冷区(乌兰察布市、锡林郭勒盟、兴安盟)、弱寒冷区(阿拉善盟、乌海市、鄂尔多斯市、巴彦淖尔市、包头市、呼和浩特市、赤峰市、通辽市)。

(3)将全区各公共机构划分为四大行业，并在此基础上分小类。

(4)确定了能耗的计算公式。

2.4.1.2 提交规范

2020 年 6 月专家论证会后，国家机关事务管理局的专家认可了项目组的初稿，认为在当前调研条件下该初稿是合理的。项目组遂将该标准(规范)整理后上报国家机关事务管理局及标准化院，同时报于地方标准化院，国家机关事务管理局及标准化院专家对当前成果表示认可，并指出该标准的不足和修正建议(标准目前还缺少非供暖综合能耗部分，建议与相邻省份的专家进行探讨)。

2.4.1.3 反馈与修正

在得到专家的反馈后，项目组根据专家的反馈和项目自身情况做了一定的修正。

(1)召开本地工作班子会议，核实并增补数据。

得到专家的反馈意见后，内蒙古自治区数据科学与大数据学会的专家分别就新增能耗公式和标准值给定范围做出讨论，核实并增补了 2019 年部分核查后的能耗数据，对有疑问的部分数据进行发函修正。

(2)根据专家的意见对标准进行进一步补充。

在初稿基础上重新细化统计数据范围，增加有利于数据规范和公正性的条款，增补非供暖综合能耗公式，扩展对自治区自供暖公共机构数据梳理和排序的工作，并于同年 10 月参加国家机关事务管理局于西安召开的研讨会，之后结合东三省和周边兄弟省份的工作经验和数据对标准进行了进一步的补充和完善。

2.4.1.4 拓展与参考

项目开展以来，自治区政府多次与国家机关事务管理局、国家标准化研究院、本地和相邻省份的专家进行了讨论，并在参考国家标准化研究院的意见后与邻近的东北三省的专家建立了专门的讨论群，各省专家在群内多次交换文献和意见。经各位专家反复讨论后，均认为当前标准推进工作的难点在自供暖与集中供暖能耗标准的制定上。

2.4.2 内蒙古自治区能耗定额理论公式

2.4.2.1 内蒙古自治区能耗定额理论公式的统计范围

(1)公共机构综合能耗的计算范围。

在统计报告期内，公共机构在使用过程中实际消耗的各种能源，包括一次能源(如原煤、原油、天然气等)、二次能源(如电力、煤气、汽油、煤油、柴油、燃料油、液化石油气、其他石油制品等)。固体燃料发热量按GB/T 213的规定测定。液体燃料发热量按GB/T 384的规定测定。能源的低位热值应以实测为准，若无条件实测，可根据国家相关文件指导意见(具体可详见DB15/T 2238.1—2021附录A)，将热值折算为标准煤，进而综合计算得到能源消耗量。各类能源折算标准煤系数应符合GB/T 2589的要求。

公共机构中可独立核算的、能分项计量的非办公用能不计入综合能耗计量，例如职工宿舍、食堂、对外开放营利性的区域能耗等(用能单位在上报该类数据时应提供具有公信力的佐证)。

(2)公共机构建筑能耗的统计范围。

公共机构建筑能耗的统计范围是统计对象在统计报告期内，各类建筑运行实际消费的各种能源实物量，包括照明、空调、电梯、办公设备、动力系统等的能耗。

通过建筑的配电系统向各类电动交通工具提供的用能，不应计入公共机构建筑能耗中。

用于建筑外景照明的用电，不应计入公共机构建筑能耗中。

安装在建筑上的太阳能光电、光热装置和风电装置向建筑提供的能源不应计入公共机构建筑能耗中。

(3)公共机构建筑面积的统计范围。

公共机构建筑面积按GB/T 50353进行统计，用能单位在上报各类材料时应提供具有公信力的材料。

在计算公共机构单位建筑面积能耗和单位建筑面积电耗时，建筑面积的统计范围应与建筑能耗和电耗的统计范围相对应，没有计入建筑能耗、电耗统计范围的区域，应去除该区域的建筑面积。

(4)公共机构用能人数的统计范围。

用能单位在上报各类数据时应提供具有公信力的材料。

公共机构用能人数的计算范围：在统计期报告内，常驻人员含在编(注册)人员、长期聘用和借用的编外工作人员、全天服务人员、流动人员等各类编外人员。

党政机关等各类型公共机构用能人数计算方法可采用各自对应的修正公式进行计算。

2.4.2.2 计算方法

(1)公共机构综合能耗的计算。

在公共机构运行过程中，一个自然年内，实际消耗的各种能源实物量，折算为标准煤的总和，按照公式(2-11)进行计算。

$$E = \sum_{k=1}^{n} (e_k \cdot p_k) \tag{2-11}$$

式中：

E——公共机构综合能耗，kgce；

e_k——第 k 类能源实物量，单位为实物单位；

p_k——第 k 类能源的折算系数；

n——公共机构消耗的能源品种数。

(2)公共机构非供暖综合能耗的计算。

指公共机构运行过程中，一个自然年内，除供暖能耗和交通工具用能之外消耗的各种能源实物量，折算为标准煤的总和，按照公式(2-12)进行计算。

$$E_{NR} = \sum_{k=1}^{n} (e_k \cdot p_k) \tag{2-12}$$

式中：

E_{NR}——公共机构非供暖综合能耗，kgce；

e_k——第 k 类能源实物量，单位为实物单位；

p_k——第 k 类能源的折算系数；

n——公共机构消耗的除供暖能耗能源品种数。

(3)公共机构单位建筑面积能耗的计算。

公共机构运行过程中，一个自然年内，除交通工具用能外实际消耗的各种能源实物量，折算为标准煤的总和与建筑面积的比值，按照公式(2-13)进行计算。

$$e_{jn}=\frac{E-E_{JT}}{A} \tag{2-13}$$

式中：

e_{jn}——公共机构单位建筑面积能耗，kgce/m^2；

E——公共机构综合能耗，kgce；

E_{JT}——公共机构交通工具能耗，kgce；

A——公共机构建筑面积，m^2。

(4)公共机构单位建筑面积非供暖能耗的计算。

公共机构运行过程中，一个自然年内，除供暖能耗和交通工具用能外实际消耗的各种能源实物量，折算为标准煤的总和与建筑面积的比值，按照公式(2-14)进行计算。

$$e_{jnr}=\frac{E_{NR}-E_{JT}}{A} \tag{2-14}$$

式中：

e_{jnr}——公共机构单位建筑面积能耗，kgce/m^2；

E_{NR}——公共机构非供暖综合能耗，kgce；

E_{JT}——公共机构交通工具能耗，kgce；

A——公共机构建筑面积，m^2。

(5)公共机构人均综合能耗的计算。

公共机构运行过程中，一个自然年内，实际消耗的各种能源实物量，折算为标准煤的总和与用能人数的比值，按照公式(2-15)进行计算。

$$e_p=\frac{E}{N} \tag{2-15}$$

式中：

e_p——公共机构人均综合能耗，kgce/p；

E——公共机构综合能耗，kgce；

N——公共机构用能人数，p。

(6)公共机构单位建筑面积电耗的计算。

在统计报告期内，一个自然年内，实际消耗用电总量与建筑面积的比值，按照公式(2-16)进行计算。

$$e_{jd}=\frac{E_D}{A} \tag{2-16}$$

式中：

e_{jd}——公共机构单位建筑面积电耗，kW·h/m^2；

E_D——公共机构建筑用电量，kW·h；

A——公共机构建筑面积，m^2。

(7)公共机构人均电耗的计算。

在统计报告期内，公共机构建筑用电量与用电人数的比值，按照公式(2-17)进行计算。

$$e_{dp}=\frac{E_D}{N} \tag{2-17}$$

式中：

e_{dp}——公共机构人均电耗，kW·h/p；

E_D——公共机构建筑用电量，kW·h；

N——公共机构用能人数，p。

(8)公共机构自供暖能耗的计算。

在统计报告期内，公共机构自供暖使用过程中公共机构核定用能人数平均消耗的采暖热能，按照公式(2-18)进行计算。

$$e_{rp}=\frac{E_R}{N} \tag{2-18}$$

式中：

e_{rp}——公共机构人均消耗的采暖热能，kgce/p；

E_R——公共机构采暖热能，kgce；

N——公共机构用能人数，p。

(9)单位建筑面积自供暖采暖能耗。

在统计报告期内，公共机构自供暖使用过程中公共机构核定单位采暖面积(建筑面积)平均消耗的采暖热能，按照公式(2-19)进行计算。

$$e_{rn}=\frac{E_R}{A_R} \tag{2-19}$$

式中：

e_{rn}——公共机构单位采暖面积消耗的采暖热能，kgce/p；

E_R——公共机构采暖热能，kgce；

A_R——公共机构建筑采暖面积(采暖面积存在异常的用单位建筑面积替代)，m^2。

2.4.3　内蒙古自治区能耗定额修正案例

为了使不同地区的同类型单位在相对公平的情况下，降低温度对能耗排名的影响，应采用能耗的温度校正公式对能耗指标实际值进行修正。

(1)党政机关能耗指标修正公式。

党政机关单位建筑面积能耗、单位建筑面积电耗、人均综合能耗、人均电耗修正值按公式(2-20)计算：

$$E_{ix}=e_{i0}\times T_i \tag{2-20}$$

式中：

i——四类能耗指标名称，$i=1$，2，3，4，分别为党政机关单位建筑面积能耗、单位建筑面积电耗、人均综合能耗、人均电耗；

e_{i0}——党政机关第 i 类能耗指标实际值；

E_{ix}——党政机关第 i 类能耗指标实际值的修正值；

T_i——所处地区能耗温度系数。

(2)教育机构能耗指标修正公式。

教育机构单位建筑面积能耗、单位建筑面积电耗、人均综合能耗、人均电耗修正值按公式(2-21)计算：

$$E_{ije}=e_{ij1}\times T_i \tag{2-21}$$

式中：

i——四类能耗指标名称，$i=1$，2，3，4，分别为教育机构单位建筑面积能耗、单位建筑面积电耗、人均综合能耗、人均电耗；

j——第 j 类教育机构，$j=1$，2，3，4，1 为高等教育机构，2 为初等教育机构，3 为中等教育机构，4 为学前教育机构；

E_{ije}——第 j 类教育机构第 i 类能耗指标实际值的修正值；

e_{ij1}——第 j 类教育机构第 i 类能耗指标实际值；

T_i——所处地区能耗温度系数。

(3)医疗机构能耗指标修正公式。

医疗机构单位建筑面积能耗、单位建筑面积电耗、人均综合能耗、人

均电耗修正值按公式(2-22)计算:

$$E_{ikh}=e_{ik2}\times T_i \tag{2-22}$$

式中:

i——四类能耗指标名称，$i=1$，2，3，4，分别为医疗机构单位建筑面积能耗、单位建筑面积电耗、人均综合能耗、人均电耗;

k——第 k 类医疗机构，$k=1$，2，3，1 为一级医院，2 为二级医院，3 为三级医院;

E_{ikh}——第 k 类医疗机构第 i 类能耗指标实际值的修正值;

e_{ik2}——第 k 类医疗机构第 i 类能耗指标实际值;

T_i——所处地区能耗温度系数。

(4)其他机构能耗指标修正公式。

其他机构建筑面积能耗、单位建筑面积电耗、人均综合能耗、人均电耗修正值按公式(2-23)计算:

$$E_{igs}=e_{i1}\times T_i \tag{2-23}$$

式中:

i——四类能耗指标名称，$i=1$，2，3，4，分别为其他机构建筑面积能耗、单位建筑面积电耗、人均综合能耗、人均电耗;

E_{igs}——其他机构第 i 类能耗指标实际值的修正值;

e_{i1}——其他机构第 i 类能耗指标实际值;

T_i——所处地区能耗温度系数。

(5)人数修正。

在统计报告期内，公共机构用能人数按照公式(2-24)进行计算。

$$N=\sum N_b\times \Phi_b \tag{2-24}$$

式中:

N——公共机构用能人数，p;

N_b——某一类公共机构类型的人数，包括党政机关、教育机构、医疗机构，p;

b——用能人员类型，含在编人员、长期聘(借)的编外人员、工勤保障人员、外来人员等;

Φ——计日系数。

示例1：党政机关用能人数计算

某党政机关在编人员800人，长期聘(借)的编外人员235人，工勤、保障人员80人，外来人员参加第一类会议300人，会议时间2日，参加第二类会议100人，会议时间3日。该党政机关用能人数为1147人，计算明细见表2-2。

表2-2 某党政机关用能人数计算明细

名称	人数/人	计日系数		用能人数/人	
		算式	结果	算式	结果
在编人员	800	—	1	800×1	800.00
长期聘(借)的编外人员	235	—	1	235×1	235.00
工勤、保障人员	80	—	1	80×1	80.00
外来人员	300	会议时间/年天数	2/365	300×2/365	1.64
	100	会议时间/年天数	3/365	100×3/365	0.82
合计(结果四舍五入保留整数)					1147.46

示例2：教育机构用能人数计算

某学校在编教职工400人，其中300人寒暑假均不在校办公，其余100人寒暑假期间需要在校办公；工勤、保障人员240人，其中175人寒暑假均不在校办公，其余65人寒暑假期间需要在校继续办公；注册学生3000人，其中2500人寒暑假均不在学校，500人寒假在学校；面向校外招生的短期培训学员1600人，其中参加第一类短期培训班的社会学员600人，培训时间25日，参加第二类短期培训班的社会学员1000人，培训时间30日；外来人员参加第一类会议300人，会议时间2日，参加第二类会议400人，会议时间3日。学校放暑假46天，放寒假42天。该学校用能人数为3744人，计算明细见表2-3。

表2-3 某学校用能人数计算明细

名称	人数/人	计日系数		用能人数/人	
		算式	结果	算式	结果
在编教职工	300	(365-46-42)/365	277/365	300×277/365	227.67
	100	365/365	1	100×1	100.00

续表

名称	人数/人		计日系数		用能人数/人	
			算式	结果	算式	结果
工勤、保障人员	175		(365-46-42)/365	277/365	175×277/365	132.81
	65		365/365	1	65×1	65.00
注册学生	2500	2000（本科）	(365-46-42)/365	277/365	(2000+300×2+100×3+100×4)×277/365	2504.38
		300（硕士）				
		100（博士）				
		100（留学生）				
	500	400	(365-46)/365	319/365	(400+50×2+30×3+20×4)×319/365	585.56
		50				
		30				
		20				
面向校外招生的短期培训班学员	600		培训时间/年天数	25/365	600×25/365	41.10
	1000		培训时间/年天数	30/365	1000×30/365	82.19
外来人员	300		会议时间/年天数	2/365	300×2/365	1.64
	400		会议时间/年天数	3/365	400×3/365	3.29
合计（结果四舍五入保留整数）						3743.64

示例 3：医疗机构用能人数计算

某医院在编职工 500 人，工勤、保障人员 260 人，实习生 100 人，年内实习期 120 天，门诊人数全年累计门诊量 587600 次，医院共有床位数 800 个，全年日均床位开出率为 100%，参加第一类学术交流会议或讲座 100 人，时间半天，参加第二类学术交流会议或讲座 80 人，时间 1 天。该医院用能人数为 4003 人。计算明细见表 2-4。

表 2-4　某医院用能人数计算明细

名称	人数/人	计日系数		用能人数/人	
		算式	结果	算式	结果
在编人员	500	—	1	500×1	500.00
工勤、保障人员	260	—	1	260×1	260.00

续表

名称	人数/人	计日系数		用能人数/人	
		算式	结果	算式	结果
实习生	100	120/365	120/365	100×120/365	32.88
门诊人数	587600	1/365	1/365	587600×1/365	1609.86
住院人数	800	100%	2	800×2	1600.00
学术交流会议或讲座外来人数	100	会议或讲座时间/年天数	0.5/365	100×0.5/365	0.14
	80	会议或讲座时间/年天数	1/365	80×1/365	0.22
合计(结果四舍五入保留整数)					4003.10

2.5 本章小结

节约资源和保护环境是我国的基本国策。公共机构是建设生态文明的重要力量，在做好“碳达峰”“碳中和”工作中承担着重要职责。

本章简单介绍了我国公共机构节能降耗的相关研究工作有哪些，并着重在各项研究中的公共机构能耗定额方面进行了论述。就为什么要进行国内公共机构能耗定额工作、公共机构能耗定额工作的意义是什么、公共机构能耗定额工作怎么做进行了解答和论述。对内蒙古自治区公共机构能耗定额工作的研究进程和意义进行了梳理，首先介绍了内蒙古自治区公共机构能耗定额工作参考的相近国内其他省份能耗定额工作是如何展开的，这些省份在能耗定额工作中得到了哪些关于能耗定额的理论公式，又分别是如何处理地方能耗定额工作中所遇到的特殊案例的；其次简单介绍了内蒙古自治区能耗定额工作是如何展开的，在能耗定额工作中制定了哪些能耗定额理论公式，以及对地区中的特殊能耗案例是如何进行修正的。

3 数据的采集与整理

按照国家机关事务管理局的工作部署，项目组启动了“内蒙古自治区公共机构能耗定额标准”的编制工作，编制过程严格依据国家机关事务管理局的《指南》进行，其中关于数据部分的步骤基本可分为工作准备、动员和培训、数据采集、数据抽样调查、实地调研与考察、数据统计分析与整理。

按照工作规划，工作团队首先成立了不同级别领导小组和不同类别的工作小组，按照气候区域、行政区域和各公共机构业务特点对公共机构进行气候区域和一、二层级分类，其次按照分类机构特点编制调研表，进行数据的调研采集、分类汇总分析。

本次数据的采集与整理主要方针为以始终注重数据的可用性为核心，强调数据的归一性和数据规律性。

3.1 数据的收集

3.1.1 数据来源

此次内蒙古自治区公共机构能耗定额项目的数据主要来源于内蒙古自治区机关事务管理局。项目实施计划进度见图 3-1。

内蒙古自治区机关事务管理局提供的数据是从全区各公共机构单位2016—2019 年能源使用状况概要统计报表中汇总得来。由于公共机构能源使用状况概要统计报表主要用于衡量各单位两年之间能源使用状况变化（用于计量各单位能源消耗是否逐渐减少而制定的统计报表），因此在报表的设计结构上、数据的内容上，与本次公共机构能耗定额项目所要求的数据类型存在较大差异，需要对该报表的数据进行转化与整理才可以使用。

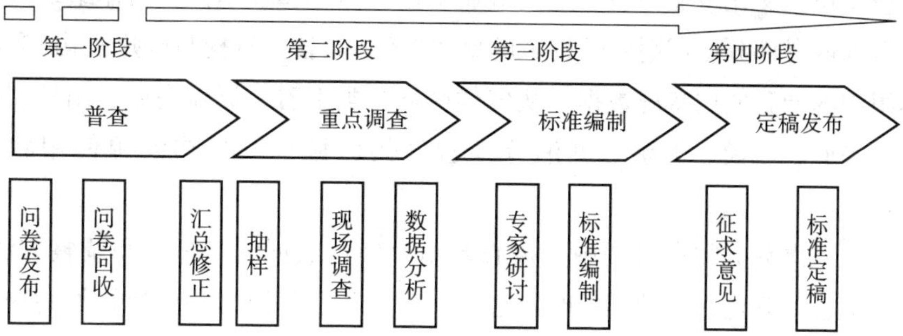

图 3-1　项目实施进度计划

为了保证标准制定的科学与严谨，在此次内蒙古自治区公共机构能耗定额工作中将 2016—2018 年的数据定为分析数据，2019 年的数据定为验证数据。

而在项目进展的后期，项目组又得到了电力部门的帮助，对部分盟市公共机构的有关电力能耗数据进行了侧面验证。

此次数据收集工作由内蒙古自治区机关事务管理局牵头，各有关部门进行配合。为推进定额标准编制工作的顺利进行，分别组织了不同级别的动员、培训、启动会议，在会议上对定额标准编制、应用目的和意义、工作计划和步骤、调研内容和方法等进行了介绍，并对各级公共机构负责统计能源数据的工作人员，就数据收集工作的重要性、意义以及行动方案进行了宣传和动员。在对有关工作人员进行了线上和线下的培训后，由各公共机构负责统计能源数据的工作人员以公共机构能源使用状况发票为依据填写统一的数据报表。然后由内蒙古自治区机关事务管理局的工作人员，对这些报表数据进行初步汇总。

最后共收集了 2 万余家公共机构能源使用状况数据，基本收录了拥有公共机构能源统计部门功能的公共机构，其 2016—2019 年的能源使用状况数据超过了全区在册公共机构的 96%。应该说此次数据收集工作收集的数据是比较完备的。

3.1.2　数据集概述

数据库内涵盖内蒙古自治区内 2 万余家公共机构能源使用状况数据，从行政区域上看，包含内蒙古自治区及其下辖的 12 个盟市级各个公共机构能源使用状况数据。从行业分类上看，包含国家机关教育事业单位、科技事业单位、文化事业单位、卫生事业单位、体育事业单位、团体组织及其他全部或者部分使用财政性资金的事业单位(除教育机构与医疗机构)和团体组织的能源使用状况数据。从气候区域分类上看，涵盖高原、山地、丘陵、平原、沙漠、河流、湖泊等地貌气候区域公共机构能源使用状况数据。

在该次数据收集过程中，核心原则为确定数据的对标值和调整方法。对标值包括确定采集数据的时间边界、确定与能耗数据相关建筑物的物理边界、确定此次数据收集过程中能源种类的边界、确定此次数据收集过程中涉及能源消耗与用能人员的边界、确定各类能源的合理使用边界。确定有关能源数据的调整方法，例如对不同的能源如何进行折算，折算后以何种方式统一计量与表述等。

在此基础上，确定各公共机构能耗数据的分类边界，如温度区域划分边界、行政统属划分边界、行政区域划分边界及行业分类划分边界。不同分类边界的划分会产生一定的矛盾带来数据上的噪声，要确定降噪、去噪的原则与方法。

以内蒙古自治区区级直属公共机构为例，在采集数据过程中发现直接管理的单位共有 270 余家，几乎全部为合署办公主管单位，其中包括 70 余个党政机关(省级单位)、10 余家教育机构(含高等教育与中等教育)、近 200 家其他机构、6 家医疗机构(6 家三级机构)。但是从单位所在地来看，虽然大部分单位都在呼和浩特市，但其中包头轻工职业技术学院和内蒙古自治区镫口扬水灌区管理局位于包头市，内蒙古自治区人民政府外事办公室签证处(北京)位于北京市。在研究区域能耗特点时如果没有对这些单位的能耗数据做规划处理，就会产生噪声。

3.1.3 数据边界的规划

3.1.3.1 数据的时间边界

依据国家机关事务管理局《指南》的指导，为保证所收集数据的有效性和稳定性，在收集公共机构能耗数据的过程中，项目组确立了所收集能耗数据的时间边界。首先，尽力扩展所能收集的相同类型能耗数据的年限边界。将数据的年限设置为 2016—2019 年，超出国家的近 3 年能耗数据的规定。其次，根据数据源自公共机构能源使用状况发票数据报表的时间特性，将每年数据的起始日期定为该年的1月1日，截止日期定为该年的12月31日。

3.1.3.2 建筑物的物理边界

依据《指南》的指导，为保证收集数据的统一性和合理性，项目组确立了所收集能耗数据中建筑物的物理边界为该建筑物的建筑面积。这一部分是考虑到在公共机构工作运行过程中，建筑中的非使用面积仍可能产生照明插座、空调、动力等能源的消耗。还有一部分是出于数据的真实性考量，因为公共机构的建筑面积都是经过核实备份的，是有交叉数据可以验证的。考虑到可能存在某部分建筑面积不消耗采暖供能，又将采暖建筑面积数据项特殊划出，作为统计的参考值。

3.1.3.3 能源种类的边界

依据《指南》的指导，项目组确立了所收集能耗数据中能源种类的边界。出于鼓励公共机构节能减排的目的和标准保障公共机构工作运行的需求的考量，项目组只将公共机构日常工作过程中使用的煤、燃气、燃油、电、热力等产生碳排放的能源(含车辆能耗)计入统计范围。将风能、太阳能等清洁能源只计入附录，不计入能耗统计范围。

3.1.3.4 用能人员的边界

依据《指南》的指导，项目组确立了公共机构运行过程中与能源消耗有关的人员种类的边界。尽量从公共机构用能数据中收集所有使用能源的人员，以确保能源使用的合理性。例如，为保证所收集数据的合理性与可行性，项目组确立各公共机构用能人员应包含在编人员、长期聘(借)的编外人员、工勤保障人员、外来人员等可记录、可查验的用能人员，如学校应记录学生人数，医院应记录来访病人、陪护人员等。

3.1.3.5 各类能源的合理使用边界

依据《指南》的指导，项目组确立了公共机构运行过程中各类能源的合理使用边界。边界的确定参考了公共机构近几年能耗数据的分布曲线，对比了邻近省份各类型公共机构所划定的能源合理使用边界，综合了国家机关事务管理局专家的意见。召开专家研讨会与论证会讨论了边界设定的合理性与可行性。例如，在计算公共机构单位建筑面积能耗和单位建筑面积电耗时，考虑到建筑面积的统计范围由建筑能耗和电耗的统计范围来确定，没有计入建筑能耗、电耗统计范围的区域，应去除该区域的建筑面积。再如，根据计算，一般单位的合理能耗适用范围：人均综合能耗应为200~2000kgce/p，单位建筑面积能耗应为25~75kgce/m^2。

3.1.3.6　能源数据的计量的统一化

为了保证能耗数据便于统计和计算，将石化能源数据的计量单位统一为标准煤的发热量 kgce，电耗统一为 kW · h。例如，固体燃料发热量按 GB/T 213 的规定测定，液体燃料发热量按 GB/T 384 的规定测定，能源的低位热值原则上以实测为准，若无条件实测，可通过热值折算为标准煤，进行综合计算所得能源消耗量。

3.1.3.7　其他边界划分

在上述基础上，还要确定各其他有关公共机构能耗数据的分类边界，如温度区域划分边界、行政统属划分边界、行政区域划分边界及行业分类划分边界。这部分内容将在第 4 章详述，在此不再赘述。

3.2　数据的抽样调查与实地调研考察

为了验证统计报表数据的误差率，发现在统计数据中没有体现出来的问题，保证数据的真实性、有效性与可靠性。项目组首先针对全区公共机构近 3 年的数据进行了抽样调查；其次根据统计报表汇总的数据和抽样调查对比的结果选取了典型区域和典型单位；最后对这些典型区域和典型单位展开了实地调研考察。由于新冠肺炎疫情的关系，最东部的地区呼伦贝尔市只展开了电话访问调查。

3.2.1　数据的抽样调查

数据的抽样调查是由项目组配合内蒙古自治区机关事务管理局开展的全区公共机构能耗数据抽样调查。为了保证抽样的普遍性，调查对象为各盟市机关事务管理部门，内蒙古自治区各委、办、厅、局，以及各大事业单位。为进一步规范能耗统计数据，科学合理地制定内蒙古自治区公共机构能耗定额标准，项目组按照国家机关事务管理局《关于印发〈公共机构能耗定额标准编制和应用指南（试行）〉的通知》要求，结合自治区实际情况，对全区公共机构2016—2018年的能耗数据进行抽样调查的方案如下。

3.2.1.1 调查对象

项目组将全部区直属机关列为抽查对象是由于区直属机关具有多项优点。例如，区直属机关距离项目组工作地点较近，调查方便且路途时间成本较低。区直属机关统计人员业务素质较高，工作效率高，进一步降低了统计的时间成本。区直属机关单位对数据的重视程度较高，资料比较齐备，有条件继续压缩统计的时间成本。因此对全部区直属机关能耗数据全部重新抽取统计，统计成本也较低。

为减少抽样调查所产生的代表性误差，项目组在能力范围内，尽量扩大抽样范围以保证抽样样本的范围大于调查总体的5%。在抽样过程中，考虑到样本的均衡性，从各盟市、各类型、各气候区域分别抽取调查对象。

3.2.1.2 调查方式

为保证调查的统一性，方便调查工作的展开与领导，项目组对调查工作的负责单位和调查数据分别制定了方案。出于方便、统一领导的考虑，调查工作由各机关单位的机关事务部门统一负责。没有单位机关事务部门的，由其后勤服务部门负责。调查数据方面，为保证数据的真实性与可靠性，调查数据统一以各单位每年能耗消费的报销数据为依据，并由此制定了如下要求：

（1）区直属机关单位抽样调查工作由各单位机关事务或后勤服务部门负责，按照本单位每年能耗消费报销票据，准确统计本单位近3年的能耗数据，将统计结果作为抽样调查材料使用。

（2）各盟市抽样调查工作由各盟市机关事务管理部门负责，安排组织本地区抽样调查单位通过能耗消费报销票据统计本单位能耗数据，将统计结果汇总作为抽样调查材料使用。

（3）各盟市抽样调查单位由各盟市机关事务管理部门按要求自行随机选定，抽样调查单位范围要包含盟（市）直属单位和所属各旗县（市、区）的单位，每个盟市抽样调查单位数量要达到300个，其中盟（市）直属单位要选定30个以上，每个旗县（市、区）的单位要分别选定30个以上，抽样调查单位类型要涵盖党政机关、医疗机构、教育机构、场馆等，每个类型单位的数量应不少于5个。

(4)报送方式。

a. 各区直属机关单位要将该单位的相关数据统计报表(直报系统的为附表中的一、二、三、四表)及与相关数据统计报表对应的能耗报销票据复印件、电子材料和情况调查表，于2019年×月×日前，报送至自治区机关事务管理局公共机构节能处。

b. 各盟市机关事务管理部门负责将本地区各抽样调查单位的各年度相关数据统计报表(直报系统的为附表中的一、二、三、四表)及与相关数据统计报表对应的能耗报销票据复印件、电子材料和情况调查表，于2019年×月×日前，报送至自治区机关事务管理局公共机构节能处。

(5)工作要求。

a. 各地区、各部门要高度重视，认真组织实施，与财务等有关部门做好对接配合，按要求组织好数据抽查、报送工作。

b. 各抽样调查单位要积极配合，严格按照本单位每年能耗消费报销票据进行能耗数据统计，严禁使用直报系统原有统计数据，确保数据准确有效，为编制标准提供准确依据。

c. 请各地区、各部门进一步提升能耗统计能力，不断完善统计办法，充分利用能耗消费报销票据规范本地区能耗统计数据，提高能耗数据质量。

3.2.1.3　调查成果

2019年，项目组完成了对全自治区近6000家公共机构的能耗数据抽样。根据抽样结果对自治区2万余家公共机构能耗数据进行了核查。通过抽样结果对比可以发现，区直属机关单位和盟(市)直属单位的样本数据与总体数据的误差较小，各旗县(市、区)的单位的误差相对较大，这种误差主要是由目前的客观条件导致的。受经济条件制约，很多基层单位缺乏统计人员和数据环境，甚至某些基层单位都没有设置专职统计人员的条件，而这些误差需要通过一定的数学手段来加以修正。

3.2.2　实地调研考察规划

根据《指南》的要求，为保证公共机构能耗定额标准采集数据的内容完整、客观，项目组于2020年6月特组织3个调研小组，分别对内蒙古自治区东部、中部、西部的公共机构能耗进行调研。集中调研的地区分别为阿拉善盟、呼和浩特市、赤峰市。其中，阿拉善盟因为地处自治区的最西端且处于沙漠与戈壁边缘，数据具有一定的特殊性，因此选为西部区的典型区域。东部区最东端的呼伦贝尔市由于存在新冠肺炎疫情，项目组将东部区的典型区域改选为赤峰市。而中部的呼和浩特市由于数据条件较好，有利于项目组收集到较为翔实的典型数据，因此被选为中部区的典型区域。

调研分组情况如下：

调研组人员组成：内蒙古数据科学与大数据学会调研人员和内蒙古自治区机关事务管理局调研人员。

➢ 调研一组：

调研地点：呼和浩特市。

调研单位：呼和浩特市机关事务管理局、呼和浩特市第一医院、赛罕区绿地小学、赛罕区医院。

➢ 调研二组：

调研地点：阿拉善盟。

调研单位：阿拉善盟电视台、阿拉善盟左旗法院、阿拉善盟左旗机关事务中心、阿拉善盟中心医院、蒙古族完全中学、巴彦镇政府、阿拉善盟左旗盟中医院。

➢ 调研三组：

调研地点：赤峰市。

调研单位：赤峰市机关事务管理局、赤峰市林业和草原局、松山区机关事务保障中心、翁牛特旗机关事务管理服务中心。

3.2.3 东部区调研考察概况

3.2.3.1 典型区域的选取

赤峰市是内蒙古东部区域性中心城市中人口最多的城市，数据涉及面广。赤峰市全市总面积 9 万平方千米，辖 3 区 7 旗 2 县，总人口 460 多万，中心城区人口 101 万，是内蒙古自治区 3 个中心城市人口过百万的城市之一。从赤峰市收集的能耗数据来看，既含有市直属单位类型的数据，又包含多种旗县单位类型的数据，还含有学校、党政机关、科研院所等多种单位类型的能耗数据，数据涵盖类型较全，大部分数据类型均有涉及。从地理环境上看，赤峰是内蒙古地区距离出海口最近、距离北京最近的草原城市。赤峰地处蒙、冀、辽3省区交会处，距北京公路390千米，距沈阳不到500千米，距锦州港250千米，地域特征比较明显，且周边可参照的其他省份较多，便于展开与相近区域城市的能耗定额工作经验的交流学习。赤峰市是首都经济圈和渤海经济圈中的重要节点城市，经济较为发达，投入在数据统计上的经费较多，数据收集条件较好，更容易从数据上看出基层能耗数据的真实情况。

3.2.3.2 赤峰市能耗数据特征

从总体情况来看，赤峰市的数据相对于其他地区的数据质量较高，适合作为当前推广的典型。

从调研组实地调研的反馈来看，赤峰市许多公共机构很注重统计数据收集工作。赤峰市很多公共机构都把确保能耗统计工作数据质量当作公共机构节约能源资源工作中最基础、最根本的工作内容。赤峰市公共机构节能工作有一条认识是公共机构节能各项业务工作都离不开统计。从赤峰市调研的结果来看，重视统计工作的单位，不仅能源资源消费统计工作做得好，其他节能工作也开展得有声有色。所以统计工作水平的高低也从一定层面反映出其所在地区节能工作水平。据了解，赤峰市一直以来狠抓数据统计工作，在能耗数据方面，赤峰市直管公共机构统计面达到100%，旗县区公共机构统计面为95%以上，数据质量一直在稳步提高。

从收集数据的总体质量来看，赤峰市仍存在收集上来的部分数据不合格、部分数据项异常的状况。与其他盟市相比，存在局部地区(或单位)数据质量较差的问题。

3.2.3.3 赤峰市直管单位能耗数据收集状况

此次收集赤峰市直接管理的公共机构单位共有2576家。其中，1003家党政机关分类单位(其中69个属于市级，934个属于县级)，416家教育机构分类单位(其中48家学前教育，179家初等教育，189家中等教育)，879家其他机构分类单位，278家医疗机构分类单位(201家一级机构，20家二级机构，57家三级机构)。这些单位地理位置全部位于赤峰市。赤峰是全区第一家，也是目前唯一一家由多部门联合就本地区公共机构节能工作进行考核的盟市。

从收集的能耗数据汇总后的情况来看，这些数据当中，(注：无效数据为 0 数据，不在合理范围内的数据为非 0 数据）非供暖综合能耗的无效数据为 614 项，综合能耗的无效数据有 520 项，人均非供暖综合能耗的无效数据为 659 项，人均综合能耗的无效数据为 568 项，不在合理范围的有 1268 项，下限超出范围的有 603 项，上限超出范围的有 432 项；人均电耗的无效数据为 1083 项，不在合理范围内的有 1713 项，下限超出范围的有 1374 项，上限超出范围的有 337 项；人均用水的无效数据为 1402 项；单位面积非供暖综合能耗的无效数据为 1127 项，单位面积综合能耗的无效数据为 916 项，不在合理范围内的有 1727 项，在合理范围内的有 849 项，下限超出范围的有 916 项，上限超出范围的有 207 项；单位面积电耗的无效数据为 1134 项，不在合理范围内的有 1123 项，在合理范围内的有 1453 项，下限超出范围的有 1679 项，上限超出范围的有 46 项。上述数据见图 3-2。

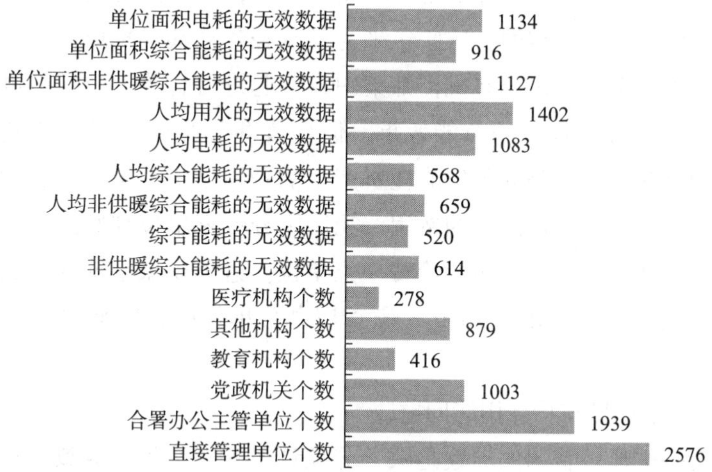

图 3-2　赤峰市能耗数据

3.2.3.4　赤峰市能耗数据收集后存在的客观问题

从实地调研的结果来看，赤峰市地区部分公共机构单位节能数据存在较大差异，主要是由以下问题所导致：

（1）建筑问题。

随着经济的发展，各公共机构单位办公建筑使用年限的差异是导致各单位的能耗数据相差较大的原因之一。产生能耗差距的主要原因是很多老旧建筑的节能投入缺乏统一的资金支持和技术支持，能源利用率较低，相同的工作任务投入的能源较多，使之与新型的节能建筑的能耗数据产生了较大的差异。相信随着单位搬迁和老旧建筑的节能改造，这些问题会逐步得到解决。

(2)单位变迁与合署办公问题。

随着时代的发展，许多公共机构单位也会随着时代变迁而产生变化。而这些发生变化的单位也会给公共机构能耗数据的收集和统计工作带来一定的影响。例如，有些单位在时代发展过程中，产生了拆分现象，变成了几个新的单位，而新的单位可能又和其他的单位产生了合并。这时这种新型单位的能耗数据和原来的能耗数据就产生了割裂，从统计学来看，其能耗数据的连续性受到了影响。与此对应的还有多个单位合并改制带来的变化，同样会对能耗数据的连续性产生影响。

另一种比较普遍的问题就是合署办公带来的影响。在前文我们已经讲过，为公共机构制定能耗标准是一项新的政策，而之前的能耗统计数据并不是以此为目标而制定的。这些年来为了减轻各公共机构单位的负担，方便群众集中办事，很多公共机构都集中在一起进行合署办公。不可否认的是合署办公会带来很好的节能效果，但合署办公当前的统计环境并不友好。因为这些合署办公的单位能耗所产生的费用是统一走账，也就是说一张发票包含了多家单位能源的费用，无法区分哪家单位到底产生了多少能耗，如何把能耗工作具体布置给每一家单位。这种现象给统计分类带来了极大的困难。而在赤峰市 2000 多家直属办公单位中，1900 多家为合署办公主管单位。

(3)分量计量与特殊用能问题。

还有一类比较普遍的问题是缺乏分项计量能耗数据，导致无法区分能源活动用途的种类。这个问题在合署办公单位表现得比较明显，在其他各个单位也普遍存在。产生的原因在上文也已提到，由于之前的能源统计是按单位统一的大计量表进行统计，没有分项计量表。因此在统计过程中很难区分是因为何种情况产生了能源的消费，无法对能耗进行分类。这些问题体现在统计结果上最明显的现象就是在之前数据收集情况中所看到的，因为无法将普通办公用能和特殊生产用能区别开来而导致能耗指标超出合理性范围的现象。

(4)其他问题。

除此以外，内蒙古自治区还普遍存在一系列客观问题。主要是盟和旗县由于经济差异与人员专业素养而导致的节能工作、能耗数据统计工作等产生的差异。

赤峰市 12 个旗县区中一部分公共机构节能活动没有预算经费。示范单位创建工作中各旗县区及市直部门之间存在不平衡情况，与自治区的要求还有差距。旗县区公共机构节能工作体制还有待捋顺。由于旗县区机构性质的原因，在一定程度上影响了公共机构节能工作的开展。

从总体情况来看，赤峰的数据相较于其他地区的数据质量较高，适合作为当前内蒙古自治区推广的典型地区。

3.2.4 西部区调研考察概况

3.2.4.1 典型区域的选取

阿拉善盟是内蒙古自治区最西部的城市，地域特征明显。其东北部与乌海、巴彦淖尔、鄂尔多斯 3 市相连，在能耗数据上与相近盟市有一定的相似性。东南与宁夏回族自治区毗邻，西南与甘肃省接壤，这两个省的能耗定额工作都开展得比较早，具有丰富的经验，尤其是宁夏回族自治区还是全国西北能耗定额工作的试点区域，具有较高的参考和学习价值。阿拉善盟属内陆高平原地区，地势南高北低，沙漠戈壁相间，周围丘陵相连，群山环抱，属于典型的大陆性季风气候。四季气候特征明显，昼夜温差大，降水量由东南部向西北部递减，蒸发量由东南部向西北部递增。阿拉善盟气候特征明显，是研究西部区温度与公共机构能耗特征相关性最合适的典型区域。阿拉善盟全盟总面积 27 万平方千米，总人口 25 万，在全区 12 个盟市中面积最大、人口最少，从数据收集的角度来看，更容易得到相对极端的数据，对数据筛选中剔除不合理范围的能耗数据有非常必要的调研价值。从总体情况来看，阿拉善盟作为内蒙古自治区最西部的行政区域，具有典型调研单位的意义。

3.2.4.2 阿拉善盟能耗数据特征

从总体情况来看，阿拉善盟的数据相较于其他地区的数据质量属于中间水平，适合作为平均水平的典型范例进行研究。

从调研组实地调研的反馈来看，阿拉善盟有条件的公共机构都比较注重统计数据收集工作。阿拉善盟广播电视台和阿拉善盟中心医院均装有分量计量设备，为内蒙古自治区西部地区公共机构能耗数据的筛选和分类提供了非常有研究价值的样本数据。

从数据与数据的相关性来看。阿拉善盟气候与温度的变化对部分公共机构的能耗数据影响强度较高。除集中供暖外，部分公共机构空调系统采暖与制冷所需的能耗占总用电量的比例非常高。

从收集数据的总体质量上看，阿拉善盟地区普遍存在有些公共机构单位收集上来的部分数据不合格、部分数据项异常的状况，也存在局部地区（或单位）数据质量较差的问题。

3.2.4.3 阿拉善盟直管单位能耗数据收集状况

此次收集阿拉善盟直接管理的公共机构单位共有 669 家。其中，281 家党政机关（其中 65 家属于市级，216 家属于县级），50 家教育机构（其中 13 家学前教育机构，12 家初等教育机构，24 家中等教育机构，1 家高等教育机构），297 家其他机构，41 家医疗机构（33 家一级机构，8 家二级机构）。这些单位地理位置全部位于阿拉善盟。2019 年，阿拉善盟人均用电量相较于 2018 年下降了 20%，人均用水量下降了 29%，人均能耗下降了 11%，人均能耗的大幅降低与能耗数据统计质量的提高存在一定关系。

从收集的能耗数据汇总后的情况来看，这些数据当中，（无效数据为 0 数据，不在合理范围内的数据为非 0 数据）非供暖综合能耗的无效数据为 96 项，综合能耗的无效数据有 96 项，人均非供暖综合能耗的无效数据为 375 项，人均综合能耗的无效数据为 375 项，不在合理范围内的有 427 项，在合理范围内的有 242 项，下限超出范围的有 375 项，上限超出范围的有 44 项；人均电耗的无效数据为 380 项，不在合理范围内的有 465 项，在合理范围内的有 204 项，下限超出范围的有 413 项，上限超出范围的有 52 项；人均用水的无效数据为 435 项；单位面积非供暖综合能耗的无效数据为 381 项，单位面积综合能耗的无效数据为 376 项，不在合理范围内的有 498 项，在合理范围内的有 171 项，下限超出范围的有 376 项，上限超出范围的有 7 项；单位面积电耗的无效数据为 381 项，不在合理范围内的有 383 项，在合理范围内的有 286 项，下限超出范围的有 493 项，上限超出范围的有 5 项。上述数据见图 3-3。

3.2.4.4 阿拉善盟能耗数据收集后存在的客观问题

从实地调研的结果来看，阿拉善盟地区部分公共机构单位节能数据相差较大，主要是由以下问题所导致：

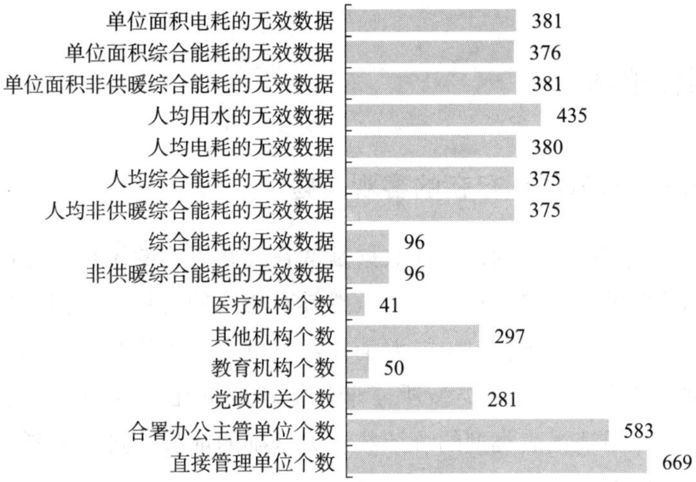

图 3-3　阿拉善盟能耗数据

(1)建筑问题。

(2)单位变迁与合署办公问题。

在阿拉善盟 600 多家直属办公单位中，500 多家为合署办公主管单位。

(3)分量计量与特殊用能问题。

还有一类比较普遍的问题是缺乏分量计量能耗数据，导致无法区分能源活动用途的种类。这类问题在阿拉善盟中表现得比较明显。例如，部分单位的绿化用水量较大，承担了市政中部分绿化工作；部分单位内的部分科室生产性设备用能占比较高，如电视台的直播室、节目制作室、信号发射设备，医院的化验设备、影像设备等；部分管辖范围较大的基层政府，燃油耗费较大；部分单位用电采暖，部分单位通过地源热泵采暖，采用供电取暖，比普通供暖的费用超大约 30%，地源热泵则大大减少了供暖的能耗，总体来说，供暖方式不同，能耗不同。

(4)其他问题。

除此之外，内蒙古自治区还普遍存在一系列客观问题。主要是盟市和旗县由于经济差异与人员专业素养而导致的节能工作、能耗数据统计工作等产生的差异。

3.3 数据的整理

3.3.1 当前数据存在的客观问题

在前文我们已经提到，当前数据是从各公共机构的统计办公部门依据各单位的能源消耗发票汇总而来，虽然具有相当的可靠性，但是从能耗标准的角度衡量各公共机构单位能源消耗还是首次。以传统报表形式收集的能耗数据与现在能耗标准类型所需求的能耗数据在结构和类型上差别很大，因此在以传统报表类型的统计数据为基础的前提下进行能耗分析，仍面临着一些问题。

3.3.1.1 数据整理中的主要问题

(1)能耗合理范围内存在的问题。

对内蒙古自治区公共机构 3 年(2016 年、2017 年、2018 年)的能耗数据梳理后发现，从北方寒冷区行业办公标准(人均综合能耗 200~1500kgce/人，单位建筑面积能耗 25~60kgce/m^2，人均用电量 100~800kW·h/人，单位建筑面积用电量 10~80kW·h/m^2)来看，近 3 年(2016 年、2017 年、2018 年)的能耗数据中许多数据都不在合理范围内，只有不到一半的公共机构单位数据四项全部合格。

我们在上文抽样调查和实地调研考察的结论中曾经提到过，造成这种问题的主要原因有三个方面：一是公共机构单位本身建筑围护或用能设备老旧所导致的能源消耗居高不下；二是合署办公的公共机构单位基本上都是共用一张能耗发票，导致部分非主管单位没有用能数据记录，而且合署办公的发票上也未记录哪些非主管公共机构使用了该合署办公发票上消耗的能源；三是办公用能、生产用能与特殊用能没有分量计量，无法从发票上区分能源的使用用途。

其中第二个问题产生的影响尤为严重。通过整理数据我们发现，当前问题数据一大半是由合署办公的公共机构带来的。更麻烦的是即使知道哪些单位是合署办公的机构，但以现有数据也很难判断出哪些是合署办公的主管单位，哪些是该主管单位的从属单位。

各无效数据项数具体体现在非供暖综合能耗(见图 3-4)、综合能耗(见

图 3-5)、人均综合能耗(见图 3-6)、人均非供暖综合能耗(见图 3-7)、单位面积电耗(见图 3-8)、单位面积综合能耗(见图 3-9)、单位面积非供暖综合能耗(见图 3-10)、人均用水(见图 3-11)、人均电耗(见图 3-12)上。

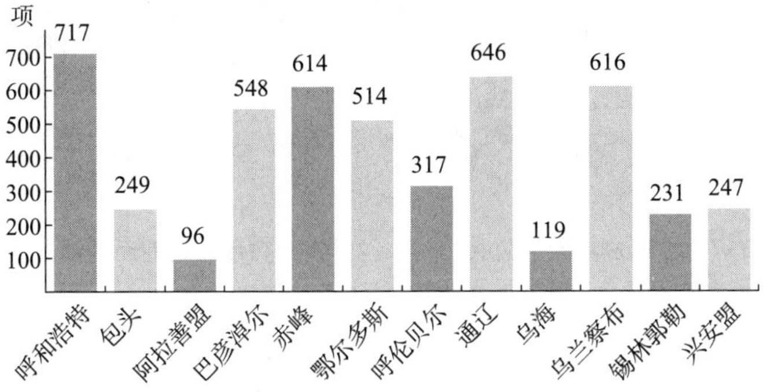

图 3-4　内蒙古自治区公共机构非供暖综合能耗的无效数据项数

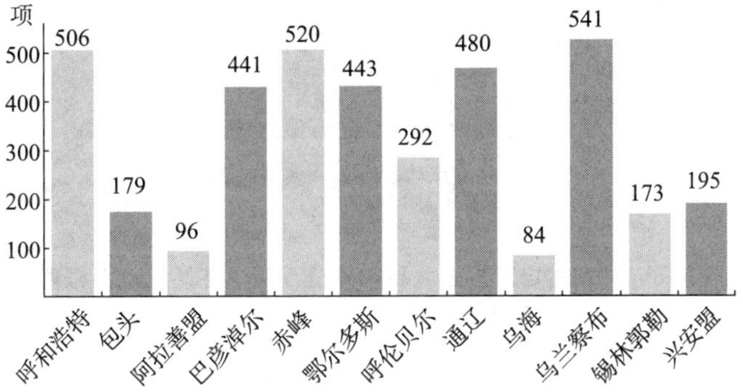

图 3-5　内蒙古自治区公共机构综合能耗的无效数据项数

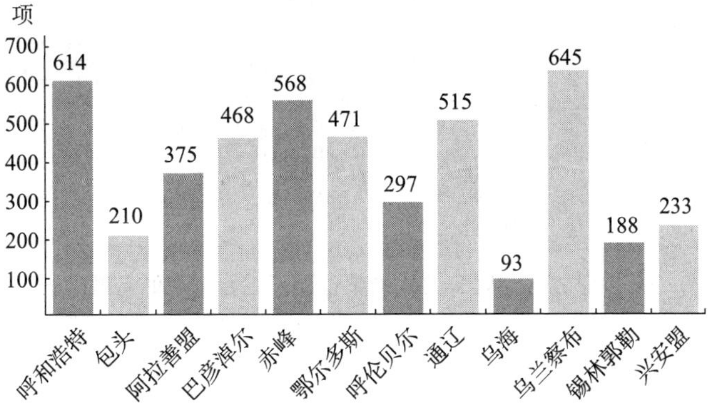

图 3-6　内蒙古自治区公共机构人均综合能耗的无效数据项数

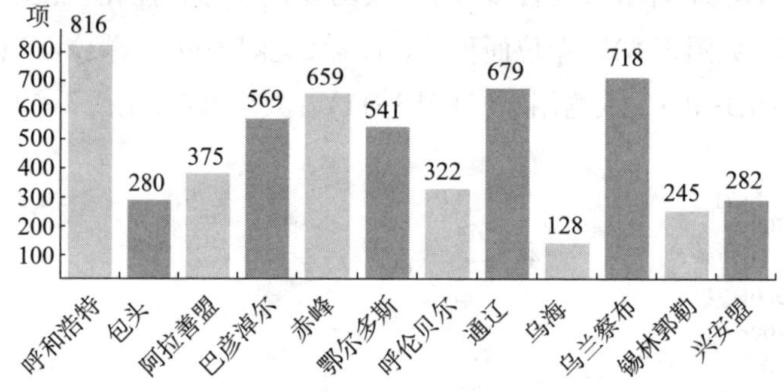

图 3-7　内蒙古自治区公共机构人均非供暖综合能耗的无效数据项数

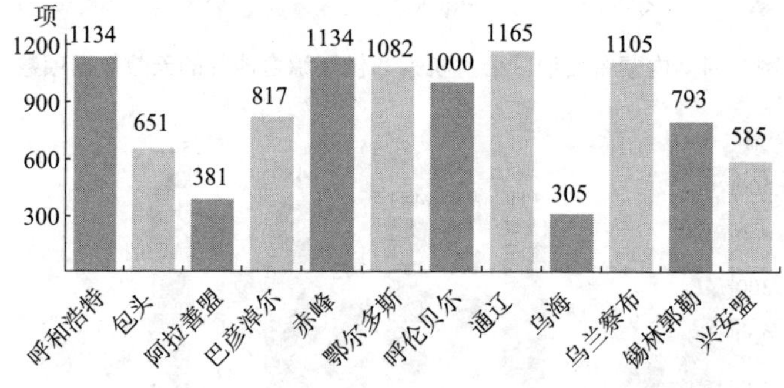

图 3-8　内蒙古自治区公共机构单位面积电耗的无效数据项数

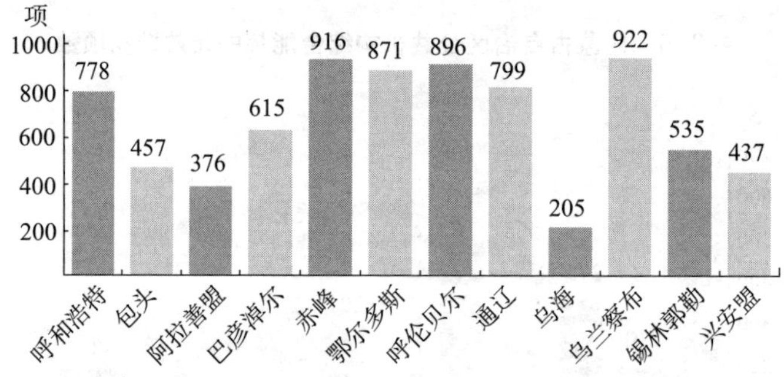

图 3-9　内蒙古自治区公共机构单位面积综合能耗的无效数据项数

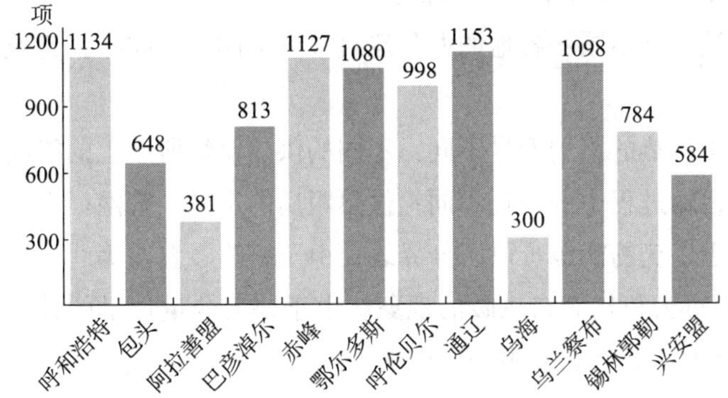

图 3-10 内蒙古自治区公共机构单位面积非供暖综合能耗的无效数据项数

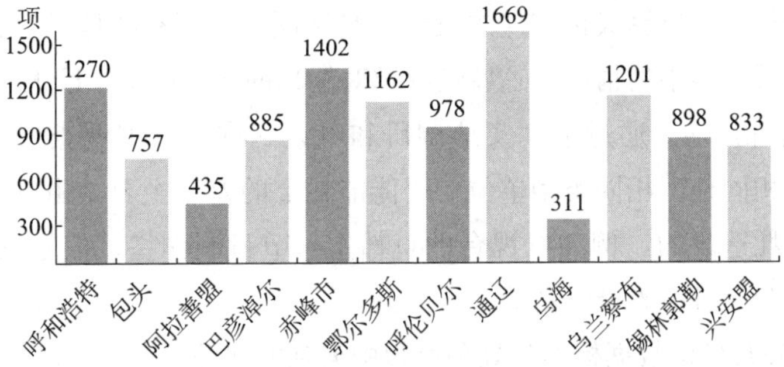

图 3-11 内蒙古自治区公共机构人均用水的无效数据项数

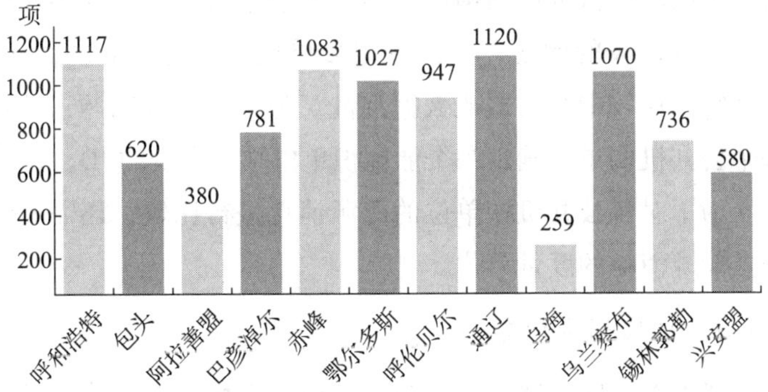

图 3-12 内蒙古自治区公共机构人均电耗的无效数据项数

(2)在数据表中无法体现的问题。

还有一些问题是在当前数据表中无法体现的。

a. 热损。从国家的统计数据来看，北方能耗主要集中在供热上，但从数据表上很难判断用于供热的能耗为多少，而通过调研可知，造成供热能耗不同的原因主要集中在以下方面：

- 建筑类型不同：各地的办公建筑数量不同，不同办公建筑的散热结构不同。
- 用于供热的锅炉型号不同：不同的供热锅炉所产生的能耗不同。
- 在运输过程中的损耗不同：供热距离的不同、管网标准不同。
- 用于供热的能源难以区分界线：由于寒流、温差等北方地区的气候变化，很多办公机构有自供暖的现象。由于缺乏分量计量的计量器具，很难将这些能耗从日常办公中分离出来。
- 供热能源类型无法确定：煤炭数据来源于各办公机构的能源购置发票。可发票中的数据无法准确地反映出所购买能源的具体型号，比如不同地区所购买的煤折算成标准煤的发热量是不同的，而有些地区存在将运输费并入购买发票中的情况，这些情况都对能耗的厘定产生了巨大干扰。

b. 特殊用能。通过前文实地调研和电话问询等数据调查研究可以知道，很多相同地区相同类型单位在用能能耗上的差异主要是由其不同用途的特殊能耗造成的。例如电视台的直播室、节目制作室、信号发射设备，医院的化验设备、影像设备等。

(3)公共机构数据标准化处理过程中遇到的问题。

前文中我们多次提到，以传统报表形式收集的能耗数据与现在能耗标准类型所需求的能耗数据在结构和类型上差别很大。由于在传统的数据报表中不存在全区比较的问题，因此有很多单位名称是相同的，比如一中、二中；但在统一比较中容易造成数据混乱。为解决此类问题，统计中首先是要给每个公共机构单位确定一个能标识单位唯一身份的 ID。

其次，为了对各公共机构单位的能源消耗进行比较，还需要统一各单位不同种类能源消耗的度量单位。

3.3.1.2 区域划分问题

由于内蒙古自治区地域辽阔，总体类似一个横长形区域，其公共机构单位区域分布特征表现为各公共机构单位在不同地域稀疏分布。因此必然存在某些同类型单位在特定区域很难构成有效的统计数列(例如寒冷区 B 区域只有 5 所大专类以上的学校，无法形成有效的统计数列)的问题。

通过前文的抽样调查与实地调研可以发现，内蒙古自治区不同地区的温度环境对其所对应的各公共机构办公能耗所产生的影响是不同的。因此为了让不同区域的同类型单位在办公能耗上进行比较和评估，就必须考虑各公共单位所处地域温度环境的因素。

例如，对全区公共机构2016—2018年能耗数据梳理后发现，因为自治区内大学类和一级医疗机构类公共机构单位数目较少，不适宜进行分温度区域排列，所以对全区范围内此类型单位进行能源消耗的比较时需考虑添加修正参数。

最初，项目组根据国家机关事务管理局《关于印发〈公共机构能耗定额标准编制和应用指南（试行）〉的通知》（国管办发〔2019〕5号）的指导意见、《民用建筑热工设计规范》（GB 50176—1993）和最冷月平均温度、内蒙古自治区温度数据模型，将其划分为4个区。呼伦贝尔市为单独一个区域，锡林郭勒盟为单独一个区域，兴安盟、通辽市、赤峰市、乌兰察布市、呼和浩特市、包头市合为一个区域，鄂尔多斯市、巴彦淖尔市、乌海市、阿拉善盟合为一个区域。

但这种划分带来如下问题：

（1）从内蒙古自治区各地温度数据模型来看（见图3-13），呼伦贝尔市与其他区域温度相差极大，应该如何划分？是单独划分还是和锡林郭勒盟合并，划分出一个区来？

呼和浩特	-11.32	≤5：143	≥25：18
呼伦贝尔	-21.02	≤5：184	≥25：6
乌兰察布	-12.19	≤5：167	≥25：3
包头	-10.95	≤5：141	≥25：30
乌海	-9.42	≤5：126	≥25：57
赤峰	-9.37	≤5：150	≥25：38
乌兰浩特	-11.52	≤5：152	≥25：31
开鲁	-10.11	≤5：150	≥25：44
锡林浩特	-11.13	≤5：229	≥25：2
鄂尔多斯	-9.27	≤5：141	≥25：9
五原	-11.37	≤5：146	≥25：32B
阿拉善盟左旗	-6.98	≤5：332	≥25：37a

图3-13　内蒙古行政区域温度表

（2）在区域划分时，内蒙古自治区应按温度的分布特征考虑划分为4个区域，还是参考传统习惯向划分为3个区域靠近？

（3）这种划分是否利于标准的执行？

3.3.1.3 行业分类问题

将现有数据根据单位性质及内蒙古自治区的地域特色划分为医疗、公检法、政府单位、公共服务、农林牧、教育单位六大类。结合前文中的温度区域划分整理医疗单位（见表 3-1）、公检法单位（见表 3-2）、政府单位（见表 3-3）、公共服务单位（见表 3-4）、农林牧草单位（见表 3-5）、教育单位（见表 3-6）数据，分析发现：

（1）有 3000 余家单位由于单位性质不明，未能归入这六大分类。

（2）有些单位数量较少，既不适合划分为二级单位，也不适合进行区域划分，考虑加上温度系数，统一进行排列。

表 3-1 2018 年医疗单位数据综合整理表

	医疗综合	医院	卫生院	防保站
统计数量	1415.00	276.00	936.00	203.00
数据有效数量	1381.00	272.00	931.00	178.00
非供暖综合能耗（千克标准煤）	253701866.10	108767103.43	143532678.54	1402084.13
综合能耗（千克标准煤）	492276535.86	301186840.31	183381893.26	7707802.29
人均非供暖综合能耗（千克标准煤/人）	1972.78	263.97	5387.65	266.73
人均综合能耗（千克标准煤/人）	2984.86	1124.25	6455.56	1374.76
单位面积非供暖综合能耗（千克标准煤/平方米）	55.65	12.97	146.64	7.35
单位面积综合能耗（千克标准煤/平方米）	82.50	40.87	172.26	34.38
人均用电量（千瓦·时/人）	792.76	1175.41	466.66	736.21
单位面积用电量（千瓦·时/平方米）	26.31	43.08	16.50	19.34
人均用水（立方米/人）	31.84	34.86	21.29	39.38

表 3-2 2018 年公检法单位数据综合整理表

	公检法综合	公安	检察院	法院
统计数量	620.00	402.00	112.00	106.00
数据有效数量	620.00	402.00	112.00	106.00
非供暖综合能耗（千克标准煤）	153833900.31	125445523.39	15281766.35	13106610.57

续表

	公检法综合	公安	检察院	法院
综合能耗（千克标准煤）	292448011.47	214978167.43	36163925.27	41305918.77
人均非供暖综合能耗（千克标准煤/人）	1281.42	1777.04	1471.54	595.70
人均综合能耗（千克标准煤/人）	2610.34	2561.45	3279.41	1990.15
单位面积非供暖综合能耗（千克标准煤/平方米）	152.48	431. 56	18.12	7.76
单位面积综合能耗（千克标准煤/平方米）	177.08	454.47	43.37	33.38
人均用电量（千瓦·时/人）	1054.79	727.93	1398.13	1038.31
单位面积用电量（千瓦·时/平方米）	42.19	84.07	19.42	23.10
人均用水（立方米/人）	23.52	15.12	36.12	19.34

表 3-3　2018 年政府单位数据综合整理表

	政府综合	自治区	市级	县级
统计数量	7968.00	73.00	980.00	6915.00
数据有效数量	7968.00	73.00	980.00	6915.00
非供暖综合能耗（千克标准煤）	53358105247.00	10091119.77	88080178.64	435409754.06
综合能耗（千克标准煤）	1190588935.75	42777878.49	233976133.32	913834923.94
人均非供暖综合能耗（千克标准煤/人）	526.73	307.16	459.75	813.29
人均综合能耗（千克标准煤/人）	1346. 52	1353.84	1078.62	1607.11
单位面积非供暖综合能耗（千克标准煤/平方米）	128.11	11.09	12. 83	360.43
单位面积综合能耗（千克标准煤/平方米）	144.36	30.27	26.06	376.74
人均用电量（千瓦·时/人）	971.41	1541.97	567.66	804.59
单位面积用电量（千瓦·时/平方米）	76.37	73.07	14.04	142.01
人均用水（立方米/人）	23.24	35.06	16.16	18.51

表 3-4　2018 年公共服务单位数据综合整理表

	公共服务综合	自治区	市级	县级
统计数量	3268. 00	105. 00	738. 00	2425. 00
数据有效数量	3268. 00	105. 00	738. 00	2425. 00
非供暖综合能耗（千克标准煤）	89536136. 80	8053436. 76	20316594. 59	61166105. 45
综合能耗（千克标准煤）	267316548. 56	28520526. 20	82518431. 91	156277590. 45
人均非供暖综合能耗（千克标准煤/人）	803. 75	503. 64	241. 28	1666. 33
人均综合能耗（千克标准煤/人）	1607. 91	1522. 53	905. 11	2396. 08
单位面积非供暖综合能耗（千克标准煤/平方米）	19. 00	7. 75	9. 36	39. 88
单位面积综合能耗（千克标准煤/平方米）	33. 70	26. 95	21. 13	53. 02
人均用电量（千瓦・时/人）	538. 35	778. 93	510. 33	325. 79
单位面积用电量（千瓦・时/平方米）	26. 70	15. 01	56. 49	8. 59
人均用水（立方米/人）	12. 80	13. 60	14. 99	9. 80

表 3-5　2018 年农林牧草单位数据综合整理表

	农林牧草综合	农业	林业	畜牧业	草业
统计数量	1513. 00	586. 00	584. 00	212. 00	131. 00
数据有效数量	1513. 00	586. 00	584. 00	212. 00	131. 00
非供暖综合能耗（千克标准煤）	21212948. 31	3278422. 65	14784706. 38	2053272. 82	1096546. 46
综合能耗（千克标准煤）	40022725. 03	10168784. 17	23796160. 30	3717114. 02	2340666. 54
人均非供暖综合能耗（千克标准煤/人）	497. 84	201. 21	673. 87	695. 26	421. 01
人均综合能耗（千克标准煤/人）	928. 21	508. 00	1124. 38	1125. 65	954. 82
单位面积非供暖综合能耗（千克标准煤/平方米）	15. 01	4. 50	22. 74	29. 71	3. 09
单位面积综合能耗（千克标准煤/平方米）	28. 85	15. 78	35. 83	44. 90	18. 91
人均用电量（千瓦・时/人）	359. 00	156. 20	771. 23	323. 28	185. 29

续表

	农林牧草综合	农业	林业	畜牧业	草业
单位面积用电量（千瓦·时/平方米）	39.93	6.41	50.68	94.02	8.60
人均用水(立方米/人)	63.70	6.40	222.58	18.78	7.04

表 3-6 2018 年教育单位数据综合整理表

	教育综合	大学	中学	小学	幼儿园
统计数量	3015.00	34.00	1456.00	1013.00	512.00
数据有效数量	2953.00	32.00	1415.00	1001.00	505.00
非供暖综合能耗（千克标准煤）	10349208.21	23029915.33	374968582.82	426872132.78	178578577.29
综合能耗(千克标准煤)	27338649.93	203231034.05	1138422643.14	688630465.14	243102307.61
人均非供暖综合能耗（千克标准煤/人）	720.45	485.34	570.25	822.32	1003.90
人均综合能耗（千克标准煤/人）	2738.62	6796.11	1373.38	1306.04	1478.96
单位面积非供暖综合能耗（千克标准煤/平方米）	40.60	2.85	29.67	59.66	70.23
单位面积综合能耗（千克标准煤/平方米）	67.70	30.85	56.82	86.46	96.69
人均用电量(千瓦·时/人)	858.75	2820.27	265.84	150.63	198.26
单位面积用电量（千瓦·时/平方米）	14.35	19.00	12.51	10.08	15.80
人均用水(立方米/人)	59.24	194.35	18.97	10.12	13.53

3.3.2 数据问题的应对方法与依据

针对现有数据收集整理中存在的问题，项目组采取了一系列的解决方法。例如，项目组重新规范能耗数据库的结构与类型，对旧有的能耗数据进行数据整理与清洗，利用建筑面积、用能人数、用电量等多项指标，对现有数据进行交叉核验，逐步剔除了能耗数据中的噪声数据。项目组采用人工查证与网络爬虫校验的方法来解决各公共机构身份 ID 与合署办公单位合并归类问题。根据行政特征和国家规范以及单位用能特征，对各公共机构能耗数据进行行业分类，通过大数据分析内蒙古自治区各地区区域温度对于其所对应地区的各公共机构能耗指标的影响权重，对全区进行区域分类。

3.3.2.1 对现有数据进行交叉核验

利用建筑面积、用能人数、用电量等多项指标，对现有数据进行交叉核验，逐步剔除了能耗数据中的噪声数据。经过数据完备性、稳定性、合理性等检验后(例如检查数据项是否齐全，3 年以来的数据是否稳定，数值是否处于国家认定的北方公共机构办公能耗合理区间等)，形成各类型机构数据样本。

首先，按照主管部门、单位行政特征与能耗特征，将公共机构一般分类，并归类。

其次，在公共机构一般分类的基础上，重新核查机构类别，逐步筛选出基础共性机构。例如，在剔除监狱、动物园、园林局等特殊职能公共机构的同时排除存在特殊区域用能现象的公共机构。

最后，对公共机构能耗数据进行筛选，找出能耗数据分类比较清晰的数据组成小样本。根据小样本数据的基础共性所表现的正态分布特征，提取出针对各类型机构的不同类型用能区间和用能特征，再按照各能耗特征值对大样本进行细分。

其中部分核验筛选步骤如下:

(1)从数据 ETL 模块按业务源类型对数据进行分类，将部分公共机构细粒度 730 万条用电数据进行模板整理，并批量导入。

(2)通过 ETL 技术元数据模块，将公共机构细粒度 730 万条业务数据拆分为 275 万条电表用户数据。

(3)通过 ETL 技术元数据模块，将电力部门 275 万条电表用户数据按用能特征数据表进行过滤，过滤出其中的个人用户数据。

(4)通过 ETL 技术元数据模块，将过滤后的电力部门电表用户数据按电力用户表合并和加工后进行分类，将同属于一个办公单位的多个电表合并为该办公单位的用电数据，将同属于同一办公区的电表合并为该办公区的用电数据，合并出赤峰市 3 万家单位用户、呼伦贝尔市 2 万家单位用户等各盟市单位用电数据。

(5)通过 ETL 技术元数据模块，将合并分类好的用电用户按单位地址与电表所在区域等数据特征进行筛选，筛选出对应的各盟市各区域公共机构用电数据。

(6)由于该用电数据为日计量数据，还需通过编写算法将这些电力数据合并成与内蒙古自治区机关事务管理局所提供的能耗数据类型相一致的用电数据。

最后，将整理好的电力部门各公共机构用电数据与内蒙古自治区机关事务管理局公共机构能耗数据中的用电数据进行对比和评判，将差异度较大的数据剔除。

3.3.2.2 公共机构数据统一标准化

前文已经提到过，因为现有统计数据不是专门为此次能耗定额所设计的，所以在该统计数据的数据字段设计、数据收集等方面，均不利于向能耗标准方面进行数据整合。其中，首先要解决的问题就是确定各单位的唯一字段。

为确定每一个单位的唯一字段，项目组采取了两种手段来对该字段进行确认和校正：

(1)协同政府部门下发文件提出建议，由各公共机构单位自行查证。

(2)使用 Mongodb 和 Python 实现对天眼查企业信息的采集，通过公共机构单位名称，来查找其单位所对应的统一社会信用代码。

a. 使用工具：

- Python：爬虫脚本语言。
- Pycharm：Python IDLE 工具。
- Mongodb：数据储存。
- Robo 3T：Mongodb 数据库可视化客户端。

b. 爬取目标网站：天眼查、企查查。

c. 爬取信息：企业名称、法定代表人、开办资金、登记状态、经费来源、举办单位、登记管理机关、统一社会信用代码、有效期、地址、宗旨和服务范围等。

d. 过程：

➢ 进入天眼查官网：

https：//www. tianyancha. com/？ jsid=SEM-360-PZ-SY-090101。

➢ 输入栏搜索企业名称，观察 url 组成结构。

➢ 分析 url 构成规律为 https：//www. tianyancha. com/search？ key=‘企业名称’例：https：//www. tianyancha. com/search？ key=呼和浩特市第一医院。

➢ 用浏览器的开发者工具分析网页，在 Sources 下查看网站源码，因为爬虫爬下来的内容是未经浏览器渲染的，所以还需寻找其他规律。观察后发现，大多数情况下我们在 Elements 审查窗口看到的内容与在 Sources 下面看到的是一致的，所以可先选定查找目标后再到 Sources 中确认是否能找到。由此可以确定 beautifulsoup 和 xpath 的写法。

➢ 通过 Python 下的 requests、lxml、beautifulsoup、pyquery 等请求/解析库实现自动化爬虫程序获取企业信息，使用 Python 第三方库 Pymongo 驱动 Mongodb，实现数据的插入、查重等功能。

➢ 服务器开启 Mongodb 数据库服务，将爬取到的无问题数据和问题数据分别存入数据库。

➢ 在数据库可视化客户端工具中将数据导出为 csv 文件。

e. 核心代码摘要：

```
def detail(url_,name):#获取企业详细信息
    mongo_data={}#定义字典格式,存入 mongodb
    ……
    sp=BeautifulSoup(url.content,' html.parser' )#Beautiful-
Soup 解析网页内容
    #解析网页定位获取企业相关信息
    mongo_data[' 机构名称' ]=name
    mongo_data[' 法定代表人' ]=sp.find_all(' table' ,attrs=
{' class' :' table-striped-col' })[0].find_all(' tr' )[0].
find_all(' td' )[1].text
    mongo_data[' 开办资金' ]=sp.find_all(' table' ,attrs=
{' class' :' table-striped-col' })[0].find_all(' tr' )[0].
find_all(' td' )[3].text
   ……
  {' class' :' table-striped-col' })[0].find_all(' tr' )
[5].find_all(' td' )[1].text
    mongo_data[' 宗旨和业务范围' ]=sp.find_all(' table' ,at-
trs={' class' :' table-striped-col' })[0].find_all(' tr' )
[6].find_all(' td' )[1].text
    return mongo_data#返回储存信息的字典
def r_url(d):#获取企业详情页面网址
    ……
    result_url=searchresult.find(' a' )[' href' ]#获取详细信
息对应的 url
```

```
        print(result_url)
        return result_url#返回 url
    def judge(url,m,name):#判断搜索到的企业与给定的企业名称是否相同
      ……
        open_text = open("G:\zuzhijigou.txt",'  r'  )#由文档读取企业
名称
      ……
        client = pymongo.MongoClient(host = '  127.0.0.1'  )#连接本地
mongodb 服务器
        ……
                url = r_url(line_name)#获取详细信息网址
            except:#访问频率过快会限制 ip 访问
                print('  更换 ip'  )
              ……
                except IndexError:#网页格式异常
                    db.wangye.insert_one({'  网页不匹配'  :line_name})
#将网页不匹配的企业名称存入 wangye 表
                ……
                                db.tianyan.insert_one(res)#将给定企业名
字与搜索到的企业名相同的企业信息存入 tianyan 表
                            else:
                                db.named.insert_one({'  名字不匹配机构
'  :line_name})#将给定企业名字与搜索到的企业名不相同的企业名存入 named 表
                                print('  名字不匹配'  )
                                continue
```

f. 存在的问题与对应的解决方法:

➢ 爬取过程中相同 IP 爬取约 100 个单位信息后，天眼查会采取验证码、手机登录等反爬措施。由于人工手动验证效率低，只能采用更换 IP 的方式提高效率，因此，选择用 IP 代理软件(如花生代理等)。在需要更换 IP 时需使用 Time. Sleep(　)挂起进程或手动操作代理软件更换 IP。

➢ 由于网络原因，存在第一次爬取失败，第二次再爬取就成功的情况。针对此种情况设置重试机制，如果 URL 爬取失败，则将此 URL 放回 URL 队列中，重复三次，如还是失败，则认为是无效链接。

➢ 给定的许多单位名称均属于简称，例如“呼和浩特市新城区第一幼儿园”简称为“新城一幼”，且还有许多指代不明的企业名称，例如“旅游委办”“残联”“社保局”等，缺少盟市等重要限定条件。给定的这些非完全单位名称，导致在天眼查中无法找到相应的单位或查到错误企业信息。针对此种暂时无法用软件来解决的问题只好发动人员手工核实。

➢ 少数单位的详情信息页面为空，无法获取相应数据内容，视为无效

数据。

g. 合并合署办公单位。

对原数据中没有提供可以判断医院等级分类的信息，逐一去“企查查”等公信力较高的网站对数据手工查询并一一记录，之后通过对数据中相同机构地址进行分析，合并出2000余个合署办公区。

h. 统一计量单位。

依据能耗单位标准，将电、煤、天然气、汽油、柴油、热力与其他能源消耗单位转化为统一单位(千克标准煤)。

i. 计算指标数值。

计算出各个机构的总能耗、不含供暖的其他类总能耗、单位面积能耗、不含供暖的其他类单位面积能耗、人均能耗、不含供暖的人均能耗、单位面积用电、单位面积用水、人均用电以及人均用水的数值。

3.3.2.3 研究天气数据来划分同类型温度区域

由于原数据中不能看出气候区域、业务特点、规模大小等因素对公共机构用能的影响，所以需要对数据进行分析，寻找规律。

研究表明，气候对公共机构能源消耗产生的影响比较大。为了使标准的制定更加公平、公正、合理，考虑将类似气候的公共机构划分在同一温度区域带。因此研究近20年来内蒙古自治区各区域的气候特征是必不可少的。

(1)采用Python对历史天气进行数据采集。

a. 使用工具：

Python：爬虫脚本语言。

b. 所用模块：

- Requests：负责与网页进行交流的主要模块，包括发起会话请求、接受网络信息、检查网络交流状态等。
- bs4：负责将网页信息更友好地显示，同时更易于操作，为存入端做好准备工作。
- Pandas：读取与保存文件的重要工具。

c. 爬取流程：

1)定义函数。

getHTMLText：

- 以Mozilla浏览器的身份向网站发出请求。

- 通过检查网站响应状态(200 正常)。
- 适配正确编码方式。
- 以字符串返回网页内容。

fillUnivList：

- 接受网页字符串内容，将其变为 bs4 对象。
- 寻找需要的内容并放入列表。

printUnivList：

- 定义存放地址。
- 保存至指定路径。

2)运行流程。

运行流程如图 3-14 所示。

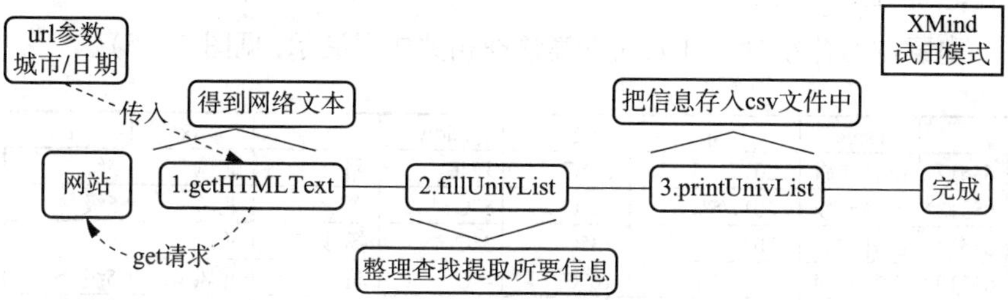

图 3-14　运行流程

3)数据类型说明。

数据类型说明如表 3-7 所示。

表 3-7　数据类型说明

数据名	数据类型
日期	String
最高气温	String
最低气温	String
天气	String
风向	String
风力	String

4)过程。

- 数据采集：编写 Python 爬虫程序实现获取指定网址网页数据。

• 数据筛选：通过 Python 的 Beautifulsoup 库实现对收集到的网页数据进行筛选，定义变量储存需要的信息。

• 数据储存：引入 Pymongo 库，将筛选出来的数据以字典类型存入数据库。

• 数据导出：通过 NoSQL Manager for MongoDB：Mongodb 连接到数据库，用图形界面将查找出来的数据输出为 csv 类型文件。

• 处理：对多余信息进行处理，删除重复信息和空格。

• 数据库设计：使用图形化界面简单创建数据库、表等。

• 将数据存入 Mongodb 时自动生成一个唯一标识 ID，用其作为主键。其他属性：ID、城市、日期、最高气温、最低气温、天气、风向、风力（均为字符串类型）。

5）部分成果展示。

内蒙古巴林左旗每日天气收集整理相关成果展示（见图 3-15）。

1	csmc	sj	zgqw	zdqw	tq	fx	f
65512	巴林左旗	2017/5/3	25°C	12°C	阴	北风	5级
65513	巴林左旗	2017/5/4	21°C	8°C	多云	北风	5级
65514	巴林左旗	2017/5/5	13°C	3°C	扬沙	北风	5级
65515	巴林左旗	2017/5/6	16°C	4°C	晴	北风	5级
65516	巴林左旗	2017/5/7	27°C	7°C	晴	北风	5级
65517	巴林左旗	2017/5/8	31°C	11°C	晴	南风	4级
65518	巴林左旗	2017/5/9	31°C	12°C	晴	西南风	6级
65519	巴林左旗	2017/5/10	26°C	10°C	晴	西北风	2级
65520	巴林左旗	2017/5/11	17°C	5°C	晴	西北风	5级
65521	巴林左旗	2017/5/12	18°C	4°C	晴	西风	2级
65522	巴林左旗	2017/5/13	17°C	7°C	多云	东北风	3级
65523	巴林左旗	2017/5/14	21°C	9°C	多云	东南风	2级
65524	巴林左旗	2017/5/15	24°C	9°C	晴	北风	2级
65525	巴林左旗	2017/5/16	29°C	12°C	阴	东南风	3级
65526	巴林左旗	2017/5/17	33°C	17°C	晴	东风	6级
65527	巴林左旗	2017/5/18	39°C	18°C	晴	西风	3级
65528	巴林左旗	2017/5/19	31°C	15°C	多云	东南风	2级
65529	巴林左旗	2017/5/20	29°C	9°C	多云	东风	4级
65530	巴林左旗	2017/5/21	16°C	7°C	多云	东风	5级
65531	巴林左旗	2017/5/22	13°C	5°C	小雨	南风	2级
65532	巴林左旗	2017/5/23	25°C	10°C	晴	西北风	2级
65533	巴林左旗	2017/5/24	26°C	9°C	多云	东北风	5级

图 3-15　内蒙古巴林左旗每日天气收集整理部分成果展示

(2)用 K-Means 算法对内蒙古各盟市进行分类。

a. 使用的数据集：

由以上方法得到的内蒙古地区 20 年天气数据。

b. 实现方法：

利用 20 年内天气情况的变化数据对内蒙古地区的城市进行分类。

c. 使用工具：

K-Means 算法。该算法是聚类算法中最常用的一种，该算法最大的特点是简单、易理解、运算速度快。在聚类前手工指定将内蒙古地区分为 N 类，如 0，1，2，3。

d. 原理：

将数据分为不同的类别，在相同类别中数据之间距离相近，数据之间的相似度与它们之间的欧氏距离成反比，这就是 K-Means 模型的假设。

选择将离得近的数据划分为一个类别，因此假设需要将数据 $\{x_i\}$ 聚为 k 类，经过聚类之后每个数据所属的类别为 $\{t_i\}$，而这 k 个聚类的中心为 $\{k\}$。

K-Means 模型的目的是找寻最佳的 $\{t_i\}$，使损失函数最小，之后就可以对聚类中心 $\{k\}$ 直接计算。

e. 过程：

- 首先随机生成 k 个聚类中心点；
- 根据聚类中心点，将数据分为 k 类，分类的原则是数据离哪个中心点近就将它分为哪一类别；
- 根据分好的类别的数据，重新计算聚类的类别中心点；
- 不断地重复步骤 2 和步骤 3，直到中心点不再变化。

本次聚类使用的是各个区域 20 年的天气数据，通过处理得到 20 年的最高平均气温和最低平均气温，利用算法开始聚类。

f. 结果：

利用天气数据将内蒙古地区城市分为几类，为了找出各个城市气温之间的关系，在理论上将内蒙古自治区划出温度带。

3.3.2.4　行业划分问题

依据 3 年约 5.7 万家数据当中的机构值，将机构划分为六大类(一级分类)：教育、医疗、政府、公检法、农林牧草、公共服务。其中，3500 家左右的机构由于信息不全无法归类于上述六大类，且人工补全信息的工作任务量较大，暂时无法顾及。

关于行业分类与区域划分的其他细节部分，将在后面的章节详细叙述，这里不再赘述。

4 能耗定额的研究

公共机构能耗定额工作是为深入贯彻落实习近平生态文明思想和新发展理念，走好以生态优先、绿色发展为导向的高质量发展新路子，落实节能增效及实现“双碳”目标，切实做好全国公共机构能源资源节约和生态环境保护工作的重要组成部分。

内蒙古自治区公共机构能耗定额工作是建立健全自治区公共机构能耗考核评价体系工作的基础环节。

内蒙古自治区公共机构能耗定额项目是一项巨大且复杂的工程。能耗定额工作需要收集、整理和筛选全自治区 2 万余家公共机构的能耗数据，并对这 2 万多家公共机构的能耗现状进行研究、分析并制定标准。这些工作离不开政府机构的支持，离不开国家专家的指导。

借着国家机关事务管理局制定全国各地公共机构能耗定额标准编制的春风，项目组有幸参与了自治区公共机构能耗定额标准的制定。在能耗定额标准的制定过程中，通过对全区各公共机构能源消耗的调查和研究，通过与制定各省公共机构能耗定额标准专家的交流与讨论，项目组初步建立了符合国家基本要求并具有内蒙古自治区地方特色的“内蒙古自治区公共机构能耗定额标准”。

4.1 内蒙古自治区公共机构能耗定额标准概述

制定内蒙古自治区公共机构能耗定额标准，既能规范公共机构用能行为，又能不断促进公共机构节能管理精细化。而随着全自治区各公共机构节能降耗和统计水平的提高，又会不断促进能耗定额编制标准制定和应用水平的提高，使能耗定额指标的设定更加合理，这是一个渐进的、良性循环的过程。

此次公共机构能耗定额标准的制定，大致经过数据的收集与清洗、数据的分类、能耗定额指标的选取、典型公共机构单位的调研、区域的划分、行业的分类、与不同地区工作组的学习与交流、能耗定额指标公式的制定、定额标准数值的确定这几个环节。其中，每一个环节的工作都会对下一个环节产生影响。

数据的收集与清洗是整个项目的基础，是项目开展的第一个环节。此次项目的大部分工作时间基本上都花在能耗数据的收集与清洗上。这是因为只有确保数据的准确性，才能为项目后续环节奠定坚实的基础。因此项目组一开始就把数据的准确性放在工作的首位。在项目实施过程中，内蒙古自治区机关事务管理局与项目组多次协作，对现有数据中存在的疑问进行了反复的审查。在现有条件下，最大限度地保证了当前数据的准确性。

数据的分类是整个项目的关键。数据的分类关系着能耗定额中每一类公共机构能耗指标的确定范围，只有项目分类中的每个个体之间的同质性越高，同类机构之间的可比性越强，能耗指标才越合理。但如果分类过于繁细，每个类型中的个体数目则会急剧减少，甚至没有。这样不仅增加了工作的复杂程度，也无法在每个类型中形成有效的统计数列，如何在两者之间取得平衡是项目组所遇到的难题之一。此次能耗定额中的数据分类主要由两部分组成：一是按公共机构所处区域温度对各公共机构能耗的影响因素进行区域划分(以下简称温度区域划分)。在温度区域的划分当中，既要考虑区域温度对公共机构在能耗方面的实际影响，还要考虑标准实际推行过程中各公共机构所属的温度区域是否与其统属行政区域一致，使标准便于执行。二是按各公共机构所属行业的不同能耗特征对内蒙古地区 2 万多家公共机构进行行业划分。在这个划分中，既要考虑分类时各行业的相似性，又要考虑数据分类的统计学意义。前面所涉及的当数据分类过于细致时，单个小分类中的数据由于过小或没有致使该分类中的个体单位形成有效的统计数列，从而失去寻找其综合特征的意义，还要考虑当标准制定完成后，行业划分对公共机构在标准推行时所遇到的实际问题。

能耗定额指标的选取是整个项目的核心，要考虑到能耗指标对每一个公共机构单位的普适性和公平性。因为每一个特定公共机构都有很多反映能源消耗的标志，而每一个标志值都能从不同方面反映出当前公共机构的能源消耗水平，如医院的用电、用油、用煤等指标。如何从这些标志中选取最具有普适性、最能代表公共机构能源消耗水平的指标，是当前内蒙古自治区公共机构能耗综合评定体系项目的核心问题。

能耗定额指标的计算公式是整个项目的重中之重，通过公式将每一个分类的标志值整合成各分类的指标值。本次能耗定额工作中的能耗定额指标计算公式分为两种：一种是通用公式，从现有数据中得出能耗定额指标的数值；另一种是修正公式，在最大限度地考虑各参与计算的公共机构能耗的共性特征的同时，也要考虑到不同公共机构的特殊用能情况，尽量保证相对公平性。

定额标准数值的确定是能耗定额工作的最终成果。

4.2 数据分类中的区域划分与行业分类

4.2.1 区域划分的由来与依据

公共机构能耗定额中，区域划分是能耗定额的关键，关系着公共机构能耗综合评定体系的公正与合理。尤其是内蒙古自治区各区域气候特征不同，差别明显，因此在标准衡量中，必须采用合理的区域划分来保证标准的公正性。

目前，全国各省公共机构能耗定额工作均采用了区域划分的方法，但各省有各自的做法，没有统一的具体划分方法。从国家机关事务管理局关于公共机构能耗定额的指导文件来看，国家仅指示了需要按照气候区域选取定额标准，气候区域也只粗略地划分为严寒地区、寒冷地区、夏热冬冷地区、夏热冬暖地区和温和地区几大类，并未规定更细的气候划分方法与详细分类。在标准的制定中，各省也多按照自己的方法对气候区域进行细节划分，如按不同的寒冷程度，将黑龙江严寒区划分为两个区域；按城市特征和地理环境将海南省划分为 4 个区域。在气候方面，内蒙古自治区涵盖高原、山地、丘陵、平原、沙漠、河流、湖泊等多种不同的气候类型，情况尤为复杂。因此，公共机构能耗定额区域划分工作中需要寻找合理的区域划分方法，但目前尚无适合内蒙古自治区公共机构能耗定额的区域划分方法。由前述可知，国家对公共机构能耗按气候区域进行划分只做了粗略性指导，而各省份公共机构能耗定额区域划分目前还没有统一方法。

其他领域可参考的区域划分方法与自治区公共机构能耗定额的区域划分法关注点有所不同，因此目前尚无统一区域划分方法。其他省公共机构能耗定额区域划分时最常采用的是以气候温度划分区域的方法(以下简称温度区划分法)。但温度区划分法主要针对的是户外工农业生产。关注点主要是室外温度对农作物生长的影响。

从内蒙古自治区公共机构能源使用状况汇总数据来看，因为采暖能耗占总能耗的一半以上，所以参考温度区划分法时，自治区公共机构能耗定额区域划分法应重点关注室外温度对能耗结构的影响。

由此，可以得出一种温度区域划分的方法，即通过选取不同区域的室外温度 T_i(i 代表不同的区域——不同的盟市或旗县)，可得到区域 i 全年日最高温度小于该室外温度 T_i 的天数 D_i，寻求并验证天数 D_i 与区域 i 对应的公共机构能耗 E_i 的相关性，最终得到与能耗相关性最高的室外温度。将这些天数作为特征值代入聚类算法进行区域划分，然后根据行政区域再进行微调。

4.2.2 温度区域划分的过程

本项目温度区域划分不是一蹴而就的，经历了两个阶段的发展。

4.2.2.1 初始阶段

在对项目最早进行气候区域划分时，项目组根据温度对能耗的影响和区域划分后行政推行时的难易程度准备了以下划分方法。

(1)依据传统认知习惯进行划分。

考虑到基层业务人员在统计方面的专业基础较差，在划分伊始，为了便于标准的推行，项目组认为区域划分应尽量贴近基层业务人员的传统认知习惯。因此根据内蒙古自治区传统认知习惯将全区划分为东部区、中部区和西部区 3 个温度区。其中，东部区包括呼伦贝尔市、兴安盟、通辽市、赤峰市。一般人普遍认为东部地区比较靠近东北地区，因此气候相似，都比较寒冷。中部区包括巴彦淖尔市、乌海市。西部区包括乌兰察布市、呼和浩特市、包头市、鄂尔多斯市、锡林郭勒盟、阿拉善盟。传统上认为西部区的气候大多和山西、河北等地区类似，气候干燥，相较于自治区其他区域气候较为温暖。

(2)依据温度对能耗的影响进行划分。

自宁夏会议结束以后，项目组参考宁夏公共机构能耗标准制定工作的先进经验对内蒙古自治区公共机构能耗标准进行了一定的修订。在气候区域划分方面，经过与各省专家的讨论，认为公共机构能耗标准制定中区域的划分并不需要完全按照行政区域或传统的习惯进行划分。因此根据国家机关事务管理局《关于印发〈公共机构能耗定额标准编制和应用指南(试行)〉的通知》的指导意见，根据《民用建筑热工设计规范》(GB 50176—1993)和最冷月平均温度，根据内蒙古自治区近几十年的各地温度数据制作出的数据模型，对自治区温度区域重新进行划分，划分了4个区。呼伦贝尔市为单独一个区域，锡林郭勒盟为单独一个区域，兴安盟、通辽市、赤峰市、乌兰察布市、呼和浩特市、包头市合为一个区域，鄂尔多斯市、巴彦淖尔市、乌海市、阿拉善盟合为一个区域。

(3)对区域进行划分的方法与过程。

a. 温度区域划分的方法找寻。

由于当时未有适合内蒙古自治区公共机构能耗定额的区域划分法，且国家在公共机构能耗如何按气候区域进行划分方面只做了粗略性指导，而当前可参考的其他领域的区域划分方法与自治区公共机构能耗定额的区域划分法关注点有所不同，因此目前尚无统一区域划分方法。

从内蒙古自治区公共机构能源使用状况汇总数据来看，自治区公共机构能耗定额区域划分法应重点关注室外温度对能耗结构的影响。由此，可以得出一种温度区域划分的方法，即通过选取不同区域的室外温度 T_i (i 代表不同的区域——不同的盟市或旗县)，可得到区域 i 全年日最高温度小于该室外温度 T_i 的天数 D_i，寻求并验证天数 D_i 与区域 i 对应的公共机构能耗 E_i 的相关性，最终得到与能耗相关性最高的室外温度。将这些天数作为特征值代入聚类算法进行区域划分，然后根据行政区域再进行微调。

b. 温度区域划分的过程。

温度区域划分中的能耗数据主要源自内蒙古自治区机关事务管理局整理2016—2019年全区2万多家公共机构单位能源使用状况统计报表后得来的汇总表(对此表有兴趣者可联系本文作者)。此处仅展示经过数据清洗和综合后的部分表中数据项(见表4-1)。

表 4-1　公共机构能耗数据部分数据项说明

数据内容	数据项	数据项描述
公共机构用能原始数据	各能源用量	记录该公共机构使用柴油、液化石油气、汽油、新能源、煤炭、水、电的用量
	各能源费用	记录该公共机构单位使用柴油、液化石油气、汽油、新能源、煤炭、水、电的费用支出
	用能人数	该公共机构用能人数
	建筑面积	该公共机构的建筑面积
公共机构基本信息	ID	记录该公共机构数据库中的唯一身份识别号
	机构地址	记录各公共机构单位具体地址
	属地	分别记录该公共机构所属盟市区、所属旗县区
	机构类别	党政、卫生、教育、其他类型
公共机构统计后的能耗数据	非供暖综合能耗	记录由该公共机构用能基本信息统计得出的除采暖外各项其他能耗汇总的综合能耗，单位统一换算为千克标准煤
	综合能耗	统计所有能耗项后得到的综合能耗
	单位面积非供暖综合能耗	统计得出非供暖综合能耗与建筑面积的比值
	单位面积综合能耗	统计得出的综合能耗与建筑面积的比值

气候数据主要来自内蒙古自治区气象局 119 个气象台站，涵盖全区 103 个旗县 12 个盟市的气象数据，从爬虫工具中得到了 23 万余条关于 2010 年以来各地区的温度数据。

在气象数据的清洗中，剔除了城镇区域以外的温度数据。这种筛选方式是由内蒙古自治区公共机构的特性决定的。经统计，数据库中公共机构的机构地址主要集中在各城镇区域，不在城镇区域内的少量公共机构的户外温度未纳入本研究。清洗后的温度气候数据由各城镇区域的温度数据组成。

首先，选取多个日最高温度以获得样本总体中对应的温度特征值 D_i，即各盟市、旗县样本中全年日最高温度小于某一特定温度的年平均总天数。对温度特征值 D_i 与能耗特征值 E_i（各区域平均单位面积综合能耗）进行比较验证，对其相关性进行研究。

本书摘选了研究中 8 种不同温度特征值的数据集作展示。

表 4-2 为这 8 种温度特征值组与对应各盟市能耗特征值组的相关系数比对。

表 4-2 相关系数成果展示

	试验分组一	试验分组二	试验分组三	试验分组四	试验分组五	试验分组六	试验分组七	试验分组八
日最高温度(T)	≤19℃	≤16℃	≤13℃	≤10℃	≤7℃	≤4℃	≤0℃	≤-2℃
相关系数	0. 42	0. 46	0. 47	0. 47	0. 51	0. 56	0. 66	0. 66

关于相关系数的具体求法另行择文探讨。

图 4-1~图 4-8 为温度特征值与对应各盟市能耗特征值的回归曲线变化。

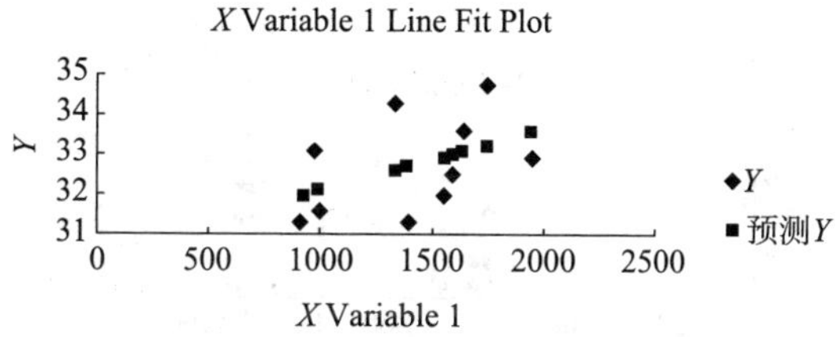

图 4-1 方案一

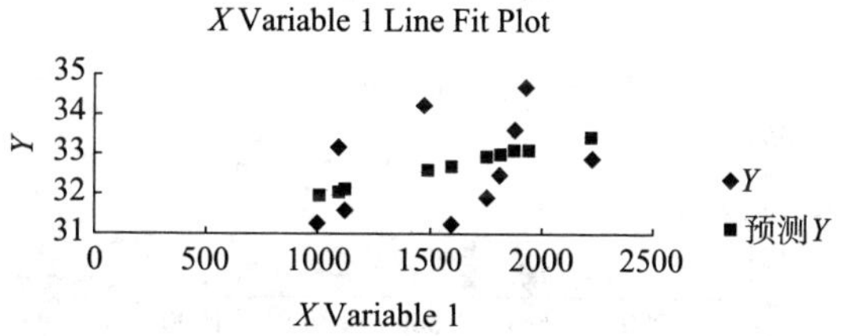

图 4-2 方案二

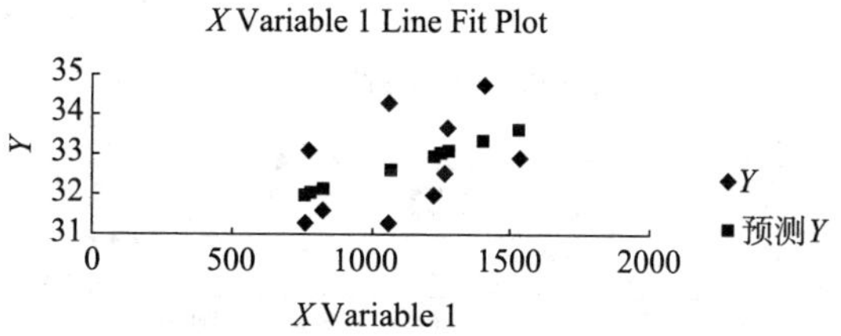

图 4-3 方案三

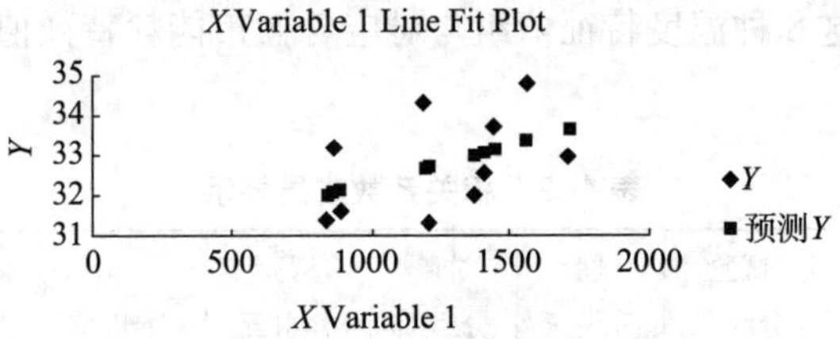

图 4-4　方案四

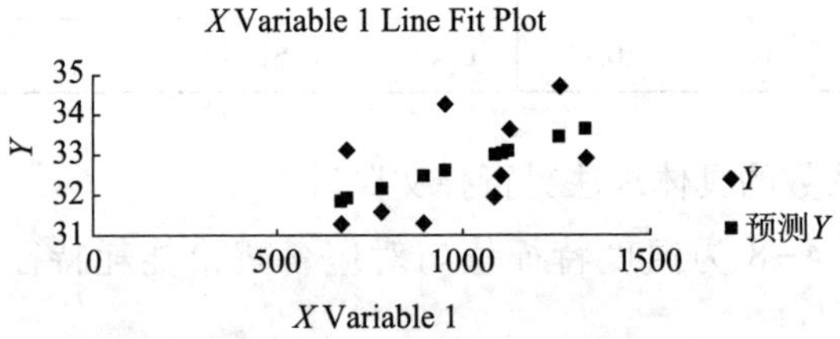

图 4-5　方案五

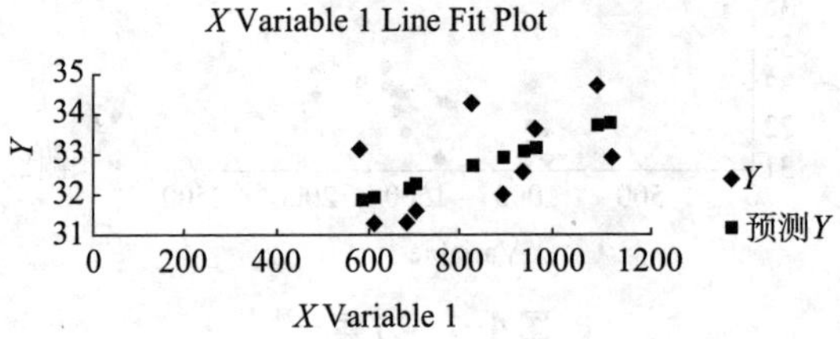

图 4-6　方案六

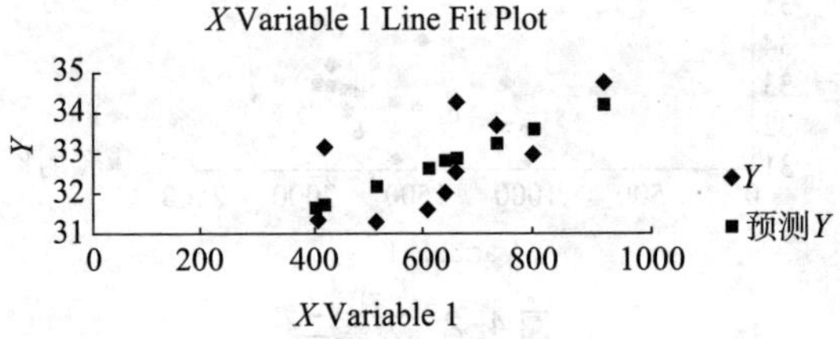

图 4-7　方案七

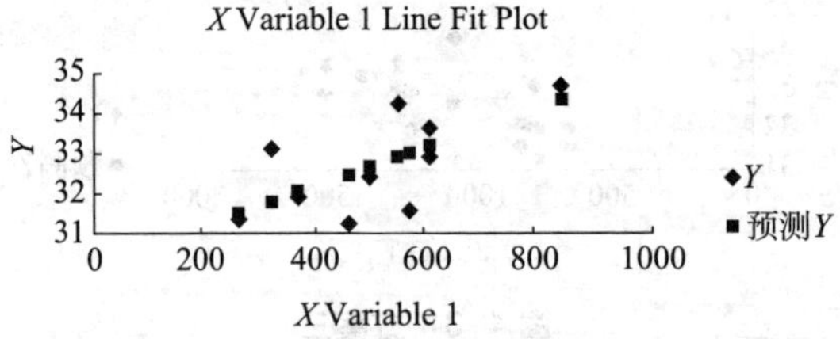

图 4-8　方案八

由关联度验证可以看到随着室外最高温度 T 值的下降，样本区域内样本区温度特征值与各盟市对应的能耗特征值的相关系数随之增长，回归曲线的拟合优度随之变高。可见室外温度和公共机构单位面积综合能耗有较强的相关性。

选取日最高温度 0℃ 作为特定温度，随机选取样本总体中的部分温度特征值(见表 4-3)。

表 4-3 温度特征值节选

旗县(市、区)	巴林左旗	乌海	丰镇	……	和林格尔	敖汉旗	新城区	……	武川	科尔沁右翼中旗	察哈尔右翼中旗	……
温度特征值	22.0	48.0	50.4	…	74.2	77.8	78.7	…	99.9	108.9	114.1	…

其次，以温度特征值为主线进行聚类，以相关度最好的那一组的温度特征值为主线，将对应的数据集代入 K-Means 算法(大数据中一种快速聚类的方法)对内蒙古各旗县(市、区)进行聚类分析。

内蒙古自治区的地形特性、经济特征以及现有统计条件决定了过于细致的划分不利于形成有效的统计数列。项目组参考了内蒙古自治区机关事务管理局专家对区域划分的意见，也听取了各典型公共机构后勤部门专家的看法，暂将 K-Means 算法的分类目标定为 3 类。

以大多数公共机构所在城镇的温度特征值为主线进行聚类，具体步骤如下：

1)随机选取 3 个聚类中心点。

2)根据聚类中心点，将数据分为 3 类。分类的原则是计算中心点与各样本点之间的欧几里得距离，根据距离排序将样本点归入最近的类。

3)聚类完成后计算每一类的平均值，以该平均值为新中心点。重新计算每个样本点与新中心点的欧几里得距离，根据新的间距值排列，重新将样本归类，将样本归入距其距离值最小的类。

4)不断地重复，直到中心点不再变化。

对分类结果进行微调，由于研究目标是制定符合内蒙古自治区公共机构能耗定额标准的温度区域模型，模型不光要考虑其数学意义，还要考虑其实用性。因为分类中最小粒度为旗县，考虑到在标准的执行过程中，将同一盟市管辖下的旗县划至不同温度区域，会导致管理上的混乱，所以需要进行微调。例如，克什克腾旗隶属赤峰市，就其温度而言，未能和赤峰大部分地区划为同一温度区域，出于行政管理的需要，又不得不将克什克腾旗划入赤峰市所在的温度区域，予以特殊处理。如此，既不失公平，又易于管理，这就是我们所说的微调。一般微调量小于 20%，对整体影响不大，故方法是合理的，最终目的是归并后的温度区域划分以盟市为单位，使能耗定额标准可以量化、可以考核。

(4)对划分方案进行研讨。

虽然由于新冠肺炎疫情的因素对项目组在调研方面的进展产生了一定的影响，但是为了让项目能顺利完成，项目组经过一系列的努力还是顺利于 2020 年 2 月 6 日组织相关行政单位与行业专家召开了“能耗项目当前进展和问题的研讨会”。该次会议的一个主要议题就是关于温度区域的划分。其中，关于区域划分问题的讨论大体可以分为两类。

a. 温度区域划分数量问题。

将内蒙古自治区温度区域划分为 4 个区域还是 3 个区域，是当时的主要研讨内容。通过项目组近半年的调研发现，由于基层统计人员身兼数职，各项工作中不同的划分会给他们的实际工作带来困扰。因此，标准制定时就不得不考虑在执行过程中什么样的划分才能顺利地推行。

b. 个别区域归属问题。

从收集到的近几十年的内蒙古自治区各地温度数据所建立的模型来看，个别区域的温度与其他区域相差较大。类似于这样的地区该如何进行归类是当时讨论的另一项主要内容。例如，呼伦贝尔市地区的温度和其他区域的温度相差极大，最冷的月份平均温差接近 10 摄氏度，但呼伦贝尔地区所属的公共机构较少，按行业划分类型以后，许多单位就变成了孤立样本。因此，是将呼伦贝尔地区单独划分，还是与锡林郭勒盟合并划分出一个区来，是当时讨论的一个重点。

4.2.2.2 最终阶段

2020 年 3 月 15 日，项目组召开内蒙古公共机构能耗定额地方规范专家交流会后，项目组就将对自治区按 4 个温度带进行划分的意见和在划分过程中存在的问题、建议提交给了内蒙古机关事务管理局的专家进行审议。经内蒙古机关事务管理局召开内蒙古公共机构能耗定额地方规范专家交流会进行审议后，与会的典型单位的代表和专家认为划分为 4 个区过于细致，不利于标准的实际推行，且由于自治区地形的特殊性和经济的特殊性，过于细致的划分不利于部分区域形成有效的公共机构能耗数据统计数列，建议项目组结合实际工作推行的需求，将自治区划分为3个温度区。

在2020年6月专家论证会开始前，项目组按实际调研的情况和不同地区温度对当地公共机构能耗的影响因素制定了3种方案模型。这3种方案都是按照把内蒙古自治区划分为3个温度区域[即弱寒冷区、中寒冷区、强寒冷区(后根据周边省份区域命名的特点更名为寒冷区a、寒冷区b、严寒区)]来制定的。具体实施方案为：

(1)以年平均温度为划分依据。

以区域内所有城市全年温度的日均值为主线进行聚类分析。其中的代表性温度数据为{'乌兰察布市'：5.33，'乌海市'：10.14，'兴安盟'：5.3，'包头市'：7.25，'呼伦贝尔市'：0.95，'呼和浩特市'：7.53，'巴彦淖尔市'：8.82，'赤峰市'：6.69，'通辽市'：7.92，'鄂尔多斯市'：8.31，'锡林郭勒盟'：3.96，'阿拉善盟'：8.8}。再通过程序计算该模型的三区温度系数(该方案温度系数数学模型较好)。

呼伦贝尔市为单独一个区域，锡林郭勒盟、兴安盟、乌兰察布市合为一个区域，通辽市、赤峰市、呼和浩特市、包头市、鄂尔多斯市、巴彦淖尔市、乌海市、阿拉善盟合为一个区域。

(2)以年最冷城市最冷月平均温度为划分依据。

以区域内单月温度最低的城市最冷月的日平均温度为主线进行聚类分析。代表性温度数据为{'乌兰察布市'：-16.47，'乌海市'：-9.42，'兴安盟'：-27.02，'包头市'：-14.47，'呼伦贝尔市'：-29.61，'呼和浩特市'：-15.06，'巴彦淖尔市'：-13.18，'赤峰市'：-17.82，'通辽市'：-15.58，'鄂尔多斯市'：-11.58，'锡林郭勒盟'：-20.53，'阿拉善盟'：-11.48}。再通过程序计算该模型的三区温度系数(该方案温度系数数学模型较差)。

呼伦贝尔市、兴安盟合为一个区域，锡林郭勒盟、赤峰市、乌兰察布市合为一个区域，通辽市、呼和浩特市、包头市、鄂尔多斯市、巴彦淖尔市、乌海市、阿拉善盟合为一个区域。

(3)以年最冷月平均温度为划分依据。

以区域内所有城市的月均值、最冷月的日均值为主线进行聚类分析。代表性温度数据为{'乌兰察布市'：-14.56，'乌海市'：-9.42，'兴安盟'：

-16.87,'包头市':-12.69,'呼伦贝尔市':-24.88,'呼和浩特市':-11.75,'巴彦淖尔市':-10.93,'赤峰市':-13.59,'通辽市':-13.19,'鄂尔多斯市':-10.21,'锡林郭勒盟':-17.88,'阿拉善盟':-9.24}。再通过程序计算该模型的三区温度系数(该方案温度系数数学模型最好)。

呼伦贝尔市为单独一个区域，兴安盟、锡林郭勒盟、乌兰察布市合为一个区域，通辽市、赤峰市、呼和浩特市、包头市、鄂尔多斯市、巴彦淖尔市、乌海市、阿拉善盟合为一个区域。

3种方案制定后，经过研讨，决定将原有的4个温度区域改为"公共机构能耗定额指标按温度对地域的影响划分为极寒区、强寒冷区、弱寒冷区"，并将内蒙古的气候带暂时划分为弱寒冷区(阿拉善盟、乌海市、鄂尔多斯市)、中寒冷区(巴彦淖尔市、包头市、呼和浩特市)、强寒冷区(乌兰察布市、赤峰市、通辽市、兴安盟)、极寒区(呼伦贝尔市、锡林郭勒盟)。

4.2.3 行业分类的由来与依据

4.2.3.1 能耗定额的行业分类

一般来讲，行业分类是指对从事国民经济中相同性质的生产或其他社会经济活动的经营单位或个体组织结构进行的详细系统划分，如林业、农业、工业等。行业分类可以解释行业本身的行为特征，能耗定额的行业分类是在此基础上把用能特点相近、行政统属一致的公共机构进行系统归类。

4.2.3.2 能耗定额行业分类的作用

行业分类在能耗定额中的作用主要表现在以下两个方面:

(1)行政执行方面的作用。

首先，由于能耗定额是按照各行业用能特点和行政统属来进行制定的，因此，科学的行业分类会为不同行政部门制定符合本部门能耗特征的用能计划提供可靠的依据。其次，科学的行业分类是公共机构节能管理部门实现科学管理的基础，是监管部门针对不同行业提出不同的节能要求的基础。

(2)同行业公共机构间的作用。

项目组从对公共机构能耗情况的调研中发现，公共机构的用能存在非同行业间公共机构的能耗水平一般差异较大，而用能行为接近的公共机构之间其能耗水平比较接近的特点，因此，科学的行业划分便于同类型公共机构用能行为的比较、交流和相互学习。

4.2.3.3 能耗定额行业分类的要素

对于能耗定额中的行业分类，从国家的指导文件来讲，《公共机构能耗定额标准编制和应用指南(试行)》第5条编制方法中只要求“编制公共机构能耗定额标准。首先应该按照业务特点对公共机构进行行业分类，再按照指标取值方法确定定额指标的数值，同时可结合实际情况考虑影响因素给予适当修正。机构分类、公共机构分类应满足一级分类的要求，可根据需要增加一级分类类型，但不宜减少；也可根据实际情况，对二级分类进行整合或细分。分类应涵盖所有公共机构”，并对各地区公共机构的行业分类给出了指导，见表4-4。但在项目实际的推进过程中，也必须注意与能耗密切相关的要素。

表4-4 各地区公共机构分类

一级分类	二级分类
党政机关的用能特点和与党政机关类似的机构	可按行政层级或建筑面积大小进行划分
教育类机构	可按高等教育、中等教育、初等教育、学前教育、其他教育等进行划分，同时高等教育还可按综合、理工、财经等进行细分
卫生医疗类机构	可按综合医院、专科医院、基层医疗及其他医疗机构等进行划分，也可按三级、二级和一级进行划分
场馆类机构	可按科技场馆、文化场馆、体育场馆等进行划分
其他机构	各地区根据实际情况自行细化分类

之所以必须考虑各种各样的相关性要素，是因为只有把这些相关的因素考虑清楚，才能保证行业分类的科学性与合理性。在本次能耗定额工作当中，项目组主要考虑了以下要素：

(1)能耗定额行业分类中，定额标准的公平性、合理性与实际可操作性是能耗定额行业分类工作中首要考虑的要素。

(2)行业分类要根据行业自身用能特点和当前行业用能现状来确定。即不同地区、不同类型的公共机构能源消耗的结构是不相同的。如果只有一个定额标准，那无疑对那些需要大量能耗来进行日常工作和生产的公共机构（比如拥有 CT 与核磁设备的大型医院、拥有电解设备的教育机构与研究机构等）来说是不公平的，对那些可以利用当地特色能源的公共机构也是不公平的（比如某些地区可以采用很便宜的地热供暖）。

（3）除此之外，经过调研发现，即使是同类型的公共机构往往在特殊用途上也不尽相同。这是由各地区用能环境不同，具体的生产经营条件不同所造成的，这些因素在行业分类的二级分类中也需要考虑到。如表 4-5 和表 4-6 所示，从表中可以看到，虽然同为医疗机构，但由于生产条件不同，在高压氧舱这一块，宁夏医科大学总医院的能耗要明显高于宁夏回族自治区第五人民医院，因此如何在行业划分工作中提取各行业用能行为的共性，是行业分类必须注意的因素。

表 4-5　宁夏医科大学总医院 2018 年电消耗明细表

用能模块		总用电量/万千瓦·时	占比/%	单位面积用电/（千瓦·时/平方米）
照明办公		556.38	30.32	20.22
门诊		34.78	1.90	1.26
放射科	CT	152.52	8.31	5.54
	X 光机			
	核磁共振			
	DR			
消毒供应室		6.55	0.36	0.24
洗衣房		34.93	1.90	1.27
高压氧舱		108.43	5.91	3.94
锅炉		56.50	3.08	2.05
手术室		116.42	6.34	4.23
中央空调		569.98	31.06	20.71
电梯		65.01	3.54	2.36
水泵		60.03	3.27	2.18
信息中心机房		60.17	3.28	2.19
药品库		8.13	0.44	0.30
宿舍		5.26	0.29	0.19
合计		1835.09	100.00	66.68

表 4-6 宁夏回族自治区第五人民医院 2018 年电消耗明细表

用能模块		总用电量/万千瓦·时	占比/%	单位面积用电/（千瓦·时/平方米）
照明办公		53.68	23.82	11.69
门诊		16.42	7.29	3.58
医技		30.06	13.34	6.55
生活区		14.59	6.48	3.18
放射科	CT	4.56	2.02	0.99
	X 光机	1.02	0.45	0.22
	核磁共振	10.45	4.64	2.28
	DR	0.43	0.19	0.09
消毒供应室		8.63	3.83	1.88
洗衣房		1.19	0.53	0.26
高压氧舱		1.25	0.55	0.27
锅炉		0.30	0.13	0.07
手术室		29.55	13.11	6.44
中央空调		23.22	10.31	5.06
电梯		18.03	8.00	3.93
污水泵		1.49	0.66	0.32
食堂		3.16	1.40	0.69
药品库		4.86	2.16	1.06
宿舍		2.46	1.09	0.54
合计		225.35	100.00	49.10

4.2.4 行业分类的过程

4.2.4.1 行业分类初始阶段

2019 年 12 月，国家机关事务管理局公共机构节能管理司组织内蒙古自治区、辽宁省、吉林省、黑龙江省、甘肃省、青海省、宁夏回族自治区、新疆维吾尔自治区、新疆生产建设兵团机关事务管理局、齐齐哈尔市机关事务管理局共同开展第二次公共机构能耗定额标准编制交流研讨活动。项目组在与多方专家交流研讨后，本着向宁夏回族自治区学习的精神，结合内蒙古自治区当地公共机构能源消耗特点，依据3年5.7万余家数据中的机构名称，将机构划分为六大类(一级分类)，即教育、医疗、政府、公检法、农林牧草、公共服务。其中，教育分类依据教育等级进行二级分类，分别为幼儿园、小学、中学、大学。医疗分类依据医疗单位规模与性质进行了二级分类，分别为防保站、卫生院、医院。根据国家医院等级分类，又对二级分类中的“医院”进行了三级分类，分别为一级甲等，二级、二级甲等、二级乙等，三级、三级甲等、三级乙等。农林牧草二级分类分别为农业、林业、畜牧业、草业。

4.2.4.2　行业分类第二阶段

2020年6月，在历时半年之久的数据整理、实地考察，以及与内蒙古自治区各地能源专家、公共机构能源消耗管理负责人的探讨后发现，因为自治区经济发展不均衡，许多地区(尤其是旗县等基层地区)缺乏能源分量计量设备，基层统计人员缺乏且兼职人员又缺少基本职业技能素养，所以能源消耗用途难以区分。在这种情况下，宁夏回族自治区的能耗定额行业分类方法是无法在内蒙古自治区推行的。因此在结合了自治区能耗专家与当地机关代表的意见，并咨询了国家标准化院专家的意见，且在考虑标准制定完成后机关事务管理局推行工作如何顺利展开的情况下，重新对行业分类进行调查研究后，将原有的内蒙古自治区公共机构六大类划分变更为四大类划分。分别为(一级分类)：

(1)党政机关：党政机关以及全部或者部分使用财政性资金且用能特点与党政机关相类似的事业单位(除教育机构与医疗机构)和团体组织。依据行政等级，将党政机关二级分类为自治区级、盟市级、旗县级。

(2)教育机构：高等教育机构、中等教育机构、初等教育机构、学前教育机构、其他教育机构。其中，高等教育机构包括大学、学院、高等职业技术学院、高等专科学校等，中等教育机构包括普通中等专业学校、中等师范学校、职业初中、职业高中、成人高中、成人中专、中等技工学校等，初等教育机构即小学，学前教育机构包括幼儿园、托儿所，其他教育机构包括特殊教育学校和进修学校等不属于以上4类的教育机构。依据教育等级，将教育二级分类为幼儿园、小学、中学、高等教育。

(3)医疗机构：按国家等级分类的各级医院、卫生院、防保站等内蒙古自治区行政辖区内全部或者部分使用财政性资金的医疗机构。依据医疗单位规模与性质，将医疗分类二级分类为一级医院、二级医院、三级医院。

(4)其他机构：不包含党政机关、教育机构、医疗机构的其他内蒙古自治区行政辖区内全部或者部分使用财政性资金的事业单位和团体组织。

2020年8月，在进行专家研讨后，为保持与其他省市能耗定额标准命名的一致性，在二级分类中，项目组对教育分类进行了微调，对教育分类原有二级分类幼儿园、小学、中学、高等教育修改为学前教育、初等教育、中等教育、高等教育。

4.3 能耗定额指标的选取依据与确定

4.3.1 能耗定额指标的选取依据

4.3.1.1 定额指标的选取所需考虑的要素

从实际研究出发，在能耗定额指标的选取中，首先要考虑各公共机构用能数据中共有的指标，因为不同类型公共机构的实际用能情况差异较大，但用能特点相近的公共机构的实际用能具有较强的可比性。其次要遵循公平性、合理性与可实施性，即能耗定额指标的生成条件和运算公式是否具有公平性和合理性，是否可在实际过程中得以实施。最后要考虑内蒙古自治区自身特点、现状及人文、环境、生产等方面对指标的影响。

4.3.1.2 国家指导文件所提供的指标范围

从国家的指导文件来看，国家颁发的指导文件《公共机构能耗定额标准编制和应用指南(试行)》第5条编制方法中明确指出了能耗定额标准的相关指标范围(见表4-7)。

表4-7 分气候区公共机构能耗定额指标

<table>
<tr><th>定额指标</th><th>严寒和寒冷地区</th><th>夏热冬冷、夏热冬暖和温和地区</th></tr>
<tr><td rowspan="2">主要指标</td><td>单位建筑面积非供暖能耗、
单位采暖建筑面积供暖能耗</td><td>单位建筑面积能耗</td></tr>
<tr><td colspan="2">人均综合能耗</td></tr>
<tr><td rowspan="2">参考指标</td><td colspan="2">常规用能系统单位建筑面积电耗</td></tr>
<tr><td colspan="2">特殊用能相关指标(如数据中心机房EUE值)</td></tr>
</table>

(1)其中各项能耗指标的定义如下：

a. 单位建筑面积非供暖能耗。

单位建筑面积非供暖能耗指公共机构运行过程中，一个自然年内，除供暖能耗和交通工具用能之外消耗的各种能源实物量，折算为标准煤的总和与建筑面积的比值，单位为 $kgce/m^2$。

b. 单位采暖建筑面积供暖能耗。

单位采暖建筑面积供暖能耗指公共机构运行过程中，一个供暖期内，用于供暖消耗的能源实物量折算为标准煤的总和与采暖建筑面积的比值，单位为 $kgce/m^2$。

c. 单位建筑面积能耗。

单位建筑面积能耗指公共机构运行过程中，一个自然年内，除交通工具用能之外消耗的各种能源实物量，折算为标准煤的总和与建筑面积的比值，单位为 $kgce/m^2$。

d. 人均综合能耗。

人均综合能耗指公共机构运行过程中，一个自然年内，消耗的各种能源实物量折算为标准煤的总和与用能人数的比值，单位为 kgce/p。

e. 常规用能系统单位建筑面积电耗。

常规用能系统单位建筑面积电耗指公共机构运行过程中，一个自然年内，由照明插座、空调、动力等用能系统消耗的电量总和与建筑面积的比值，单位为 $kW \cdot h/m^2$。

f. 特殊用能。

特殊用能指公共机构运行过程中，数据中心机房、大型医疗设备、大型实验设备设施、洗衣房、游泳馆、专业用途设备等特殊用能系统的能耗。

g. 数据中心机房 EUE 值。

能量利用效率 EUE 值用于反映数据中心实际运行时某一时间段内信息设备和直接服务基础设施能耗的相对关系，是衡量数据中心能效水平最重要的指标，EUE＝数据中心总耗电量÷IT 设备耗电量。

(2)其他各项能耗指标相关补充如下：

a. 不同种类能源统一折算标准煤的方法。

电力与标准煤的折算按照当年本地区的供电煤耗法进行换算，化石能源与标准煤的折算按照当量热值法进行换算。

b. 能耗的分类方法和表示方法。

参考《民用建筑能耗分类及表示方法》(GB/T 34913—2017)。

c. 指标的解释。

建筑面积、采暖建筑面积、用能人数、能源消费量、供暖能耗、供暖周期等相关指标解释与《公共机构能源资源消费统计制度》保持一致。

4.3.2 能耗定额指标的确定

能耗定额指标的确定大体可以分为两个步骤：其一，对能耗定额指标范围的确认；其二，在指定的能耗定额指标范围内，对每一个能耗定额指标的数值进行计算和调整。

4.3.2.1 能耗定额指标范围的确定

如前文所述，在结合了国家指导性文件所提供的指标范围与定额指标选取所需考量的要素后，项目组经历次研讨后选取了非供暖综合能耗、人均供暖综合能耗、人均综合能耗、单位面积非供暖综合能耗、单位面积综合能耗、人均用电量、单位面积用电量、人均用水(该指标由于数据采集方面的原因目前未计入标准)等指标作为内蒙古能耗定额指标。不难发现，选取这些指标是因为它们都被各公共机构核实、计量上不易出错，且在所有单位都具有代表意义。

4.3.2.2 能耗定额指标数值的确定

能耗定额指标的范围确定后，即可对每一个定额指标的具体数值进行计算和调整，而在计算每一个定额指标的具体数值时，首先，要考虑该指标数据中是否包含特殊用能，如果包含则考虑是否能去除该特殊用能。其次，将特殊用能处理完毕后的数据按照定额指标方法进行计算得出初始指标值。最后，根据能耗影响因素考虑所得指标值是否需要进行修正。

上文所述的特殊用能处理、定额指标取值方法和定额指标修正简介如下：

(1)特殊用能处理。

当公共机构用能结构中存在特殊用能系统且该特殊用能系统可独立计量时，鼓励该公共机构在计算单位建筑面积非供暖能耗、单位建筑面积能耗和人均综合能耗时，依照计量数据对特殊用能系统的数据进行剔除，且应同时剔除特殊用能系统对应的建筑面积和用能人数。特殊用能系统应参照已有标准、规范、政策中的相关要求进行评价。

(2)定额指标取值方法。

a. 主要指标数值计算方法。

公共机构能耗定额标准主要指标数值采用统计分析方法进行确定。

1)筛选数据样本。

按文件要求，收集同一类型公共机构近3年的能耗数据，进行有效性、稳定性检查，对不满足有效性和稳定性的能耗数据，采用重新核实、剔除或替换等方式进行完善，直到所有样本数据均满足有效性和稳定性检查，最终形成能耗数据的大样本集合。

2)建立数据样本库。

将通过有效性和稳定性检查的数据，取各公共机构年度能耗平均值，建立同一类型公共机构能耗数据样本库。

3)确定指标数值。

对样本库中的数据按照升序方法进行排序，取下1/5分位数、中位数、上1/5分位数进行合理性、可行性分析验证后，分别确定为约束值、基准值和引导值。

定额指标值原则上分为约束值、基准值和引导值3级。其中，约束值为实现公共机构正常运行所允许的能耗指标上限值；基准值为公共机构正常运行且采取一定的节能管理技术措施后的能耗水平；引导值为在公共机构正常运行的前提下，提升能效的努力目标。

b. 参考指标数值确定方法。

参考指标数值的确定方法原则上应与主要指标保持一致，也可参照已有标准、规范、政策中的相关要求进行取值或细化。

(3)定额指标修正。

在前述计算的基础上，若同一行业公共机构中建筑形式、建筑体量、用能设备等影响因素差异过大，则尽可能按能耗影响因素进一步细化机构分类制定能耗定额标准。对于不便细化的因素，如人员密度、特殊业务面积等影响因素，可采用科学合理的方式对指标数值进行必要修正。

4.4 能耗定额指标公式

因为能耗定额计算公式与修正公式的确定，受当前已采集数据的影响，所以如前文所述，当能耗定额指标的范围和数据确定以后，能耗指标的定额计算公式与修正公式的范围基本也就确定了。而为了保证计算结果的合理性与公平性，项目组在选用参与计算的数据时全部选用了在当前数据统计和现有计量条件下可以核实的数据。这些数据包括各单位的能耗发票上的数据与在建筑部门所备份的建筑面积，以及气象部门可以查阅到的历年各公共机构所在地区的温度、人事部门所查阅到的在编人数、医疗部门所登记的床位数等。

4.4.1 能耗定额指标计算公式的确定

在经过多次研讨、交流与修改后，项目组根据国家机关事务管理局关于印发《指南》的通知的指导意见，参考其他省份的能耗定额标准中和内蒙古自治区相近的部分——主要参考浙江省和海南省的能耗定额标准，结合内蒙古自治区的实际情况，最终对公共机构能耗计算方法进行了现有条件下比较适合的确定。整理和确定了包含非供暖综合能耗、人均供暖综合能耗、人均综合能耗、单位面积非供暖综合能耗、单位面积综合能耗、人均用电量、单位面积用电量这几项指标在内的计算公式。由于具体的公式在第 2 章已经做过介绍，在此不再赘述。

4.4.2 能耗定额指标修正计算公式的确定

相对于能耗计算公式来说，内蒙古自治区能耗定额指标修正计算公式的变动，比较多一点。

前文说过，在 2019 年年底，为进一步推进公共机构能耗定额标准编制工作，了解编制工作进展情况，加强地区间互帮互助、学习交流，国家机关事务管理局公共机构节能管理司与宁夏分片区组织召开了第二次公共机构能耗定额标准编制交流研讨会，在此次会议上，项目组作为内蒙古自治区与会代表在会议上主要介绍和讨论了当时所制定的医疗机构能耗指标修正公式、党政机关能耗指标修正公式以及教育机构能耗指标修正公式。介绍这3个公式主要基于三点考虑：一是这三个行业的统计数据在所有统计数据中占比较大；二是这三个行业在当时已经整理出部分具有典型特征的样本集合，制定修正公式的数据环境相对成熟；三是这些能耗指标修正公式可以作为以后公式制定工作的主要参考对象。

下面简单介绍一下这3个修正公式制定时的思路和想法。

首先是党政机关能耗指标，如公式(4-1)所示。

$$E_{ix}=e_{i0}\times\left(b_i+B_i\frac{S}{S_0}\right)\times T_i \tag{4-1}$$

式中：

i——3类能耗指标名称，$i=1, 2, 3$，分别为单位建筑面积能耗、单位建筑面积电耗、人均综合能耗；

E_{ix}——党政机关第i类能耗指标实际值的修正值；

e_{i0}——党政机关第i类能耗指标实际值；

b_i——党政机关第i类能耗指标人均建筑面积常数项；

B_i——党政机关第i类能耗指标人均建筑面积一次项系数；

T_i——党政机关所处温度区域温度系数。

通过该公式可以得到修正后的一个党政机关单位的总能耗值E_{ix}，而这个E_{ix}值是标准中各公共机构单位参加同地区同行业能耗排序的最终的值。它由三部分组成：

第一部分为e_{i0}：为党政机关第i类能耗指标实际值。

第二部分由$b_i+B_i\frac{S}{S_0}$组成：$\frac{S}{S_0}$为单位的实际人均建筑面积S除以国家要求的人均建筑面积S_0。b_i和B_i是修正参数，其中$b_i+B_i=1$，b_i是党政机关第二类指标人均面积的常数项，而B_i是人均建筑面积引导性参数，它们的作用是引导各单位合理规划人均建筑面积。举一个简单的例子，假设A、B两家单位实际总能耗e_{i0}相同，但A单位建筑面积超过国家要求的人均建筑面积S_0，而B单位建筑面积符合标准面积S_0，那么将数值代入第二部分的公式进行推导后可以得到一个B单位的修正能耗E_{ix}小于A单位修正能耗E_{ix}的结论。因此设定b_i和B_i这两个值主要目的是对各单位在规划人均建筑面积方面起到一个引导作用，所以如何设定这个引导所占的比例是一个很重要的问题。可以看到，在设定极端环境时，比如：第一种情况，设定B_i值无限接近于0，那么$B_i\frac{S}{S_0}$也就无限接近于0，$b_i+B_i\frac{S}{S_0}$无限接近于

1，E_{ix}无限接近于$e_{i0}\times T_i$，即可以认为这个面积的参考标准$b_i+B_i\dfrac{S}{S_0}$基本没有起到作用。第二种情况，当B_i无限接近于1时，该公式就极大地放大了面积的参考意义。因此如何制定合理的B_i和b_i，在当时还需要参考统计报表的数据(后来因为无法收集到可以核实的理想数据，这个公式被暂时搁置了)。

第三部分为T_i，T_i是当时项目组特意为内蒙古自治区解决不同区域相同行业单位进行比较试制的一个温度参数(在2020年10月举行的西安会议上，一部分地域比较辽阔的省份也采用了这种方式)，也是后来修正公式温度系数的前身，它是公共机构单位所处地区由于温度对能源消耗所造成的影响所产生的影响系数。由于内蒙古自治区是一个横长形区域、横跨几个时区，地域广大，所以不同地域温度对公共机构能耗所造成的影响是不一样的。简单来说，在相同日期、相同面积的情况下，不同气候地域公共机构单位正常工作一天所需的供暖能耗是不同的。再加上内蒙古自治区经济发展相对落后，很多不同类型的单位在本地区只有有限的几所甚至是一所。如果想对同一个区域相同行业的单位进行能耗比较就必须考虑温度的影响因素，因此项目组在修正公式中增加了T_i参数。当时设想根据各地供暖的费用通过聚类算法对这个T_i参数进行计算，但后来的调研证明这种想法过于理想了。因为调研发现，各地供暖费用是包含财政补贴的(且不同的地区财政补贴是不一样的)，而各地供暖的收费标准中也考虑到了当地供热热能的不同种损失问题。

其次，教育机构能耗指标修正公式。

教育机构能耗指标修正公式的创建与党政机关能耗指标修正公式的思路基本相同，如公式(4-2)所示。

$$E_{ije}=e_{ij1}\times\left(b_{ij}+B_{ij}\frac{S}{S_0}\right)\times T_i \tag{4-2}$$

式中：

i——3类能耗指标名称，$i=1$，2，3，分别为单位建筑面积能耗、单位建筑面积电耗、人均综合能耗；

j——第j类教育机构，$j=1$，2，3，4，5，1为高等教育机构，2为初等教育机构，3为中等教育机构，4为学前教育机构，5为其他教育机构；

E_{ije}——第j类教育机构第i类能耗指标实际值的修正值；

e_{ij1}——第 j 类教育机构第 i 类能耗指标实际值；

b_{ij}——第 j 类教育机构第 i 类能耗指标人均建筑面积常数项；

B_{ij}——第 j 类教育机构第 i 类能耗指标人均建筑面积一次项系数；

S——教育机构实际人均建筑面积，为建筑面积与实际使用人员数的比值(m^2/p)；

T_i——党政机关所处温度区域温度系数。

在制定这个公式时，项目组曾经考虑再多加入一些其他的修正系数，但由于内蒙古自治区在教育的发展上较为落后，大专以上院校稀少，横向比较较困难，且统计报表中数据可靠性不足，因此就没有加入其他修正系数。

最后，医疗机构能耗指标修正公式，如公式(4-3)所示。

$$E_{ikh}=e_{ik2}\times\left(b_{ik}+B_{ik}\frac{S}{S_0}\right)\times\left(c_{ik}+C_{ik}\frac{W_0}{W}\right)\times\left(f_{ik}+F_{ik}\frac{U}{U_0}\right)\times\left(g_{ik}+G_{ik}\frac{Q}{Q_0}\right)\times T_i \tag{4-3}$$

式中：

i—3 类能耗指标名称，$i=1,2,3$，分别为单位建筑面积能耗、单位建筑面积电耗、人均综合能耗；

k——第 k 类医疗机构，$k=1,2,3$，1 为一级医院，2 为二级医院，3 为三级医院；

E_{ikh}——第 k 类医疗机构第 i 类能耗指标实际值的修正值；

e_{ik2}——第 k 类医疗机构第 i 类能耗指标实际值；

b_{ik}——第 k 类医疗机构第 i 类能耗指标人均建筑面积常数项；

B_{ik}——第 k 类医疗机构第 i 类能耗指标人均建筑面积一次项系数；

S——医疗机构实际人均建筑面积，为建筑面积与实际使用人员数的比值(m^2/p)；

c_{ik}——第 k 类医疗机构第 i 类能耗指标单位建筑面积数据中心机房总功率常数项；

C_{ik}——第 k 类医疗机构第 i 类能耗指标单位建筑面积数据中心机房总功率一次项系数；

W——医疗机构实际单位建筑面积数据中心机房总功率，为数据中心机房 IT 设备、空调设备、附属设备功率之和与建筑面积的比值(kW/m^2)；

f_{ik}——第 k 类医疗机构第 i 类能耗指标门急诊人均门诊部面积常数项；

F_{ik}——第 k 类医疗机构第 i 类能耗指标门急诊人均门诊部面积一次项系数；

U——医疗机构实际门诊人数人均门诊面积，为门诊建筑面积与门诊人数的比值（m^2/p）；

g_{ik}——第 k 类医疗机构第 i 类能耗指标住院人均住院部面积常数项；

G_{ik}——第 k 类医疗机构第 i 类能耗指标住院人均住院部面积一次项系数；

Q——医疗机构实际人均住院面积，为住院建筑面积与床位数乘床位使用率的比值（m^2/p）；

T_i——党政机关所处温度区域温度系数。

由上面这几个公式的比较可知，医疗机构能耗指标修正公式比前面两个公式要复杂得多。但正是由于在公式的设定时考虑得太多，这个公式的适用范围反而比前两个公式小，关键是很多需要的参数数据在当前的环境下难以收集到。

4.4.3 小结

修正公式中最难做的工作是使公式对各公共机构都具有普适性，但在最早设计时，为了确保公平性，这几个公式设置得都比较复杂，特别是当时项目组对场馆类公式的设计，考虑的情况更加多样。但是由于当前统计环境的限制，能在成本较低的条件下进行核实的有效数据太少，比如，当时收集到的数据只有少量单位具有数据中心机房功率这些参考数据。

当然，温度系数的提出是这次项目组修正公式的最大亮点。为了能对同行业的单位进行横向比较，项目组将 T_i 作为桥梁，把东部、中部、西部地区的横向比较引进来。不管现在这个数据在准确性上还差多少，至少迈出了对中部、东部、西部 3 个地区的单位可以在一定程度上进行比较的第一步。

宁夏交流会以后，项目组在计算公式的应用调研过程中发现，目前只有少量单位可以套入修正公式，许多基层公共机构能源消耗数据质量较差，不具备使用修正公式的条件。在咨询了国家标准化院的专家，以及与内蒙古公共机关事务管理局的专家进行研讨后决定，制定更符合当前内蒙古自治区公共机构能源消耗数据环境的修正公式，即在所有的修正公式中，暂时只保留 T_i（因为温度数据方面比较齐全，且确实对各公共机构具有相对影响），使不同地区的同类型单位在相对公平的情况下，降低当地温度环境对能耗排名的影响，采用能耗的温度校正公式对能耗指标实际值进行修正。

4.5 定额标准数值

公共机构能耗定额标准数值是由各公共机构能耗数据样本集合、能耗定额计算公式、修正公式决定的。内蒙古自治区公共机构能耗定额标准值随着公共机构能耗数据样本集合的变动、能耗定额计算公式与修正公式的变动经历了初稿、修改稿与送审稿三次变动。

4.5.1 内蒙古自治区公共机构能耗定额标准值初稿

2020 年 3 月初，为了先确定一个标准值的定值范围与具体数值，项目组在已整理好的数据样本集合上试制定了内蒙古自治区公共机构能耗定额标准值初稿。初稿依据国家机关事务管理局《指南》的指导意见，采用升序排序方法对当时已经整理好的各公共机构能耗数据样本集合进行排序，分别取下 1/5 分位数、中位数、上 1/5 分位数后，得到各分类集合的引导值、基准值、约束值的集合(由于内蒙古自治区大学分类和一级医疗机构分类的单位较少，不符合分区排列的条件，划分三值时在不得已牺牲一定的公平性与精准性的情况下通过修正公式将其整体一起排列、划分)。制定这个初稿的主要目的是便于与其他省份能耗定额标准数值进行对比，使能耗定额工作更好地开展。有了这样一个初稿的数值便于在国家各种交流研讨会上与他省专家交流学习，也是为了便于在省内开展调研工作时与各公共机构代表就更具体内容进行交流与讨论，使能耗定额工作进行得更加顺利。

内蒙古自治区公共机构能耗定额标准各分类标准值如下。

4.5.1.1 教育单位的约束值、基准值、引导值

由于篇幅有限，该分类仅列出了全区教育机构标准值划分表(见表 4-8)、教育机构单位面积综合能耗与人均综合能耗(见图 4-9)、教育机构单位面积电耗与人均电耗(见图 4-10)；以及中寒冷区大学单位面积综合能耗与人均综合能耗(见图 4-11)、中寒冷区大学单位面积电耗与人均电耗(见图 4-12)、全区大学单位面积综合能耗区间值划分(见图 4-13)。

表 4-8　全区教育机构标准值划分表

地区	单位	单位面积综合能耗/（千克标准煤/平方米）			人均综合能耗/（千克标准煤/人）			单位面积电耗/（千瓦·时/平方米）			人均电耗/（千瓦·时/人）		
		约束值	基准值	引导值	约束值	基准值	引导值	约束值	基准值	引导值	约束值	基准值	引导值
弱寒冷区	大学	32.01	29.35	28.67	1211.63	979.27	732.50	27.45	14.43	10.11	577.95	337.03	337.03
	中学	30.53	29.27	28.63	760.22	539.04	342.90	19.05	13.34	11.19	339.92	213.36	128.34
	小学	29.66	29.00	28.50	637.25	416.96	274.52	19.55	14.07	11.18	373.22	212.73	121.19
	幼儿园	32.25	30.34	29.32	610.54	342.72	250.52	24.52	16.17	12.46	287.38	178.89	124.78
中寒冷区	大学	33.80	31.01	28.89	872.58	688.49	565.94	42.71	23.84	14.32	622.37	370.66	150.32
	中学	32.76	29.55	28.72	960.24	525.21	314.80	21.09	14.55	11.45	347.73	207.07	142.78
	小学	30.02	28.88	28.53	557.99	329.58	240.64	22.70	14.84	11.80	333.22	196.43	126.67
	幼儿园	33.12	30.09	29.25	534.12	327.40	246.32	21.31	15.42	12.03	290.74	167.81	118.49
强寒冷区	大学	31.08	29.47	28.81	890.69	377.49	341.38	40.29	16.67	11.92	769.04	476.11	222.60
	中学	42.66	30.06	28.87	881.45	553.56	348.99	22.75	14.93	12.00	313.37	200.73	133.57
	小学	32.02	29.07	28.54	911.14	508.62	303.99	19.22	14.54	11.63	349.26	194.52	133.21
	幼儿园	31.86	30.01	28.67	730.81	364.10	241.80	27.64	20.30	13.49	303.91	160.55	127.59
极寒区	大学	31.10	30.06	29.30	1113.99	1113.99	1113.99	25.21	16.74	10.61	594.40	594.40	594.40
	中学	29.99	28.97	28.50	84.04	529.09	344.21	20.92	14.33	11.30	309.51	203.20	133.88
	小学	29.10	28.61	28.40	695.57	401.66	281.45	24.20	12.42	11.01	295.55	180.48	115.79
	幼儿园	30.10	29.29	28.72	526.96	338.46	257.85	19.85	15.92	11.86	198.55	147.58	117.17

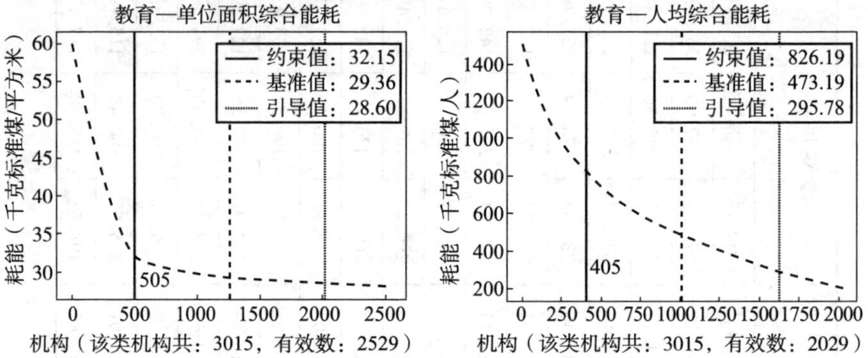

图 4-9　教育机构单位面积综合能耗与人均综合能耗

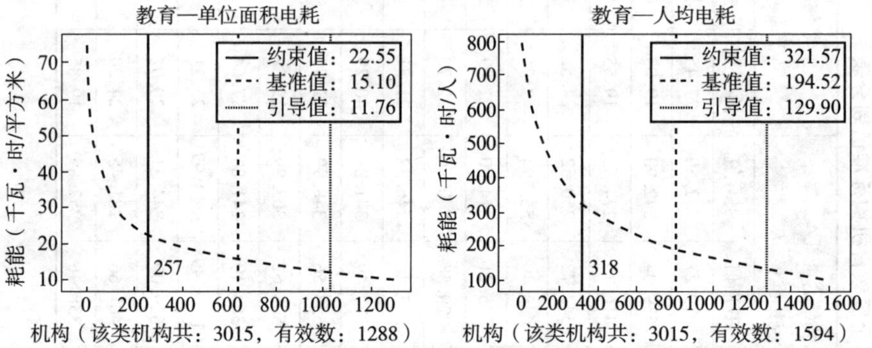

图 4-10　教育机构单位面积电耗与人均电耗

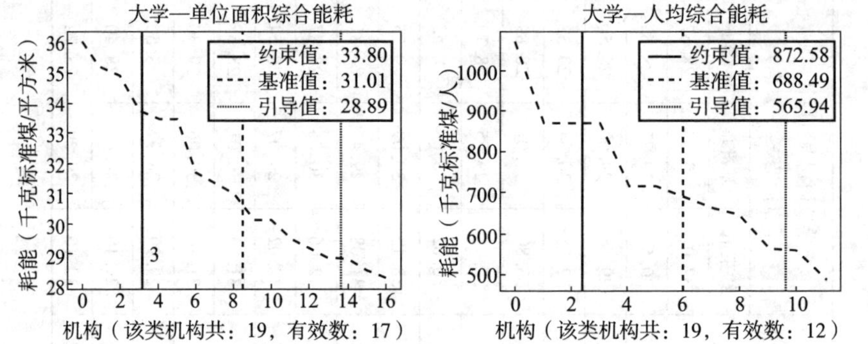

图 4-11　中寒冷区大学单位面积综合能耗与人均综合能耗

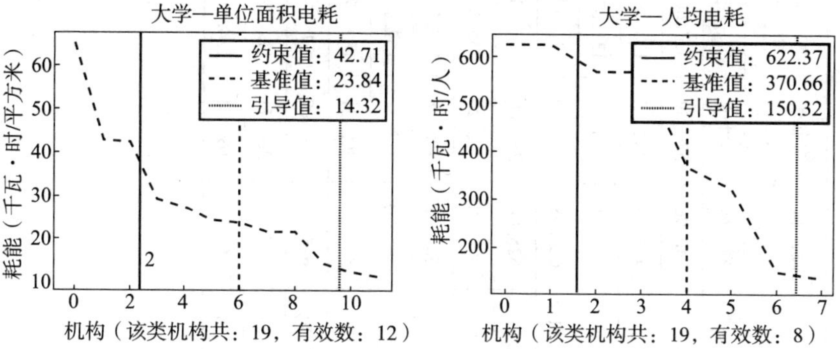

图 4-12　中寒冷区大学单位面积电耗与人均电耗

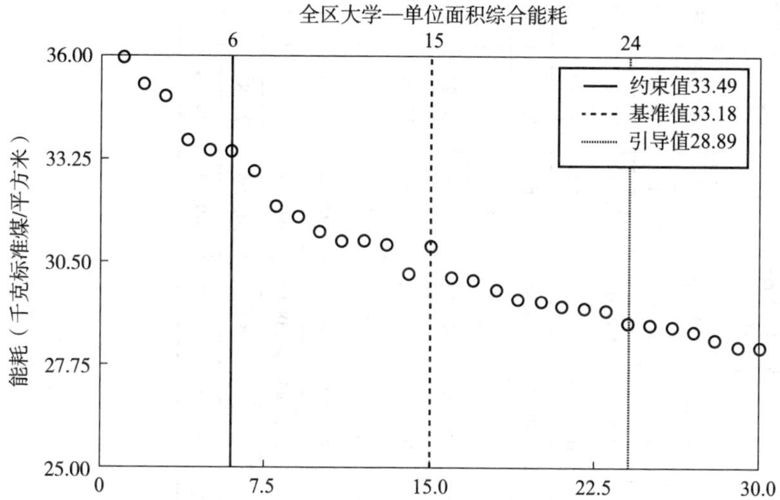

图 4-13　全区大学单位面积综合能耗区间值划分

4.5.1.2　医疗单位的约束值、基准值、引导值

由于篇幅有限，该分类仅列出了全区医疗机构区间值划分表(见表4-9)、医疗机构单位面积综合能耗与人均综合能耗(见图 4-14)、医疗机构单位面积电耗与人均电耗(见图 4-15)。

表 4-9　全区医疗机构区间值划分表

地区	单位	单位面积综合能耗/（千克标准煤/平方米）			人均综合能耗/（千克标准煤/人）			单位面积电耗/（千瓦·时/平方米）			人均电耗/（千瓦·时/人）		
		约束值	基准值	引导值	约束值	基准值	引导值	约束值	基准值	引导值	约束值	基准值	引导值
弱寒冷区	医院	36.22	32.79	30.50	994.74	744.79	463.48	51.72	35.54	20.38	740.96	520.39	377.66
	卫生院	34.52	29.87	28.81	975.26	605.07	362.78	32.88	16.83	13.78	433.33	268.35	158.29
	防保站	31.55	29.46	28.00	1096.00	861.52	451.78	29.52	18.25	12.69	525.61	270.97	131.82
中寒冷区	医院	38.51	32.72	30.91	1178.07	908.85	538.61	53.52	36.91	25.61	624.98	448.40	220.57
	卫生院	53.34	44.74	29.14	1084.07	526.20	358.07	31.21	17.95	12.87	625.00	346.88	207.43
	防保站	32.32	29.45	28.00	1093.67	473.04	293.95	46.23	26.34	12.99	590.10	413.20	245.61
强寒冷区	医院	36.31	33.19	31.13	1025.94	692.72	439.61	52.91	40.31	26.62	584.82	406.18	149.55
	卫生院	48.74	31.56	28.84	1183.01	796.55	435.63	26.03	16.46	11.63	495.70	287.18	162.73
	防保站	31.08	29.55	28.76	968.04	700.37	384.86	26.31	17.55	11.84	532.27	302.31	189.47
极寒区	医院	35.06	32.27	30.59	1084.45	748.95	489.27	53.67	34.51	22.49	625.38	507.07	294.444
	卫生院	30.40	29.34	28.47	1105.11	788.22	390.06	21.89	14.55	11.83	475.85	286.71	172.79
	防保站	30.14	29.25	28.62	564.16	487.86	249.87	24.36	15.86	10.88	361.75	166.11	134.69

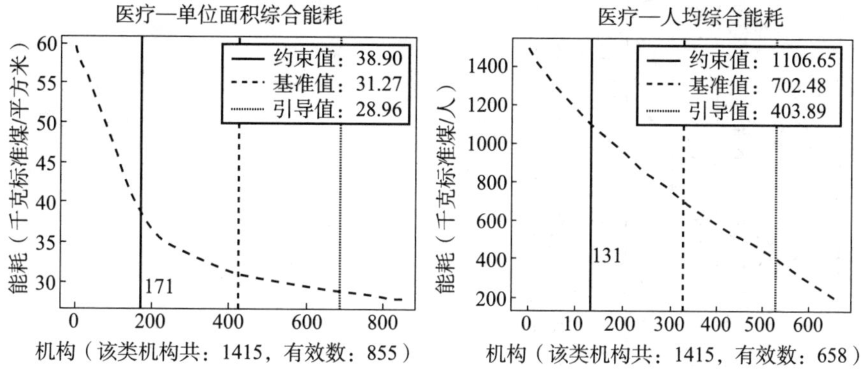

图 4-14　医疗机构单位面积综合能耗与人均综合能耗

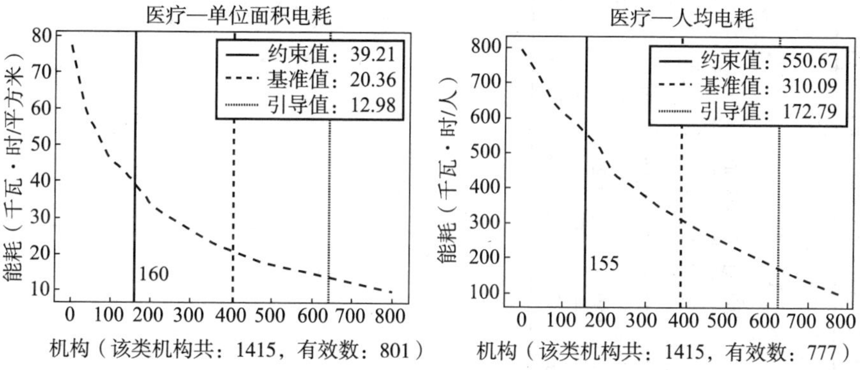

图 4-15　医疗机构单位面积电耗与人均电耗

4.5.1.3　政府单位的约束值、基准值、引导值

由于篇幅关系，该分类仅列出了全区政府机构区间值划分表(见表 4-10)、政府机构单位面积综合能耗与人均综合能耗(见图 4-16)、政府机构单位面积电耗与人均电耗(见图 4-17)。

表 4-10　全区政府机构区间值划分表

地区	单位	单位面积综合能耗/（千克标准煤/平方米）			人均综合能耗/（千克标准煤/人）			单位面积电耗/（千瓦·时/平方米）			人均电耗/（千瓦·时/人）		
		约束值	基准值	引导值	约束值	基准值	引导值	约束值	基准值	引导值	约束值	基准值	引导值
弱寒冷区	政府	32.15	29.56	28.00	951.29	616.53	357.35	37.21	21.70	13.67	557.01	308.70	184.58
中寒冷区	政府	33.12	29.25	28.00	1185.48	642.12	350.96	40.83	22.67	14.16	577.87	330.81	182.60
强寒冷区	政府	32.04	29.31	28.00	1267.27	680.74	350.22	33.73	20.73	13.57	532.19	339.19	182.54
极寒区	政府	30.52	28.98	28.00	1302.66	687.45	361.83	31.27	18.31	12.41	513.55	314.84	185.33

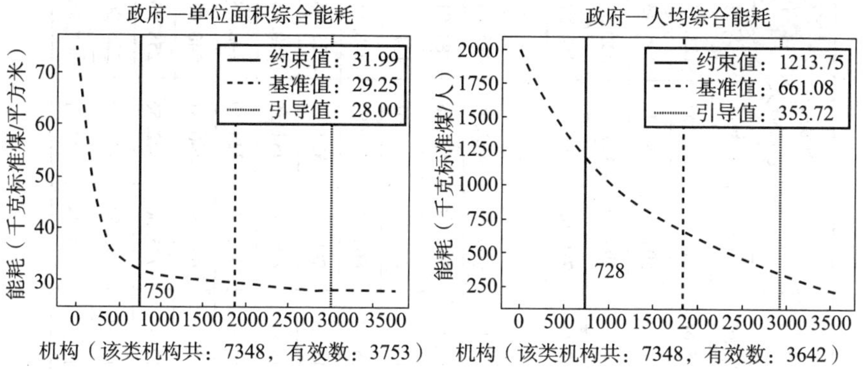

图 4-16 政府机构单位面积综合能耗与人均综合能耗

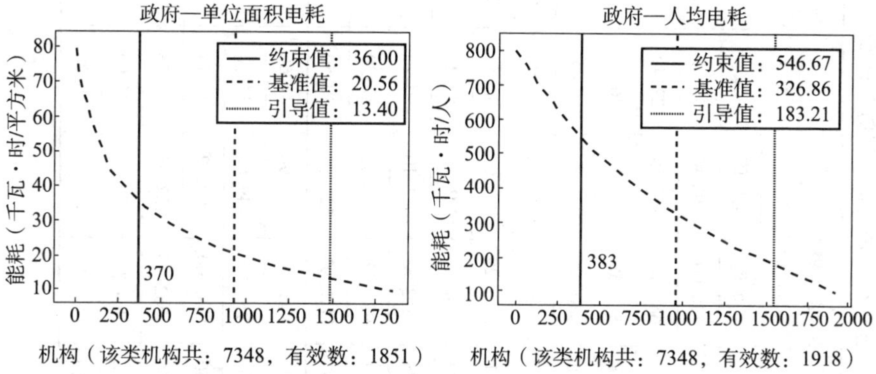

图 4-17 政府机构单位面积电耗与人均电耗

4.5.1.4 公检法单位的约束值、基准值、引导值

由于篇幅有限，该分类仅列出了全区公检法机构区间值划分表(见表 4-11)、公检法机构单位面积综合能耗与人均综合能耗(见图 4-18)、公检法机构单位面积电耗与人均电耗(见图 4-19)。

表 4-11　全区公检法机构区间值划分表

地区	单位	单位面积综合能耗/（千克标准煤/平方米）			人均综合能耗/（千克标准煤/人）			单位面积电耗/（千瓦·时/平方米）			人均电耗/（千瓦·时/人）		
		约束值	基准值	引导值	约束值	基准值	引导值	约束值	基准值	引导值	约束值	基准值	引导值
弱寒冷区	公检法	34. 01	30. 69	29. 27	1226. 50	708. 00	278. 40	39. 59	23. 35	15. 68	611. 13	384. 57	221. 53
	检察院	31. 43	30. 25	29. 32	1046. 42	668. 78	507. 15	27. 49	18. 30	11. 37	504. 00	362. 45	196. 43
	公安	38. 11	30. 68	29. 03	1088. 58	524. 58	235. 76	46. 37	21. 93	15. 24	595. 72	377. 12	221. 53
	法院	32. 02	30. 87	29. 44	1366. 66	940. 20	731. 67	32. 68	23. 96	17. 09	719. 00	483. 91	384. 57
中寒冷区	公检法	37. 93	31. 71	28. 64	1657. 63	968. 86	525. 00	47. 06	29. 37	17. 00	588. 24	448. 22	284. 91
	检察院	33. 00	31. 10	29. 69	1873. 11	1567. 29	592. 09	38. 53	28. 63	16. 12	709. 25	462. 68	413. 64
	公安	43. 35	32. 36	28. 00	1618. 72	888. 66	491. 19	56. 22	33. 74	17. 11	560. 53	409. 18	284. 91
	法院	34. 69	31. 66	30. 63	1819. 75	1503. 61	884. 10	30. 10	21. 82	14. 17	625. 03	445. 53	121. 88
强寒冷区	公检法	40. 77	31. 11	28. 50	1499. 33	989. 33	500. 96	37. 90	24. 27	15. 14	664. 46	452. 82	248. 55
	检察院	31. 75	30. 57	29. 47	1591. 32	1170. 95	529. 74	30. 50	21. 69	15. 81	709. 71	524. 95	323. 35
	公安	50. 12	32. 22	28. 00	1476. 17	929. 10	500. 96	41. 66	26. 78	14. 95	676. 07	454. 55	248. 55
	法院	34. 72	31. 10	29. 82	1569. 01	950. 94	449. 66	37. 90	25. 16	16. 35	474. 69	328. 19	242. 18
极寒区	公检法	32. 00	30. 35	29. 14	1556. 50	1050. 00	592. 52	32. 14	21. 99	14. 84	698. 26	490. 31	240. 02
	检察院	30. 92	29. 75	29. 09	1972. 16	1062. 36	452. 31	28. 56	16. 39	12. 87	775. 36	622. 56	258. 55
	公安	33. 77	30. 85	29. 41	1417. 12	964. 31	550. 99	34. 09	23. 26	14. 91	666. 67	427. 62	226. 36
	法院	31. 06	30. 26	28. 83	1556. 50	1166. 50	903. 42	26. 20	21. 99	15. 56	564. 34	427. 71	367. 86

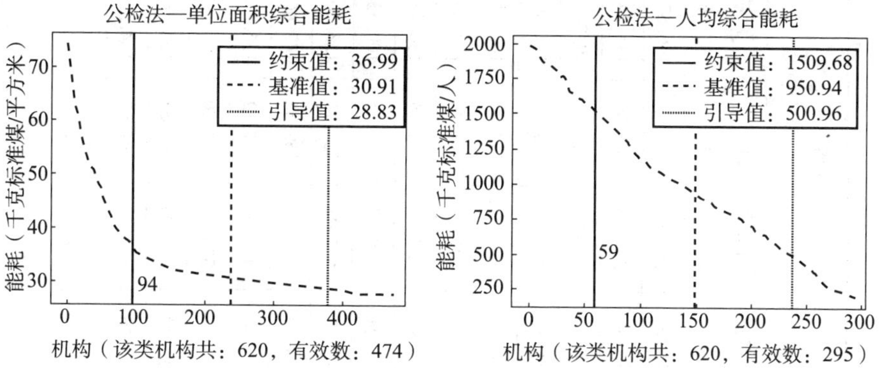

图 4-18　公检法机构单位面积综合能耗与人均综合能耗

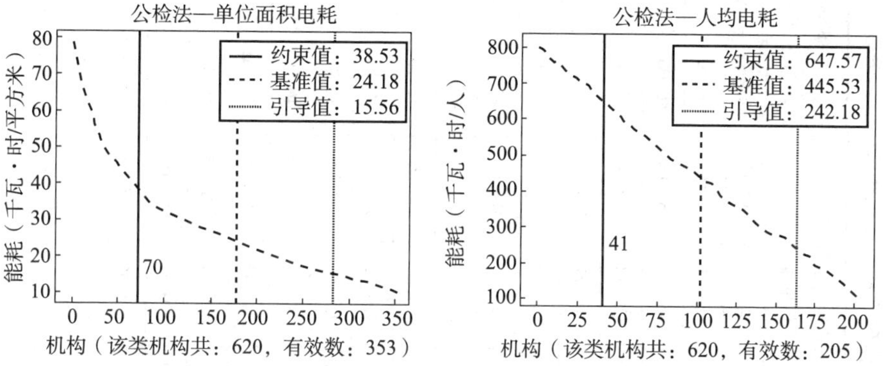

图 4-19　公检法机构单位面积电耗与人均电耗

4.5.1.5　农林牧草单位的约束值、基准值、引导值

由于篇幅有限，该分类仅列出了全区农林牧草机构区间值划分表(见表 4-12)、农林牧草机构单位面积综合能耗与人均综合能耗(见图 4-20)、农林牧草机构单位面积电耗与人均电耗(见图 4-21)。

表 4-12　全区农林牧草机构区间值划分表

地区	单位	单位面积综合能耗/（千克标准煤/平方米）			人均综合能耗/（千克标准煤/人）			单位面积电耗/（千瓦·时/平方米）			人均电耗/（千瓦·时/人）		
		约束值	基准值	引导值	约束值	基准值	引导值	约束值	基准值	引导值	约束值	基准值	引导值
弱寒冷区	农林牧草	32.94	29.62	28.00	960.24	542.01	376.04	40.00	22.29	12.29	401.24	226.54	163.86
	农业	32.32	29.35	28.00	951.59	524.71	354.09	40.00	28.81	15.79	358.60	196.72	146.67
	草原	43.00	30.15	28.00	1237.71	529.73	379.74	22.20	10.37	10.07	247.06	163.86	138.54
	畜牧业	28.99	28.00	28.00	318.14	215.72	215.72	0.00	0.00	0.00	0.00	0.00	0.00
	林业	34.13	29.62	28.37	998.62	585.49	425.79	40.00	21.73	12.41	404.27	239.43	181.89
中寒冷区	农林牧草	34.67	29.10	28.00	1393.76	643.86	376.92	42.67	23.57	14.12	531.25	300.00	167.01
	农业	32.67	29.08	28.00	1231.49	770.54	421.12	42.67	22.56	14.74	531.25	317.76	192.00
	草原	31.55	28.50	28.00	1100.11	399.81	239.47	46.90	28.90	17.88	425.00	218.73	130.75
	畜牧业	30.67	28.53	28.00	1284.08	376.92	348.54	29.83	21.76	11.04	528.00	172.33	100.33
	林业	41.55	29.30	28.00	1565.18	724.63	411.00	36.95	16.98	12.12	557.38	228.71	153.30
强寒冷区	农林牧草	41.70	29.13	28.00	1121.19	634.85	338.74	40.00	19.75	13.79	447.78	269.58	147.06
	农业	29.90	28.00	28.00	948.98	588.41	302.38	30.81	16.07	11.60	418.64	207.12	133.93
	草原	31.49	29.36	28.00	1023.27	633.56	277.35	28.42	21.73	13.41	325.87	204.50	15.33
	畜牧业	48.66	29.87	28.00	1116.70	620.46	367.02	40.78	20.00	13.39	525.00	283.33	138.46
	林业	57.29	31.14	28.18	1270.16	775.36	398.04	40.15	21.69	14.36	454.55	291.67	164.73

续表

地区	单位	单位面积综合能耗/（千克标准煤/平方米）			人均综合能耗/（千克标准煤/人）			单位面积电耗/（千瓦·时/平方米）			人均电耗/（千瓦·时/人）		
		约束值	基准值	引导值	约束值	基准值	引导值	约束值	基准值	引导值	约束值	基准值	引导值
极寒区	农林牧草	30.63	28.81	28.00	1118.65	551.50	320.85	25.58	17.91	12.47	469.59	285.00	144.48
	农业	29.58	28.81	28.00	980.58	438.15	282.57	19.80	12.85	11.55	464.93	313.50	134.96
	草原	32.55	28.46	28.00	1047.13	507.11	287.26	40.00	25.58	12.78	585.94	331.25	144.48
	畜牧业	30.22	28.83	28.00	1078.09	503.81	360.00	18.06	14.16	10.52	361.29	179.08	103.91
	林业	34.12	29.25	28.00	1310.88	771.11	455.39	35.07	20.40	14.57	588.77	355.41	171.40

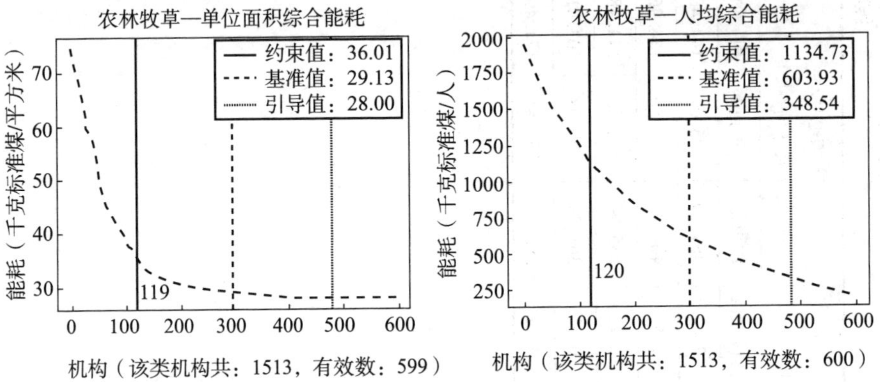

图 4-20　农林牧草机构单位面积综合能耗与人均综合能耗

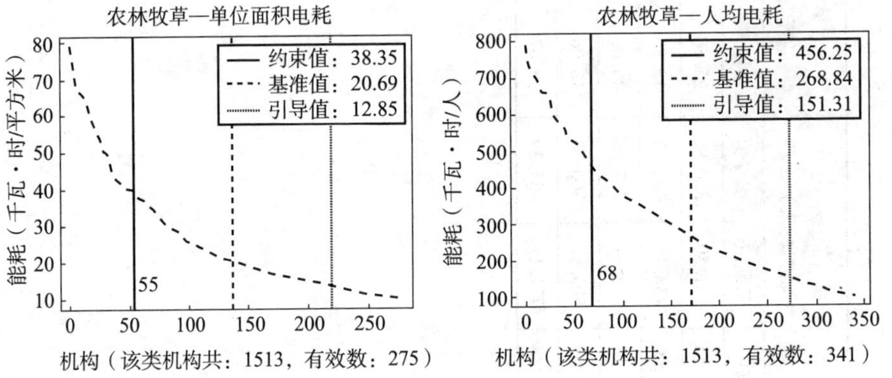

图 4-21　农林牧草机构单位面积电耗与人均电耗

4.5.1.6　公共服务单位的约束值、基准值、引导值

由于篇幅有限，该分类仅列出了全区公共服务机构区间值划分表（见表 4-13）、公共服务机构单位面积综合能耗与人均综合能耗（见图 4-22）、公共服务机构单位面积电耗与人均电耗（见图 4-23）。

4.5.2　内蒙古自治区公共机构能耗定额标准值修改稿

2020 年 5 月，项目组在对公共机构能耗定额指标及能耗定额指标计算公式进行修正以后，还对内蒙古公共机构能耗定额指标数值进行了修正。

表 4-13 全区公共服务机构区间值划分表

地区	单位	单位面积综合能耗/（千克标准煤/平方米）			人均综合能耗/（千克标准煤/人）			单位面积电耗/（千瓦·时/平方米）			人均电耗/（千瓦·时/人）		
		约束值	基准值	引导值	约束值	基准值	引导值	约束值	基准值	引导值	约束值	基准值	引导值
弱寒冷区	公共服务	31.07	28.94	28.00	1012.24	560.68	331.48	33.44	20.44	12.50	590.29	285.15	165.79
中寒冷区	公共服务	32.51	28.75	28.00	1171.27	610.79	311.11	40.82	23.48	14.25	590.95	391.79	202.45
强寒冷区	公共服务	31.69	28.69	28.00	1146.65	672.81	310.50	40.00	22.88	14.47	617.65	343.90	194.87
极寒区	公共服务	30.48	28.78	28.00	1177.34	660.99	331.63	28.75	15.67	11.80	549.17	324.90	197.15

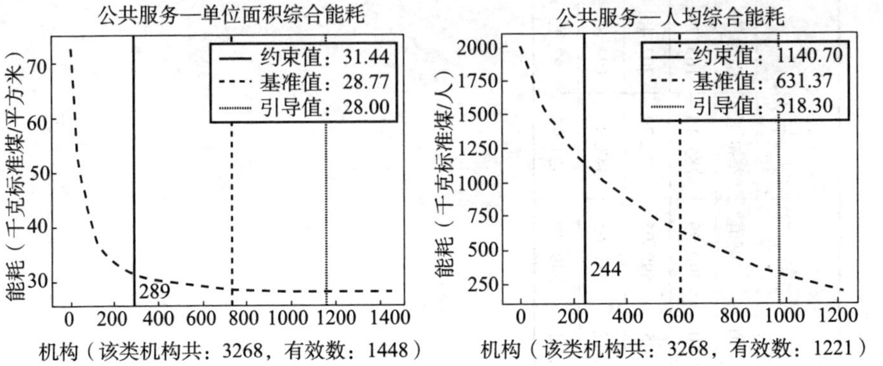

图 4-22　公共服务机构单位面积综合能耗与人均综合能耗

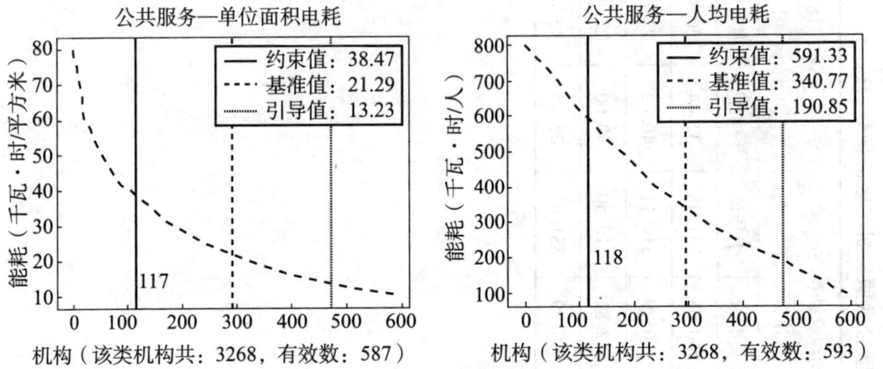

图 4-23　公共服务机构单位面积电耗与人均电耗

由于当时数据提供的供暖数据与非供暖数据还无法准确分开，所以将供暖和非供暖的能源数值先进行了合并计算(不确定是否可以这样做，但是认为需要上报和讨论，需要国家标准化院专家的指导，并需要与内蒙古机关事务管理局的有关专家进行讨论)。根据当时整理好的数据集合，制定出了内蒙古自治区公共机构能耗定额指标值的修改稿。修改稿中各指标如下。

4.5.2.1　党政机关能耗指标的约束值、基准值和引导值

党政机关能耗指标的约束值、基准值和引导值，见表 4-14。

4.5.2.2　教育机构能耗指标的约束值、基准值和引导值

教育机构能耗指标的约束值、基准值和引导值，见表 4-15。

表 4-14 内蒙古自治区党政机关能耗指标

区域	分类	人均综合能耗/（千克标准煤/人）			单位面积综合能耗/（千克标准煤/平方米）			人均电耗/（千瓦·时/人）			单位面积电耗/（千瓦·时/平方米）		
		约束值	基准值	引导值	约束值	基准值	引导值	约束值	基准值	引导值	约束值	基准值	引导值
极寒区	盟市级	1259.5	751.0	384.9	32.9	30.2	29.4	657.5	391.3	226.4	35.7	19.4	13.8
	旗县级	1254.1	683.8	361.0	30.8	29.2	28.4	561.3	327.5	180.3	31.4	18.9	12.5
强寒冷区	盟市级	1391.2	852.8	451.8	35.9	30.3	30.0	634.9	356.7	218.5	40.6	29.7	19.7
	旗县级	1353.1	756.2	391.2	34.4	29.4	28.6	557.1	319.0	178.7	32.9	19.8	13.5
弱寒冷区	盟市级	1389.1	791.0	449.4	35.9	31.1	30.4	671.2	454.8	233.5	48.9	30.6	20.0
	旗县级	1320.1	690.8	375.4	35.2	29.7	29.0	570.2	345.9	190.9	36.1	21.2	15.6
全区	自治区级	1477.6	1071.3	455.2	31.6	30.1	26.8	709.9	465.2	148.9	48.0	31.0	19.7

表 4-15　内蒙古自治区教育机构能耗指标

区域	分类	人均综合能耗/（千克标准煤/人）			单位面积综合能耗/（千克标准煤/平方米）			人均电耗/（千瓦·时/人）			单位面积电耗/（千瓦·时/平方米）		
		约束值	基准值	引导值	约束值	基准值	引导值	约束值	基准值	引导值	约束值	基准值	引导值
极寒区	中学	964.5	566.5	355.9	34.5	30.1	29.6	359.5	205.6	133.9	25.9	14.6	12.5
	小学	877.6	473.4	294.3	29.3	28.7	28.0	347.4	203.0	130.8	24.6	12.4	11.0
	幼儿园	657.2	357.3	286.6	30.7	29.2	28.7	290.3	170.3	125.9	25.5	13.6	12.0
强寒冷区	中学	1131.1	674.8	435.4	49.7	30.3	29.6	405.4	227.2	155.1	26.1	18.7	14.2
	小学	999.8	488.5	300.8	43.2	28.9	28.4	389.0	203.5	135.7	26.0	13.0	11.8
	幼儿园	757.8	365.9	290.4	45.8	29.5	28.9	319.5	175.0	133.0	26.7	18.6	13.1
弱寒冷区	中学	917.7	537.8	335.4	50.1	31.9	30.9	347.0	202.4	129.8	27.8	19.4	15.6
	小学	833.0	444.9	274.5	45.5	29.0	28.5	343.7	202.0	128.1	27.3	14.8	13.6
	幼儿园	626.0	348.2	248.5	46.1	30.4	29.2	279.1	168.6	121.6	26.9	19.0	14.7
全区	高等教育	1054.1	759.1	563.6	31.1	29.1	25.9	566.7	495.1	283.7	37.2	19.1	12.5

4.5.2.3　医疗机构能耗指标的约束值、基准值和引导值

医疗机构能耗指标的约束值、基准值和引导值，见表 4-16。

表 4-16 内蒙古自治区医疗机构能耗指标

区域	分类	人均综合能耗/（千克标准煤/人）			单位面积综合能耗/（千克标准煤/平方米）			人均电耗（千瓦·时/人）			单位面积电耗/（千瓦·时/平方米）		
		约束值	基准值	引导值	约束值	基准值	引导值	约束值	基准值	引导值	约束值	基准值	引导值
极寒冷区	二级医院	1291.7	905.6	542.4	35.9	33.0	30.6	703.3	528.7	373.4	57.8	40.3	22.5
	一级医院	1478.7	836.9	510.5	31.3	29.4	28.6	666.2	364.5	187.5	35.9	20.8	13.7
强寒冷区	二级医院	1595.4	1047.2	562.9	65.4	36.3	31.8	690.9	433.4	234.5	49.0	33.8	23.3
	一级医院	1549.0	860.4	511.5	62.8	35.4	30.0	611.1	361.8	166.1	30.2	19.3	12.7
弱寒冷区	二级医院	1460.8	899.4	472.8	58.9	33.9	30.9	662.9	498.2	268.9	49.8	36.9	25.3
	一级医院	1368.8	824.1	442.2	57.0	31.8	28.9	518.0	362.4	171.5	31.1	17.0	13.3
全区	三级医院	1432.7	834.2	501.7	37.7	30.6	26.0	538.6	305.9	191.6	60.5	39.1	13.0

4.5.2.4 其他机构能耗指标的约束值、基准值和引导值

其他机构能耗指标的约束值、基准值和引导值，见表 4-17。

表 4-17　内蒙古自治区其他机构能耗指标

区域	人均综合能耗/（千克标准煤/人）			单位面积综合能耗/（千克标准煤/平方米）			人均电耗（千瓦·时/人）			单位面积电耗/（千瓦·时/平方米）		
	约束值	基准值	引导值	约束值	基准值	引导值	约束值	基准值	引导值	约束值	基准值	引导值
极寒冷区	1142.1	596.6	324.4	34.6	29.1	28.1	553.8	293.8	159.1	28.7	16.8	11.8
强寒冷区	1211.4	631.9	330.5	34.0	28.8	28.0	549.1	284.6	154.3	39.7	21.3	13.8
弱寒冷区	1216.6	654.5	359.7	34.9	29.3	29.0	557.3	320.0	173.1	40.8	23.3	14.2

4.5.3 内蒙古自治区公共机构能耗定额标准值送审稿

公共机构能耗定额指标数值与能耗定额指标计算公式在经过项目组一年多从宁夏到陕西，从西北到东北，不停地研讨、交流与修正后，终于基本趋于定型。2021 年，项目组根据修订好的数据样本集合与能耗定额指标计算公式对内蒙古公共机构能耗定额指标数值同时进行了修正。

内蒙古自治区公共机构能耗定额标准值送审稿各指标如下。

4.5.3.1 党政机关能耗指标的约束值、基准值和引导值

党政机关人均能耗指标的约束值、基准值和引导值，见表 4-18；党政机关单位面积能耗指标的约束值、基准值和引导值，见表 4-19。

4.5.3.2 教育机构能耗指标的约束值、基准值和引导值

教育机构单位面积能耗指标的约束值、基准值和引导值，见表 4-20；教育机构人均能耗指标的约束值、基准值和引导值，见表 4-21。

4.5.3.3 医疗机构能耗指标的约束值、基准值和引导值

医疗机构人均能耗指标的约束值、基准值和引导值，见表 4-22；医疗机构单位面积能耗指标的约束值、基准值和引导值，见表 4-23。

表 4-18 内蒙古自治区党政机关人均能耗指标

区域	分类	人均综合能耗（千克标准煤/人）			人均电耗/（千瓦·时/人）		
		约束值	基准值	引导值	约束值	基准值	引导值
严寒区	盟市级	1259.5	751.0	384.9	657.5	391.3	226.4
	旗县级	1254.1	683.8	361.0	561.3	327.5	180.3
寒冷区 A	盟市级	1391.2	852.8	451.8	634.9	356.7	218.5
	旗县级	1353.1	756.2	391.2	557.1	319.0	178.7
寒冷区 B	盟市级	1389.1	791.0	449.4	671.2	454.8	233.5
	旗县级	1320.1	690.8	375.4	570.2	345.9	190.9
全区	自治区级	1477.6	1071.3	455.2	709.9	465.2	148.9

表 4-19　内蒙古自治区党政机关单位面积能耗指标

区域	分类	单位面积综合能耗/（千克标准煤/平方米）			单位面积非供暖综合能耗/（千克标准煤/平方米）			单位面积电耗/（千瓦·时/平方米）		
		约束值	基准值	引导值	约束值	基准值	引导值	约束值	基准值	引导值
严寒区	盟市级	32.9	30.2	29.4	5.68	2.56	1.41	35.7	19.4	13.8
	旗县级	30.8	29.2	28.4	4.11	2.22	1.34	31.4	18.9	12.5
寒冷区 A	盟市级	35.9	30.3	30	7.79	3.65	2.19	40.6	29.7	19.7
	旗县级	34.4	29.4	28.6	14.33	3.37	1.62	32.9	19.8	13.5
寒冷区 B	盟市级	35.9	31.1	30.4	10.05	4.73	2.21	48.9	30.6	20
	旗县级	35.2	29.7	29	10.5	3.36	1.66	36.1	21.2	15.6
全区	自治区级	31.6	30.1	26.8	8.44	5.77	2.42	48	31	19.7

表 4-20 内蒙古自治区教育机构单位面积能耗指标

区域	分类	单位面积综合能耗/（千克标准煤/平方米）			单位面积非供暖综合能耗/（千克标准煤/平方米）			单位面积电耗/（千瓦·时/平方米）		
		约束值	基准值	引导值	约束值	基准值	引导值	约束值	基准值	引导值
严寒区	中等教育	34.5	30.1	29.6	26.57	1.99	1.26	25.9	14.6	12.5
	初等教育	29.3	28.7	28.0	37.64	3.93	1.24	24.6	12.4	11.0
	学前教育	30.7	29.2	28.7	2.11	1.35	1.20	25.5	13.6	12
寒冷区 A	中等教育	49.7	30.3	29.6	26.88	6.47	1.74	26.1	18.7	14.2
	初等教育	43.2	28.9	28.4	31.23	3.07	1.20	26.0	13.0	11.8
	学前教育	45.8	29.5	28.9	3.70	2.19	1.49	26.7	18.6	13.1
寒冷区 B	中等教育	50.1	31.9	30.9	22.73	2.95	1.49	27.8	19.4	15.6
	初等教育	45.5	29.0	28.5	12.89	1.89	1.22	27.3	14.8	13.6
	学前教育	46.1	30.4	29.2	5.77	2.65	1.66	26.9	19.0	14.7
全区	高等教育	31.1	29.1	25.9	4.95	3.08	1.54	37.2	19.1	12.5

表 4-21 内蒙古自治区教育机构人均能耗指标

区域	分类	人均综合能耗/（千克标准煤/人）			人均电耗/（千瓦·时/人）		
		约束值	基准值	引导值	约束值	基准值	引导值
严寒区	中等教育	964.5	566.5	355.9	359.5	205.6	133.9
	初等教育	877.6	473.4	294.3	347.4	203.0	130.8
	学前教育	657.2	357.3	286.6	290.3	170.3	125.9
寒冷区 A	中等教育	1131.1	674.8	435.4	405.4	227.2	155.1
	初等教育	999.8	488.5	300.8	389	203.5	135.7
	学前教育	757.8	365.9	290.4	319.5	175.0	133.0
寒冷区 B	中等教育	917.7	537.8	335.4	347.0	202.4	129.8
	初等教育	833.0	444.9	274.5	343.7	202.0	128.1
	学前教育	626.0	348.2	248.5	279.1	168.6	121.6
全区	高等教育	1054.1	759.1	563.6	566.7	495.1	283.7

表 4-22 内蒙古自治区医疗机构人均能耗指标

区域	分类	人均综合能耗/（千克标准煤/人）			人均电耗/（千瓦·时/人）		
		约束值	基准值	引导值	约束值	基准值	引导值
严寒区	二级医院	1291.7	905.6	542.4	703.3	528.7	373.4
	一级医院	1478.7	836.9	510.5	666.2	364.5	187.5
寒冷区 A	二级医院	1595.4	1047.2	562.9	690.9	433.4	234.5
	一级医院	1549	860.4	511.5	611.1	361.8	166.1
寒冷区 B	二级医院	1460.8	899.4	472.8	662.9	498.2	268.9
	一级医院	1368.8	824.1	442.2	518	362.4	171.5
全区	三级医院	1432.7	834.2	501.7	538.6	305.9	191.6

表 4-23 内蒙古自治区医疗机构单位面积能耗指标

区域	分类	单位面积综合能耗/（千克标准煤/平方米）			单位面积非供暖综合能耗（千克标准煤/平方米）			单位面积电耗（千瓦·时/平方米）		
		约束值	基准值	引导值	约束值	基准值	引导值	约束值	基准值	引导值
严寒区	二级医院	35.9	33.0	30.6	7.87	4.96	2.59	57.8	40.3	22.5
	一级医院	31.3	29.4	28.6	14.30	2.07	1.34	35.9	20.8	13.7
寒冷区 A	二级医院	65.4	36.3	31.8	7.74	4.78	2.86	49.0	33.8	23.3
	一级医院	62.8	35.4	30.0	36.23	17.15	2.52	30.2	19.3	12.7
寒冷区 B	二级医院	58.9	33.9	30.9	7.66	4.87	3.11	49.8	36.9	25.3
	一级医院	57.0	31.8	28.9	32.71	11.92	2.11	31.1	17.0	13.3
全区	三级医院	37.7	30.6	26.0	13.36	6.99	3.42	60.5	39.1	13.0

4.5.3.4 其他机构能耗指标的约束值、基准值和引导值

其他机构单位面积能耗指标的约束值、基准值和引导值，见表 4-24；其他机构人均能耗指标的约束值、基准值和引导值，见表 4-25。

表 4-24 内蒙古自治区其他机构单位面积能耗指标

区域	单位面积综合能耗（千克标准煤/平方米）			单位面积非供暖综合能耗（千克标准煤/平方米）			单位面积电耗（千瓦·时/平方米）		
	约束值	基准值	引导值	约束值	基准值	引导值	约束值	基准值	引导值
严寒区	34.6	29.1	28.1	5.41	2.06	1.33	28.7	16.8	11.8
寒冷区 A	34.0	28.8	28.0	19.8	4.16	1.70	39.7	21.3	13.8
寒冷区 B	34.9	29.3	29.0	14.16	3.80	1.74	40.8	23.3	14.2

表 4-25 内蒙古自治区其他机构人均能耗指标

区域	人均综合能耗（千克标准煤/人）			人均电耗（千瓦·时/人）		
	约束值	基准值	引导值	约束值	基准值	引导值
严寒区	1142.1	596.6	324.4	553.8	293.8	159.1
寒冷区 A	1211.4	631.9	330.5	549.1	284.6	154.3
寒冷区 B	1216.6	654.5	359.7	557.3	320	173.1

5　综合评价体系的研究

内蒙古自治区公共机构能源消耗综合评定分值体系是建立在内蒙古自治区公共机构能耗定额指标的基础上的。内蒙古自治区公共机构能源消耗综合评定分值体系建立的目的在于，把内蒙古自治区各公共机构能源消耗的情况通过综合评定体系投影到一条一维的数轴上，从而使人们对内蒙古自治区各公共机构能源消耗情况有一个直观的认识。内蒙古自治区公共机构能源消耗综合评定分值体系由人均综合能耗指标评价体系、单位面积综合能耗指标评价体系、单位用能排碳结构指标评价体系三部分组成。其中，人均综合能耗指标评价体系、单位面积综合能耗指标评价体系的核心就是各温度区域中各行业的内蒙古自治区公共机构能耗定额指标中的约束值、基准值、引导值。本章将主要介绍这 3 种分值体系。

5.1　综合能耗评价现状

党的十八大后，随着公共机构节能工作的不断推进，公共机构节能评价的研究也在不断地向前发展。政府也针对公共机构节能评价的发展出台了各种办法：在制度管控方面，国家出台了公共机构能源资源消费统计制度、能源审计管理暂行办法、有关公共机构的各类国家标准，以及 29 个省份的公共机构的节能政府规章等制度与办法。为了保证公共机构节能评价公平、公正，在公共机构节能数据统计方面，国内目前已推动各级公共机构实施能耗电力、水等分户、类、项三级数据计量，截至 2019 年，已有 7000 余家公共机构建设节能监管系统，已有 70 余万家公共机构报送统计数据。为了使评价结果受到各公共机构的重视，国家又设定了节能方面的目标责任制，截至 2019 年，已有 8 省份将节能纳入省政府绩效考核体系，多省建立了节能考核的常态化机制，加大了公共机构能源审计力度。

从评价的最新的具体内容来看，国家机关事务管理局《公共机构节能条例》实施以来，以及各地积极推进能耗定额管理工作和定额标准编制工作以来，全国约有20个省份出台各类公共机构的能耗定额标准。全国各省份的公共机构节能评价，逐渐由简单的比如是否比上年减少多少能耗百分比过渡到是否达到当地的节能标准。

但无论评价标准如何变化，各评价体系的核心目的均是要提升公共机构能源利用效率，促进公共机构良性发展。

5.2 综合能耗指标评价意义

如前文所述，公共机构综合能耗评价的核心是要提高公共机构能源利用效率，促进公共机构的良性发展。正是考虑到只单纯地比拼公共单位的能源消耗是否比上年有所减少的评价方式在经过一定发展后可能会影响公共机构的正常运行，各省份的公共机构节能评价，才逐渐过渡到各公共机构每年的能源消耗是否符合当地公共机构能耗定额标准要求的评价方式。

综合能耗指标评价体系的研究是对当前公共机构能耗定额标准评价方式进一步探讨，希望为当前的公共机构能耗评价提供一个更加直观的评价方式。其研究目的不仅是提升公共机构能源利用效率，促进公共机构良性发展，更是为了弥补当前公共机构能耗定额标准评价方式中的不足，使当前公共能耗定额更加完善。

既然要弥补当前公共机构能耗定额评价方式中的不足，就必须先认识到当前公共机构能耗定额标准评价所存在的局限性。

从项目组参与内蒙古自治区公共机构能耗定额标准制定与推行工作中的体会与调研情况来看，当前公共机构能耗定额评价方式相对于以往的公共机构能耗评价方式主要存在两大方面的不足。

一是当前公共机构能耗定额评价方式提高了对从事各公共机构能源消耗工作的工作人员的专业素养要求。现行能耗定额标准评价方式需将一家公共机构的能耗分为5个方面进行评价。而这5个方面的评价也只代表该公共机构对比同地区、同行业、同级别公共机构的能耗工作评价，并不能与所有的公共机构进行比较，且由于评价成果相对以往更加细致、复杂，造成了这些评价需要具备更多的专业知识。而很多经济不发达地区基层单位缺乏专业人员增加了能耗定额评价工作的困难程度。项目组人员在参与基层公共机构节能工作调研中发现，很多基层地区从事公共机构能源消耗的工作人员非常缺乏，有的地区或单位现有的公共机构能耗工作人员往往身兼数职，且有很多工作人员并不是专门主职公共机构能源消耗，因此也缺乏公共机构能源消耗所需要的专业知识。这就导致公共机构能耗定额评价方式在推行过程中会遇到一定的阻力。

二是当前公共机构能耗定额评价方式使得各公共机构能耗工作成果的呈现更加复杂，降低了进行横向数据对比的能力。公共机构能耗评价方式的复杂与细化带来的首要问题是不直观，需要专业人员的解读。次要问题是随着区域划分、行业划分的细化，不同区域、不同行业的公共机构单位很难在现有评价下进行横向比较，从而导致相互之间无法进行学习和借鉴。

将评价结果量化、直观化是各项评价工作通行的方式，而且效果明显，这也是项目组解决当前公共机构能耗定额评价方式复杂化问题的核心思路——建立综合评价体系使评价量化、直观化。以经济发展的评价为例，应该可以让大家很好地理解项目组的研究思路。以复杂程度而论，应该没有比一个国家经济发展更复杂的评定体系了。因为我们都知道，一个国家的经济发展涉及方方面面，是一个非常复杂的系统，而一个国家经济发展方面的评价在经过方方面面的统计后只可能更加复杂，但是在衡量国家经济发展标准中，我们有一个直观评价标准——GDP。不可否认的是，以 GDP 为衡量经济发展水平的评价方式，在各地区经济发展中为我国的经济发展做出过重大贡献。这就带给我们一个思考，既然我国不同地区、不同状况下的经济发展都可以以直观量化的方式进行比较，那么能源消耗评价应该也可以直接量化比较，这种直接量化方式可以成为我们现行公共机构能耗定额评价方式的一个良好补充。围绕如果公共机构能耗评价可以直接量化，该如何保证比较中的公平性问题，为此项目组对综合能耗指标评价体系进行了一系列的研究。

综合能耗评价工作量化、直观化是公共机构节能工作的趋势。直观地来看，使公共机构能耗评价量化、直观化最好的方式就是像 GDP 一样，将评价的最终结果以一个数值的形式来展现。这样做的好处是，数值可以直接拿来比较，各公共机构在节能工作中的表现一目了然。各公共机构从事节能工作的人员可以根据评价结果与评价数值更高的单位开展对比、类比的节能学习。与公共机构能耗定额评价方式相比，在公共机构能耗定额评价方式当中，各公共机构节能工作的对比对象为同地区、同行业、同级别的公共机构单位，交流学习的优秀单位也只能从这些单位中来选择。而在综合能耗指标评价体系的评比中，理想状况下只要是比该公共机构综合能耗方面评分更高的公共机构单位都可以成为该公共机构的学习交流对象。从两相对比可以看到，新的评价方式扩展了现有方式的选择对象，扩大了各公共机构学习交流的选择范围，加速了节能新方法的流通，从而为更快、更好地促进节能评价工作的开展做出重大贡献。

开展公共机构能耗评价工作，是做好“碳达峰”的重要手段。公共机构能耗评价量化、直观化的另一个好处是直观易懂、便于理解，同时减轻了各公共机构对评价结果解读的难度，将专业性评价的工作重心转向专业人才更多的省级机构。公共机构是建设生态文明的重要力量，在做好“碳达峰”“碳中和”工作中承担着重要职责，公共机构更好地做好节能工作则会为国家的“碳达峰”“碳中和”工作做出更大的贡献。

5.3　综合能耗指标评价体系的研究维度

要将公共机构能耗评价量化、直观化，需要将内蒙古自治区各公共机构方方面面能源消耗的情况通过综合评定体系，以通俗易懂的分值形式表现出来，从而使人们对全区各公共机构能源消耗情况有一个更加直观的认识。简言之，综合评定体系需要采集各公共机构在能源消耗方面的多维数据，通过整合将其变成一维数据。

通过调研可以发现，公共机构在节能工作方面的表现是多维度的。从能源资源消费量与碳排放量进行衡量是一种维度组合方向，从能源资源消费类型上进行衡量是一种组合维度方向，从能源资源消费社会影响上进行衡量是一种组合维度方向，从提升自身公信力和节能监管能力上进行衡量也是一种组合维度方向。在现有条件下，对公共机构在节能工作方面的所有维度的表现都进行评估后，再对它们进行整合是不现实的，以现有时间和资源，只能从这些维度当中选取重点来进行评估和整合。

这样选取维度是设立评价体系的出发点，就又回到核心，“提升公共机构能源利用效率，促进公共机构良性发展”，即所有公共机构在节能工作方面的各个维度的最终表现是以更少的能耗完成当前的工作。表现在外部最明显的特征为：平均在每一个参与工作的人员身上的能源消耗变少了；平均在参与工作的每一平方米能源消耗变少了；花费在非工作状态上的能源变少了；完成工作的整体能源结构发生了变化，其碳含量明显下降。进行评估与整合时选取与这些能耗特征越相近的维度，则所做出的能耗指标评价体系越贴近各公共机构能耗的真实情况。从现有数据上分析，各公共机构的人均综合能耗数据、单位面积综合能耗数据、消耗能源的比例构成数据这几项数据比较接近项目研究的要求。

人均综合能耗指标评价体系的建立。从现有数据来看，人均综合能耗数据是平均在每一个参与工作的人员身上的能源消耗变少的表现特征，但若将它直接拿来进行横向比较，则会出现一些公平性的问题。众所周知，不同地区、不同行业、不同级别的公共单位所完成的工作是不尽相同的，即使是类似的工作，由于所处环境和条件的不同，所需的能源消耗也不尽相同。直接将两个单位的人均综合能耗数据拿来比较是不妥当的，因此需要引入其他方法将人工综合能耗数据进行可比较的转换。在这里，项目组选取能耗定额标准中的人均综合能耗指标来作为转换的切入点。选取人均综合能耗指标是因为人均综合能耗指标是经过同地区、同行业、同级别公共机构单位的能源消耗数据比较得出的一个1/5位数，它体现了各公共机构在同地区、同行业、同级别公共机构人均综合能耗比较中的排名。随着能耗的良性竞争循环，排名所对应的能耗数据基本可以看作该地区、该行业、该级别完成工作所必需的能源消耗，那么就可以认为，越接近这个数值的公共机构单位其在节能方面的表现越好。将各公共机构在人均综合能耗方面的数值与定额标准的数值的接近程度作为评估数值就可以拿出一个作为共性比较的数据，以此为基础，即可建立人均综合能耗指标评价体系。

单位面积综合能耗指标评价体系的建立。与建立人均综合能耗指标评价体系相同，也是将各公共机构在单位面积综合能耗方面的数值与定额标准的数值的接近程度作为评估数值共性比较的数据，以此来建立单位面积综合能耗指标评价体系。

绿色环保排碳测定评价体系的建立。该体系的建立，主要选取能体现“完成工作的整体能源结构发生了变化，其碳含量明显下降”特征的数据。

从现有数据来看，将各单位的各种类的能源消耗数据进行整合，计算各能源消耗在总体能源消耗中的比例，以及每种能源释放的排碳量就可得到所需求的数据。以这些数据为基础，即可以建立绿色环保排碳测定评价体系。

5.4 人均综合能耗指标评价体系

人均综合能耗指标评价体系，是使用内蒙古自治区各温度区域中各行业分类的公共机构能源消耗中所共有的综合评价指标中的人均综合能耗指标的约束值、基准值和引导值，来对自治区公共基础能源消耗水平是否符合全区公共机构能耗定额标准进行打分的一个体系。

人均综合能耗指标评价体系计算公式如公式(5-1)所示：

$$ex_p=\begin{cases}60-\left(1-\dfrac{EY_{ij}}{e_p}\right)\times 20 & [e_p\in(EY_{ij},\ +\infty)]\\ 60+\left(\dfrac{EY_{ij}-e_p}{EY_{ij}-ED_{ij}}\right)\times 20 & [e_p\in(ED_{ij},\ EY_{ij})]\\ 80+\left(1-\dfrac{e_p}{ED_{ij}}\right)\times 20 & [e_p\in(0,\ ED_{ij})]\end{cases}\tag{5-1}$$

式中：

ex_p——人均综合能耗评价分值，某温度区域某行业分类公共机构在人均综合能耗指标方向下的投影；

EY_{ij}——常数，是公共机构单位在 i 温度分区，j 行业分类下的人均综合能耗的约束值，kgce/p；

i——i 温度分区名称，$i=0$，1，2，3，0 为未分温度区域，1 为极寒区，2 为寒冷区 A，3 为寒冷区 B；

j——第 j 类公共机构，$j=1$，2，3，4，5，1 为自治区级党政机构，2 为盟市级党政机构，3 为旗县级党政机构，4 为自治区级高等教育，5 为中等教育，6 为初等教育，7 为学前教育，8 为三级医院，9 为二级医院，10 为一级医院，11 为其他公共机构；

e_p——公共机构人均综合能耗，kgce/p；

ED_{ij}——常数，是公共机构单位在 i 温度分区，j 行业分类下的人均综合能耗的引导值，kgce/p。

$$ex_p = 60-\left(1-\frac{EY_{ij}}{e_p}\right)\times 20 \quad [(e_p \in (EY_{ij},\ +\infty)] \tag{5-2}$$

公式(5-2)中当某公共机构 e_p 在EY_{ij}与$+\infty$之间时，说明该公共机构人均综合能耗的数值大于人均综合能耗约束值。根据公式可以看到，e_p 越大时，$\frac{EY_{ij}}{e_p}$越小；当 e_p 趋近于正无穷时，$\frac{EY_{ij}}{e_p}$无限接近于 0，而该单位的人均综合能耗评价分值则无限趋近于人均综合能耗指标评价体系的最低分(40 分)。当 e_p 越接近约束值时，$1-\frac{EY_{ij}}{e_p}$越小，此时该单位的人均综合能耗评价分值则无限趋近于人均综合能耗指标评价体系的 60 分。

$$ex_p = 60+\left(\frac{EY_{ij}-e_p}{EY_{ij}-ED_{ij}}\right)\times 20 \quad [e_p \in (ED_{ij},\ EY_{ij})] \tag{5-3}$$

公式(5-3)中当某公共机构 e_p 在ED_{ij}与EY_{ij}之间时，说明该公共机构人均综合能耗的数值介于人均综合能耗约束值与人均综合能耗引导值之间。根据公式可以看到，当 e_p 越接近约束值时，$\frac{EY_{ij}-e_p}{EY_{ij}-ED_{ij}}$越小，此时该单位的人均综合能耗评价分值则无限趋近于人均综合能耗指标评价体系的 60 分；当 e_p 趋近于引导值时，$\frac{EY_{ij}-e_p}{EY_{ij}-ED_{ij}}$无限接近于 1，此时该单位的人均综合能耗评价分值则无限趋近于人均综合能耗指标评价体系的 80 分。

$$ex_p = 80+\left(1-\frac{e_p}{ED_{ij}}\right)\times 20 \quad [e_p \in (0,\ ED_{ij})] \tag{5-4}$$

公式(5-4)中当某公共机构 e_p 在 0 与ED_{ij}之间时，说明该公共机构人均综合能耗的数值小于人均综合能耗的引导值。根据公式可以看到，当 e_p 越大时，$\frac{e_p}{ED_{ij}}$越大；当 e_p 趋近于ED_{ij}时，$\frac{e_p}{ED_{ij}}$无限接近于 1，而该单位的人均综合能耗评价分值则无限趋近于人均综合能耗指标评价体系的 80 分。当 e_p 越接近于 0 时，$\frac{e_p}{ED_{ij}}$越小，此时该单位的人均综合能耗评价分值则无限趋近于人均综合能耗指标评价体系的满分(100 分)。

通过该公式，我们可以得到任意一个能源消耗统计数据，且符合当前能耗定额标准的公共机构在人均综合能耗指标下的一个相对公正的评价分值。这样公共机构单位就可以在这个维度下进行比较，解决了之前自治区不同公共机构能源消耗无法进行比较的问题。

5.5 单位面积综合能耗指标评价体系

单位面积综合能耗指标评价体系，是使用内蒙古自治区各温度区域中各行业分类的公共机构能源消耗中所共有的综合评价指标中的单位面积综合能耗指标的约束值、基准值和引导值，来对自治区公共基础能源消耗水平是否符合全区公共机构能耗定额标准进行打分的一个体系。

单位面积综合能耗指标评价体系计算公式如式(5-5)所示。

$$ex_{jn}=\begin{cases}60-\left(1-\dfrac{EJY_{ij}}{e_{jn}}\right)\times 20 & [e_{jn}\in(EJY_{ij},\ +\infty)]\\ 60+\left(\dfrac{EJY_{ij}-e_{jn}}{EJY_{ij}-EJD_{ij}}\right)\times 20 & [e_{jn}\in(EJD_{ij},\ EJY_{ij})]\\ 80+\left(1-\dfrac{e_{jn}}{EJD_{ij}}\right)\times 20 & [e_{jn}\in(0,\ EJD_{ij})]\end{cases} \tag{5-5}$$

式中：

ex_{jn}——单位面积综合能耗评价分值，某温度区域某行业分类公共机构在单位面积综合能耗指标方向下的投影；

EJY_{ij}——常数，是公共机构单位在 i 温度分区，j 行业分类下的单位面积综合能耗的约束值，$kgce/m^2$；

i——i 温度分区名称，$i=0$，1，2，3，0 为未分温度区域，1 为极寒区，2 为寒冷区 A，3 为寒冷区 B；

j——第 j 类公共机构，$j=1$，2，3，4，5，1 为自治区级党政机构，2 为盟市级党政机构，3 为旗县级党政机构，4 为自治区级高等教育，5 为中等教育，6 为初等教育，7 为学前教育，8 为三级医院，9 为二级医院，10 为一级医院，11 为其他公共机构；

e_{jn}——公共机构单位建筑面积能耗，$kgce/m^2$；

EJD_{ij}——常数，是公共机构单位在 i 温度分区，j 行业分类下的单位面积综合能耗的引导值，$kgce/m^2$。

$$ex_{jn}=60-\left(1-\frac{EJY_{ij}}{e_{jn}}\right)\times 20 \quad [e_{jn}\in(EJY_{ij},\ +\infty)] \tag{5-6}$$

公式(5-6)中当某公共机构 e_{jn} 在 EJY_{ij} 与 $+\infty$ 之间时，说明该公共机构单位面积综合能耗的数值大于单位面积综合能耗约束值。根据公式可以看到，当 e_{jn} 越大时，$\frac{EJY_{ij}}{e_{jn}}$ 越小；当 e_{jn} 趋近于正无穷时，$\frac{EJY_{ij}}{e_{jn}}$ 无限接近于 0，而该单位的单位面积综合能耗评价分值则无限趋近于单位面积综合能耗指标评价体系最低分 40 分。当 e_{jn} 越接近约束值时，$1-\frac{EJY_{ij}}{e_{jn}}$ 越小，此时该单位的单位面积综合能耗评价分值则无限趋近于单位面积综合能耗指标评价体系的 60 分。

$$ex_{jn}=60+\left(\frac{EJY_{ij}-e_{jn}}{EJY_{ij}-EJD_{ij}}\right)\times 20 \quad [e_{jn}\in(EJD_{ij},\ EJY_{ij})] \tag{5-7}$$

公式(5-7)中当某公共机构 e_{jn} 在 EJD_{ij} 与 EJY_{ij} 之间时，说明该公共机构单位面积综合能耗的数值介于单位面积综合能耗约束值与单位面积综合能耗引导值之间。根据公式可以看到，当 e_{jn} 越接近约束值时，$\frac{EJY_{ij}-e_{jn}}{EJY_{ij}-EJD_{ij}}$ 越小，此时该单位的单位面积综合能耗评价分值则无限趋近于单位面积综合能耗指标评价体系的 60 分；当 e_{jn} 趋近于引导值时，$\frac{EJY_{ij}-e_{jn}}{EJY_{ij}-EJD_{ij}}$ 无限接近于 1，此时该单位的单位面积综合能耗评价分值则无限趋近于单位面积综合能耗指标评价体系的 80 分。

$$ex_{jn}=80+\left(1-\frac{e_{jn}}{EJD_{ij}}\right)\times 20 \quad [e_{jn}\in(0,\ EJD_{ij})] \tag{5-8}$$

公式(5-8)中当某公共机构 e_{jn} 在 0 与 EJD_{ij} 之间时，说明该公共机构单位面积综合能耗的数值小于单位面积综合能耗的引导值。根据公式可以看到，当 e_{jn} 越大时，$\frac{e_{jn}}{EJD_{ij}}$ 越大；当 e_{jn} 趋近于 EJD_{ij} 时，$\frac{e_{jn}}{EJD_{ij}}$ 无限接近于 1，而该单位的单位面积综合能耗评价分值则无限趋近于单位面积综合能耗指标评价体系的 80 分。当 e_{jn} 越接近于 0 时，$\frac{e_{jn}}{EJD_{ij}}$ 越小，此时该单位的单位面积综合能耗评价分值则无限趋近于单位面积综合能耗指标评价体系的

100分。

通过该公式，我们可以得到任意一个能源消耗统计数据，且符合当前能耗定额标准的公共机构在单位面积综合能耗指标下的一个相对公正的评价分值。这样公共机构单位的能源消耗水平就可以在这个维度下进行比较，解决了之前自治区不同公共机构能源消耗无法进行比较的问题。

5.6 绿色环保排碳测定评价体系

绿色环保排碳测定评价体系，是使用内蒙古自治区各温度区域中各行业分类的公共机构能源消耗中所共有的综合评价指标中的能源消耗结构比例，来评估自治区公共机构基础能源消耗水平是否绿色环保的一个评价体系。

每单位用能排碳值计算公式如式(5-9)所示：

$$ep=ep_{trq}\cdot PT_{trq}+ep_{qy}\cdot PT_{qy}+ep_{cy}\cdot PT_{cy}+ep_{mt}\cdot PT_{mt} \tag{5-9}$$

式中：

ep——每单位用能排碳值，某公共机构在每单位用能中所包含的排碳含量；

ep_{trq}——该公共机构能源消耗结构中天然气消耗所占的比例；

PT_{trq}——常数，是国家发展改革委所测定的每单位天然气消耗所排放的二氧化碳的系数，约为0.4；

ep_{qy}——该公共机构能源消耗结构中汽油消耗所占的比例；

PT_{qy}——常数，是国家发展改革委所测定的每单位汽油消耗所排放的二氧化碳的系数，约为0.5；

ep_{cy}——该公共机构能源消耗结构中柴油消耗所占的比例；

PT_{cy}——常数，是国家发展改革委所测定的每单位柴油消耗所排放的二氧化碳的系数，约为0.66；

ep_{mt}——该公共机构能源消耗结构中煤炭消耗所占的比例；

PT_{mt}——常数，是国家发展改革委所测定的每单位煤炭消耗所排放的二氧化碳的系数，约为0.74。

当我们得到公共机构中每单位用能排碳值时就可以计算绿色环保排碳测定评价分值。绿色环保排碳测定评价分值计算如式(5-10)所示：

$$exp = \frac{EP_{\min}}{ep} \times 100 \tag{5-10}$$

式中：

exp——绿色环保排碳测定评价分值，某公共机构在绿色环保排碳测定方向下的投影；

$EP_{\min}$——常数，将内蒙古自治区所有统计数据数值符合内蒙古能耗定额标准的公共机构中的每单位用能排碳值进行排序，所得到的最小值即为$EP_{\min}$；

ep——每单位用能排碳值，某公共机构在每单位用能中所包含的排碳含量。

通过每单位用能排碳值计算公式，可以得到任意自治区所有统计数据数值，且符合内蒙古能耗定额标准的公共机构中的每单位用能排碳值。将该值代入绿色环保排碳测定评价分计算公式，就可以得到该单位在绿色环保也就是能源排碳方向的评测数值。

根据公式(5-10)可以看到，当 ep 越大时，$\frac{EP_{\min}}{ep}$越小；当 e_{jn}趋近于正无穷时，$\frac{EJY_{ij}}{e_{jn}}$无限接近于0，而该单位的人均综合能耗评价分值则无限趋近于人均综合能耗指标评价体系的40分。当 e_{jn}越接近$EP_{\min}$时，$\frac{EP_{\min}}{ep}$越大，此时该单位的人均综合能耗评价分值则无限趋近于人均综合能耗指标评价体系的100分。

通过该公式，我们可以得到任意一个能源消耗统计数据，且符合当前能耗定额标准的公共机构在绿色环保排碳测定下的一个相对公正的评价分值。这样公共机构单位的能源消耗水平就可以在这个维度下进行比较，解决了之前自治区不同公共机构能源消耗无法进行比较的问题。

5.7 综合评定体系

在人均综合能耗指标评价体系中，关注的是所有公共机构能源消耗共性中能源与人的关系，体现了公共机构在生产环节每个人的能源消耗的现实状况。

在单位面积综合能耗指标评价体系中，关注的是所有公共机构能源消耗共性中能源与单位建筑面积的关系，体现了公共机构在生产环节每单位面积能源消耗的现实状况。

在绿色环保排碳测定评价体系中，关注的是所有公共机构能源消耗共性中能源与环境保护的关系，体现了公共机构在生产环节每单位能源消耗中排碳对周边环境造成的影响。

如果综合考量上述三个维度，建立一个综合评定体系，那么不可避免地就要考虑这三个维度中哪一个维度是当前我们更关心的，哪一个维度是当前发展中并不太重要的，需要考虑每一个维度在此综合评定体系中所占的比例。

在 2020 年 10 月的内蒙古自治区公共机构能耗评价指标专家论证会上，通过专家打分系统，评估每一个维度在当前综合评定体系中所占的比例后得到了一个全区公共机构能耗评价总分体系。

内蒙古自治区公共机构能耗评价总分计算公式如式（5-11）所示：

$$ex_z = ex_p \cdot B_1 + ex_{jn} \cdot B_2 + exp \cdot B_3 \tag{5-11}$$

式中：

ex_z——内蒙古自治区公共机构能耗评价总分值，某公共机构在综合人均综合能耗指标评价体系、单位面积综合能耗指标评价体系、绿色环保排碳测定评价体系三个维度后所得到的总分；

ex_p——人均综合能耗评价分值，某温度区域某行业分类公共机构在人均综合能耗指标方向下的投影；

B_1——常数，是人均综合能耗评价分值在内蒙古自治区公共机构能耗评价总分所占的考量比重，为 0. 4；

ex_{jn}——单位面积综合能耗评价分值，某温度区域某行业分类公共机构在单位面积综合能耗指标方向下的投影；

B_2——常数，是单位面积综合能耗评价分值在内蒙古自治区公共机构能耗评价总分所占的考量比重，为 0. 45；

exp——绿色环保排碳测定评价分值，某公共机构在绿色环保排碳测定方向下的投影；

B_3——常数，是绿色环保排碳测定评价分值在内蒙古自治区公共机构能耗评价总分所占的考量比重，为 0. 15。

首先，通过人均综合能耗指标评价体系公式，我们可以得到任意一个能源消耗统计数据，且符合当前能耗定额标准的公共机构在人均综合能耗指标下的一个相对公正的评价分值；其次，通过单位面积综合能耗指标评价体系公式，可以得到任意一个能源消耗统计数据，且符合当前能耗定额标准的公共机构在单位面积综合能耗指标下的一个相对公正的评价分值；再次，通过每单位用能排碳值计算公式，可以得到任意自治区所有统计数据数值，且符合内蒙古能耗定额标准的公共机构中的每单位用能排碳值，将该值代入绿色环保排碳测定评价分计算公式，就可以得到该单位在绿色环保也就是能源排碳方向的评测数值。

有了这些分值以后，将以上分值代入内蒙古自治区公共机构能耗评价总分计算公式，通过该公式，我们可以得到任意一个能源消耗统计数据，且符合当前能耗定额标准的公共机构在综合以上三个维度的一个相对公正的评价分值。这样就可以在这个综合视角下对公共机构单位的能源消耗水平进行比较，解决了之前全区不同公共机构能源消耗无法进行比较的问题。

6 综合评价系统的设计与实现

公共机构能耗评价系统的建设目标：一是存储能耗数据，对接现有和将来所导入的能耗大数据平台数据；二是维护基础数据，将导入的能耗数据按国标、行标和综合评价系统的需求，规范基础数据；三是展现，具有相关能耗数据不同角度分析的 Web 端展现，导入、导出，页面化管理和控制等功能。

公共机构能耗评价系统当前版本由行业评价、区域评价、能耗分析、能耗定额、评价报告、能耗数据库六大模块组成(见图 6-1)。

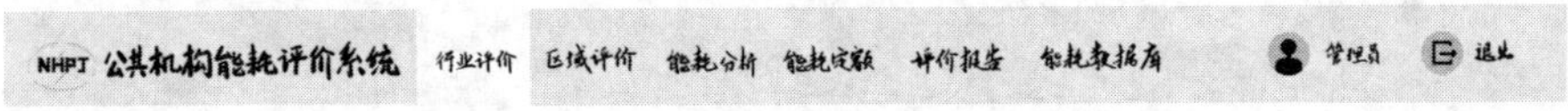

图 6-1　公共机构能耗评价系统六大模块

公共机构能耗评价系统的设计思路：

实现数据可视化管理界面：具有提供编码管理、机构信息管理、能耗数据管理、数据查看及导入、导出等功能，并具有用户、角色权限管理功能。

数据处理：集成数据处理中间件工具，实现数据采集、转换、清洗、加载，支持灵活的作业调度和执行过程监控。

与能耗大数据处理平台集成，通过调用平台的相关数据接口建立大数据处理任务，并将计算任务加载到大数据处理平台上，通过大数据处理平台的接口实现实时监控计算过程、启停控制计算任务、查看日志的功能。

具有灵活的统计报表功能，按照分级分类方式提供各机构能耗分析数据表格、折线图、趋势图、对比图等图表展现功能。

公共机构能耗评价系统的当前成果：

(1)公共机构能耗评价系统目前收集并处理了内蒙古自治区公共机构 2016—2019 年的各公共机构能耗数据，收集并处理了 2010 年以来全区各行政区域的温度数据，收集并处理了部分区域的公共机构用电细粒度的数据，以侧面校验数据的准确性。

(2)公共机构能耗评价系统已能通过行业评价模块从全区各地区各公共机构年度评价数值分布的角度对各公共机构能源消耗状况进行数据分析和评价。

(3)公共机构能耗评价系统已能通过区域评价模块从全区各行业所属各公共机构年度评价数值分布的角度对各公共机构能源消耗状况进行数据分析和评价。

(4)公共机构能耗评价系统已能通过能耗分析模块从全区公共机构单位数目、公共机构用能人数、公共机构单位建筑面积、年度总能耗人均能耗、人均电耗、单位面积综合能耗、单位面积电耗等用能数据分布的角度对内蒙古自治区公共机构能源消耗状况进行数据分析和评价。

(5)公共机构能耗评价系统已能通过能耗定额模块从全区公共机构最新能耗定额指标完成状况分布的角度对公共机构能源消耗状况进行数据分析和评价。

6.1 系统需求分析

任何系统项目在建设前都要对整个系统需求进行分析。公共机构能耗评价系统项目在建设时主要从 3 个方面对系统的需求进行了梳理(见图 6-2)：①客户需求。需要准确地理解和分析系统所面对的客户人群的实际需求。②数据功能需求。需要对所能得到的数据如何进入系统以及进入系统后如何处理进行分析。③管理需求。需要对系统的维护和数据分级展示的管理需求进行分析。

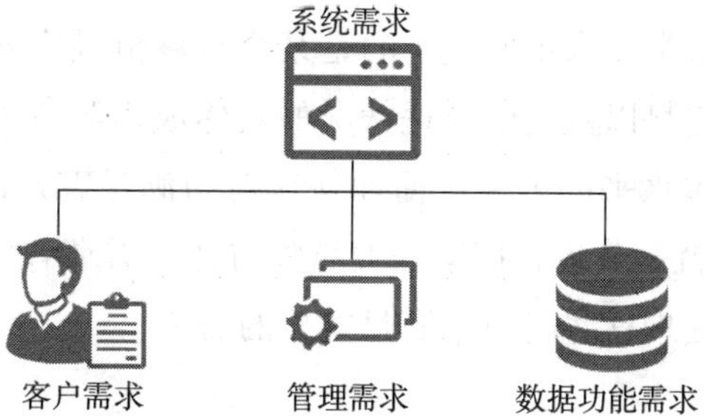

图 6-2 系统需求分析

6.1.1 客户需求分析

公共机构能耗评价系统面对的主要客户群体是内蒙古自治区各级公共机构能耗管理人员以及对内蒙古自治区公共机构能耗比较关心的各界人士。在项目组的客户需求调研过程中发现，不同类型的用户对能耗数据分析的关注层面是不同的。比如，有些主管类型的用户比较关心某些区域范围的各种能耗数据分析，如能耗评分、标准排名、能耗具体的统计详情以及与该区域历年能耗数据比较的趋势变化图。而有些类型的用户则比较关注其所在行业或单位的能耗数据在同行业中的能耗数据中处于什么水平，所以在系统的功能建设中要尽可能多地设计不同层面的数据展示模板以满足不同种类用户的需求。经过调研和分析，项目组将用户所需的各类数据展示分析功能主要分为区域与全局能耗状况浏览需求和行业内与行业间比较的浏览需求两大类(见图 6-3)。

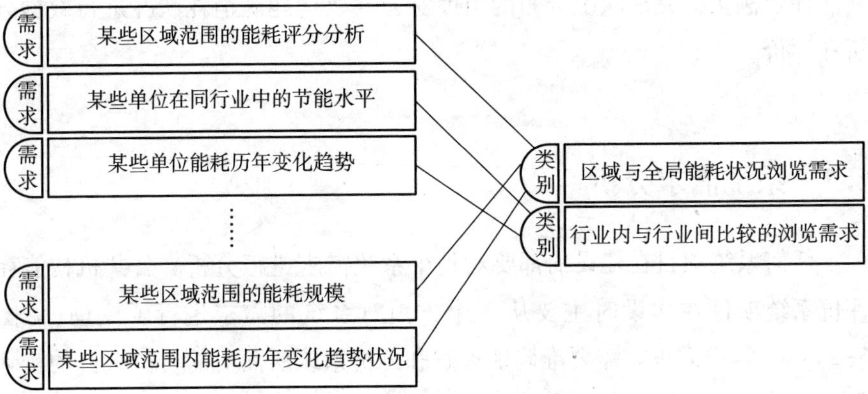

图 6-3 客户需求分析归类

6.1.1.1 区域与全局能耗状况浏览需求

如上所述，这类需求主要关心的是某个区域范围内各公共机构能耗的总体水平、发展趋势以及当前能耗状况的具体成因等各种有关区域范围内公共机构能耗总体水平的因素。而如何应对与满足客户的这类需求(见图 6-4)，先要做的就是分析我们掌握着哪些与客户需求有关的材料，以及如何运用、加工、处理这些材料来满足客户的需求。

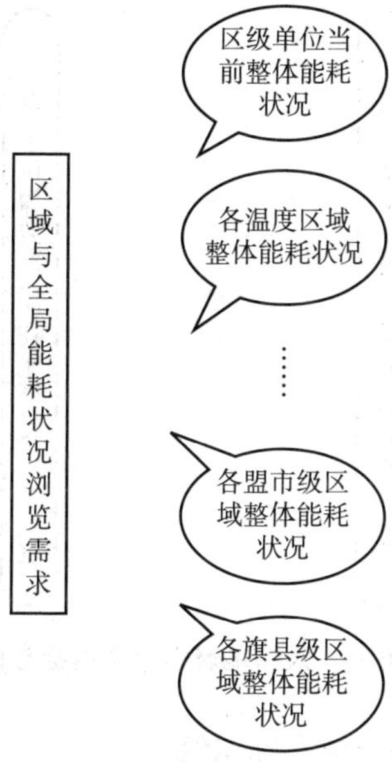

图 6-4　客户需求分析归类

(1)需求分析先从现在所掌握的能耗数据开始。

当前，我们所能采集的数据有能耗单位的详细名称、能耗单位的统一社会信用代码、能耗数据的统计时间、能耗单位当前数据所在年度用地面积、能耗单位当前数据所在年度建筑面积、能耗单位当前数据所在年度用能人数(非每一个单位都能采集到)、能耗单位当前数据所在年度编制人数、能耗单位当前数据所在年度车辆数量、能耗单位当前数据所在年度汽油车数量、能耗单位当前数据所在年度柴油车数量、能耗单位当前数据所在年度新能源车数量、能耗单位当前数据所在年度充电桩数量、能耗单位当前数据所在年度电消费数据、能耗单位当前数据所在年度水消费数据、能耗单位当前数据所在年度煤炭消费数据、能耗单位当前数据所在年度天然气消费数据、能耗单位当前数据所在年度汽油消费数据、能耗单位当前数据所在年度柴油消费数据、能耗单位当前数据所在年度液化石油气消费数据、能耗单位当前数据所在年度热力消费数据、能耗单位当前数据所在年度其他能源数据等原始数据(见图 6-5)。

这些数据大部分在未经过加工前无法直接满足当前分类的客户需求。在统计学上，这些数据可以归类为各公共单位与能耗相关的属性(或标志值)，要想了解整个区域的能耗属性，还需要对数据进行统计加工处理，

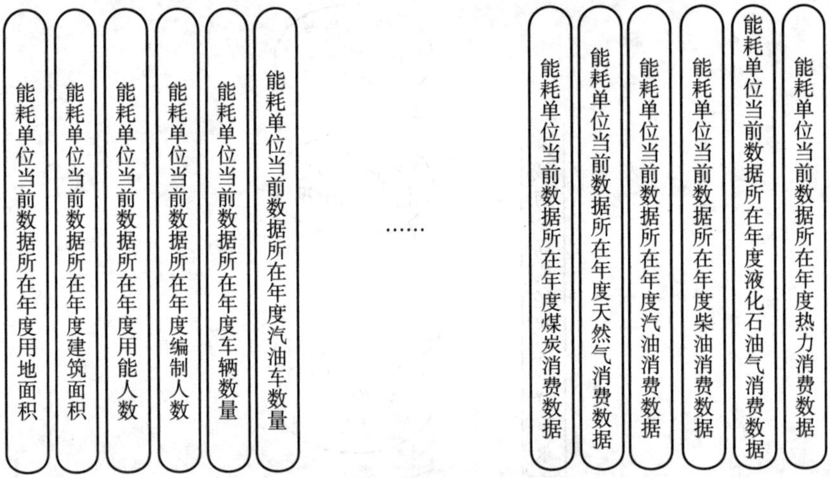

图 6-5　现有能耗数据中的标志值

使之变成与能耗相关的各项综合标志值。

(2)从统计学的表现手段来看，应将收集到的数据进行统计分组和分配数列后再进行统计汇总，得到从不同角度反映以区域为分组的总体的各种指标(见图 6-6)。

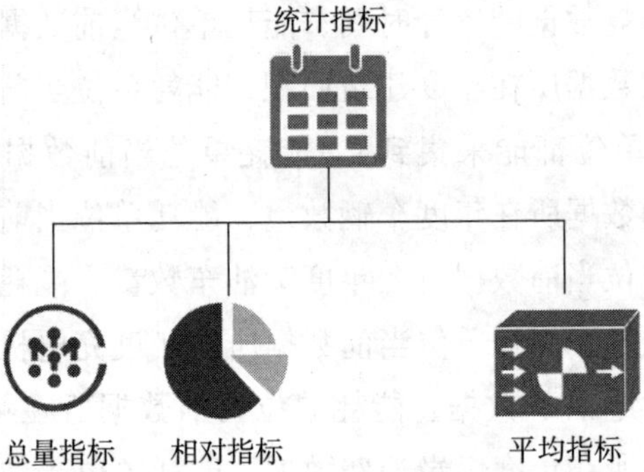

图 6-6　统计指标中的各类指标值

将数据按照客户需求统计汇总后，可以得到能够反映各公共机构能耗在一定时间地点条件下所达到的总规模、总水平的总量指标；也能得到反映各公共机构能耗在时间、空间、事物内部和现象之间相互关联程度的相对指标；还能得到反映各公共机构能耗某一数量标志在一定时间地点条件下所能达到的一般水平的平均指标。在区域与全局能耗状况浏览需求下，应以各公共机构所在的区域为分组条件来求出各项能耗指标的总量指标、相对指标和平均指标。

(3)统计图和统计表是统计描述的重要工具。统计表是由统计数据组成的表格。统计表一般用数量来表示统计单位之间的相互关系。通过统计表通常可以看到研究对象之间的变化规律，这便于人们分析和研究问题。但限于人脑对数据数量的处理能力，统计表中过多的数据反而会影响人们对数据的判断。通过对用户区域与全局浏览需求的分析，在公共机构能耗评价系统中，统计表比较适合用来表现具体的某一个公共机构各项能源标志值的变化。

统计图是人们根据统计得到的数据，用几何图形等直观形象的组合绘制的各类图形。统计图具有直观、形象、便捷、易于理解等优点。通过统计图可以使用户直观、形象地了解统计数字所表现出的规律。统计图在当前大数据分析和各类数据分析中具有重要的地位。统计形式见表 6-1，表中数据为虚拟数据，不做实际应用。

表 6-1　某单位能耗相关统计数据

名称	年份	数量
用地面积	2019	55575 m^2
建筑面积	2019	22216.54 m^2
用能人数	2019	2646 人
编制人数	2019	186 人
汽油车数量	2019	0 辆
柴油车数量	2019	0 辆
新能源汽车数量	2019	0 辆
用地面积	2018	55575 m^2
建筑面积	2018	2216.54 m^2
用能人数	2018	2384 人

目前常用的统计图中除了传统统计学常用的条形图、直方图、圆形图、折线图、曲线图，随着近年来统计图在咨询行业与各类分析报告的发展，又新添了子弹图、不等宽柱状图、气泡式地图、可视化表格等新的统计图表示方法。由于不同的统计图所表达的特征与规律是不一样的，因此要根据客户的需求选择适当的统计图。

(4)将客户需求、统计数据与数据的表现形式相结合。

从客户的需求来看，客户想要了解的主要有：自治区级的各公共机构的能耗状况与当前能耗状况的各类分析；以温度划分区域为单位的各公共机构的能耗状况与当前能耗状况的各类分析；温度划分区域中的下钻——以盟市级区域为单位的各公共机构的能耗状况与当前能耗状况的各类分析；盟市级区域中的下钻——以旗县级区域为单位的各公共机构的能耗状况与当前能耗状况的各类分析。

a. 将现有数据按照需求进行整合和选择后得到的能耗统计指标包括：

1）延续自内蒙古自治区公共机构能耗定额的各类人均能耗指标和平均面积能耗指标。这类指标属于统计学的平均指标，主要用来反映各区域中各公共机构综合能耗、电耗、供暖能耗、水耗等各类能耗在一定时间地点条件下，所能达到的人均一般水平和平均单位面积上的上述各类能耗的一般水平。

2）用于反映各公共机构或各公共机构所在区域的能源消耗结构的能耗结构指标。这类指标属于统计学的比例指标，主要用来反映各区域中各公共机构在能源消耗中的各类能源所占的比例，满足客户对各区域中能源结构状况了解的需求，满足各区域中各公共机构能耗主管部门对能源结构的调整需求。

3）用于反映各公共机构所在区域能源消耗总量的总综合能耗、总电耗、总供暖能耗、总水耗等各类能耗指标。这类指标属于统计学中的总量指标，主要用于反映各区域中各公共机构在能源消耗中的总规模，满足客户对各区域能源使用情况了解的需求。

4）用于反映各公共机构或各公共机构所在区域的综合评测的分数指标。这类指标是专家以内蒙古自治区公共机构能耗定额标准的各项指标值和内蒙古自治区各公共机构的能源结构为衡量标尺，以是否有利于节能减碳为目标制定的一个综合评测指标。

b. 将客户的此类需求、现有能耗统计指标和当前可供选择的统计表达方式进行整合后得到的可供选择的统计表达方式包括：

1）用于表示各区域中公共机构能耗结构等的圆形图。这类统计图主要用来反映当前公共机构能源消耗的总体构成及各项能源消耗在总体中所占的比例，能耗评估分数的整体构成及能耗评估各项在评估总分中所占的比例等。这类统计图可以满足需要将各部分和整体进行比较分析的各类需求。

2）用于表示各区域中公共机构各项能耗指标之间比较状况的柱形图。

这类统计图主要用来反映当前公共机构能源消耗的同一单位或同一区域的公共机构各项能耗指标随时间的变化情况，或在相同年度不同单位或不同地区各项能耗指标之间的比较状况。这类统计图可以满足关注某一单位或某一区域特定能耗指标的各类需求。

3）用来表示各区域中公共机构各项能耗指标随时间变化的折线图。这类统计图主要用来反映当前公共机构能源消耗中同一单位或同一区域的公共机构各项能耗指标随时间的趋势变化。这类统计图可以满足关注某一单位或某一区域特定能耗指标趋势变化的各类需求。

4）用于展现各区域中公共机构各项能耗指标是否完成的子弹图。这类统计图主要用来反映当前公共机构能源消耗中同一单位或同一区域的公共机构各项能耗指标的目标达成情况。这类统计图可以满足各公共机构或该区域公共机构对于各项能耗指标总体目标完成情况及单项能耗目标完成情况的各类需求。

5）用于展现各区域中公共机构各项能源目标完成过程中正负因素影响的瀑布图。这类统计图主要用来反映当前公共机构能源消耗中同一单位或同一区域的公共机构各项能耗指标的目标完成过程中各项因素对于该目标完成状况的影响。这类统计图可以满足各公共机构或该区域公共机构对于各项能耗指标总体目标完成情况细化分析及单项能耗目标完成情况细化分析的各类需求。

6）用于展现各区域中公共机构各项能源指标综合比较的不等宽柱状图。这类统计图主要用来反映当前公共机构能源消耗中同一单位或同一区域的公共机构多项能耗指标的比较情况。这类统计图可以满足各公共机构或该区域公共机构对于各项能耗指标之间相互关系及相互关系的细化分析的各类需求。

（5）分析综合总结。

综合以上分析，公共机构能耗评价系统应当设计一个区域评价模块，在此模块中以上述不同的统计图表来展示不同级别区域中各公共机构的整体能耗状态。此外，还需要设计一个能耗分析模块，用于展示各区域的能耗构成以及目标完成情况中的各项影响因素。

6.1.1.2 行业内与行业间比较的浏览需求

如前所述，这类需求主要关心的是某个行业在一定区域范围内各公共机构能耗的总体水平、发展趋势以及当前能耗行业内状况的具体成因等各种关于行业间与行业内在不同区域范围的公共机构能耗总体水平的各个因素。而如何应对与满足客户的这类需求，首先要做的就是分析我们掌握哪些和客户需求有关的材料，以及我们如何运用、加工、处理这些材料来满足客户的需求。

(1)因能耗原始数据分析部分与区域、全局能耗状况浏览需求相同，在此不再赘述。

(2)能耗总体的各类指标分析部分与区域、全局能耗状况浏览需求也基本相符。

将能耗数据按照客户需求统计汇总后，可以得到反映某一行业各公共机构能耗在一定时间、地点条件下所达到的总规模、总水平的总量指标；也能得到反映某一行业各公共机构能耗在时间、空间、事物内部和现象之间相互关联程度的相对指标；还能得到反映各行业各公共机构能耗某一数量标志在一定时间、地点条件下所能达到的一般水平的平均指标。在行业内与行业间比较的浏览需求下，应以各公共机构所在的行业为分组条件来求出各项能耗指标的总量指标、相对指标和平均指标。

(3)从统计学的表现手法上与区域、全局能耗状况浏览需求相同，在此不再赘述。

(4)将客户需求、统计数据与数据的表现形式相结合。

从客户的需求来看，客户想要了解的主要有：自治区级的各行业的各公共机构的整体能耗状况与当前各行业能耗状况的各类具体分析；以温度划分区域为单位的各行业公共机构的不同能耗状况与形成当前各行业能耗状况的各类分析；温度划分区域中的下钻——以盟市级区域为单位的各行业各公共机构的能耗状况与形成当前各行业能耗状况的各类分析；盟市级区域中的下钻——以旗县级区域为单位的各行业各公共机构的能耗状况与形成当前各行业能耗状况的各类分析。

a. 将现有数据按照需求进行整合和选择后得到的能耗统计指标包括：

1)延续自内蒙古自治区公共机构能耗定额的各类人均能耗指标和平均面积能耗指标。

2)用于反映各公共机构或各公共机构所在行业的能源消耗结构的能耗结构指标。

3)用于反映各公共机构所在行业能源消耗总量的总综合能耗、总电耗、总供暖能耗、总水耗等各类能耗指标。

4)用于反映各公共机构或各公共机构所在行业的综合评测的分数指标。

b. 将客户的此类需求、现有能耗统计指标和当前可供选择的统计表达方式进行整合后得到的可供选择的统计表达方式包括：

1)用于表示各行业公共机构能耗结构等的圆形图。

2)用于表示各行业公共机构各项能耗指标之间比较状况的柱形图。

3)用于表示各行业公共机构各项能耗指标随时间变化的折线图。

4)用于展现各行业公共机构各项能耗指标是否完成的子弹图。

5)用于展现各行业公共机构各项能源目标完成过程中正负因素影响的瀑布图。

6)用于展现各行业公共机构各项能源指标综合比较的不等宽柱状图。

(5)分析综合总结。

综合以上分析，公共机构能耗评价系统应当设计一个行业评价模块，在此模块中以上述不同的统计图表来展示各不同级别区域中各公共机构的整体能耗状态。此外，还需要设计一个能耗分析模块，用于展示各区域的能耗构成以及目标完成情况中的各项影响因素。

6.1.2 数据功能需求分析

从6.1.1节“客户需求分析”中可以了解到，要想满足客户的需求，需要将系统收集的原始数据转化为统计学中的各项能耗统计指标，再在数据库中对这些统计指标进行一系列的数据处理，最后才能生成可以满足客户需求的统计分析图表。数据的具体处理要比上述的过程更复杂一些，从各个来源采集到的公共机构能耗数据要经过图6-7这样的处理才能最终展现在用户面前。

从图6-7中可以看出，数据在系统流动过程基本可以分为两大类：一类是数据采集和导入；另一类是数据处理。其中，数据的处理环节又大致可以分为两个部分，一是将原始数据处理后录入系统。这部分可能涉及数据的规范化与标准化(含数据清洗)，数据的分类、分表，数据的合并。二是将各种表中的数据根据设计好的模块通过实时运算即时转换为用户容易理解的各幅统计图表。下面简单介绍数据的导入与数据的处理部分。

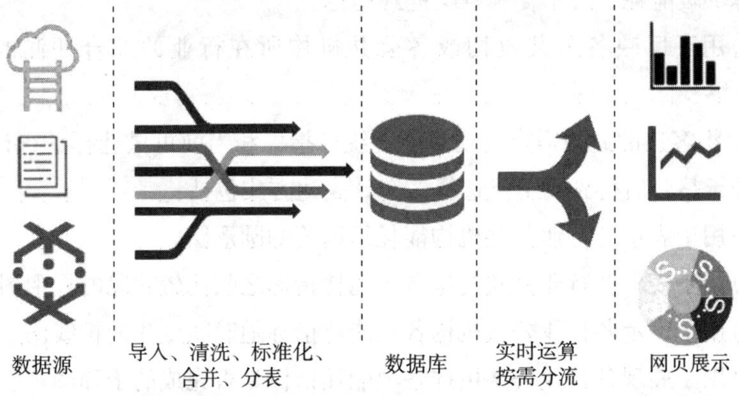

图6-7　数据在系统中的流动过程

6.1.2.1　数据的导入

由于数据的最终展示结果涉及对公共机构当前能耗行为和节能减碳管理水平的评价，因此在前文中我们已经论述过，为了保证系统展示结果的真实性、准确性、公平性，在采集数据时就必须保证数据及时、准确、完整。

分析数据的准确性需求，项目组设想在系统中设置数据交叉核验功能模块。当有权限的录入人员录入数据时，交叉验证功能模块应能对录入的数据中存在疑问的数据发出警告并以显著标识且予以提示。

对数据的导入场景进行分析，可以将导入场景分为如下4个模块：

(1)数据迁移(或整体导入)。

这种场景主要针对从机关管理局等上级管理部门得到的权威认证数据需要导入数据库时，或服务器搬迁备份等情况中将其他完整的数据全部导入数据库时。

这种需求应该提供对应的整体导入接口功能。

(2)行业数据批量导入。

这种场景主要针对各行业主管部门或主管部门维护人员需要将手中可以提供权威认证的数据导入数据库时，或服务器搬迁备份等情况中将其他以行业分类为主的能耗数据导入数据库时。

这种需求应该提供对应的行业数据批量导入接口功能。由于内蒙古自治区公共机构行业分类中不同的行业分类特点不一样，即使是相同的行业也有不同的二级分类，因此在提供行业数据批量导入功能时应提供不同行业不同级别批量导入的子类功能以及同行业全部数据一同导入的子类功能。

(3)区域数据批量导入。

这种场景主要针对各区域主管部门或主管部门维护人员需要将手中可以提供权威认证的数据导入数据库时，或服务器搬迁备份等情况中将其他以区域分类为主的能耗数据导入数据库时。

这种需求应该提供对应的区域数据批量导入接口功能。由于内蒙古自治区公共机构区域分类中，项目组根据各公共机构能耗定额标准将自治区划为3个不同的温度区域，又沿袭了各盟市的行政统属区域划分形式，因此在提供区域数据批量导入功能时应提供不同区域不同级别地区公共机构能耗数据批量导入的子类功能以及不同级别相同区域全部数据一同导入的子类功能。

(4)个别单位补录或修改。

这种场景主要针对系统数据维护人员需要维护个别单位数据，或个别单位发现系统数据有误需要进行矫正时，以及对在数据采集过程中未采集到的数据进行补录时。

这种需求应该提供对应的单条数据录入功能。

6.1.2.2 数据处理

在前文曾经叙述过，公共机构综合评价系统的数据处理大致可以分为两个部分，一是原始数据处理系统。这部分涉及的有数据的规范化与标准化(含数据清洗)、数据的分类、数据的分表、数据的合并。二是将已经制好的各种表中的数据根据设计好的模块通过实时运算即时转换为用户容易理解的各类统计图表，以此来提供各种灵活的统计报表功能，按照分级分类方式提供各机构能耗分析数据表格、折线图、趋势图、对比图等图表展现功能。

下面简单介绍原始数据处理系统部分。

(1)数据的规范化与标准化。

在第3章数据的整理部分，曾提到过当前系统能采集到的统计数据不一定是专门为能耗定额所设计的，因此需要将统计数据的数据字段设计、数值范围、数据格式等规范化处理。其中，在第3章时曾经提出，数据部分标准化先要解决的问题就是确定各单位的唯一字段。除此以外，数据处理时还需解决其他统一计量单位等数据规范的问题。

因此，应当设计满足这类需求的数据规范化、标准化检查模块。该模块应能对导入系统的数据进行检查，对其中缺少的关键数值要做出标志，提出警告，对不合理的、超出正常录入范围的数据要做出标志，提出警告。

(2)数据的合并。

在本章第6.1.1节客户需求分析中，曾提到过系统采集到的现有统计数据是以内蒙古自治区各公共机构为单位的原始数据。这些数据既没有按行业进行归类，也没有按区域进行划分，在统计学上也仅仅是总体中个体的各种能耗属性的标志值，并不能直接展现给客户。因此，这些数据也无法直接反映当前内蒙古自治区各公共机构的总体能耗状况、趋势与规律。因此，在数据处理上应设计既可以满足全区公共机构按行业、按区域的统计分类的需求，也可以满足统计计算各公共机构各项能耗总量指标、相对指标、平均指标的需求的功能模块。

(3)数据的分表。

数据的分表即将单个数据库表拆分成多个数据表，当用户访问的时候，根据一定的算法(如用hash的方式、取模方式)，让用户访问不同的表，然后对各个表中的能耗数据进行分类。

经验表明，随着数据库数据的维护与使用，数据库中的数据量会越来越大。如果仅将数据集中存放在某几个单表中，就会导致这些表由于数据太多变得难以读取，从而致使系统功能中对应的统计图与统计表生成变慢，而且由于频繁锁表机制(该机制是为了保证数据的完整性)也会导致有关这些表的数据库操作受到严重影响，从而造成数据库性能“瓶颈”。为防止这种情况发生，应考虑数据库分表或分区的需求。

(4)数据的计算。

从用户需求分析中可以看到，目前系统中数据的计算主要涉及两个方面：一是在数据导入过程中将各数据源中的能源消耗标志值通过统计学的计算公式转换为能反映各公共机构能源总体消耗的指标值，并将结果存储至已经设计好的数据库中的各个分表中；二是在用户浏览系统时，将分表中的数据通过实时计算转化到用户所浏览的统计图和统计表中。

6.1.3 管理需求分析

从系统的使用者角度进行分析，可以得出本系统的主要使用者为两类的结论：一类是关注内蒙古自治区公共机构能耗状况的查阅者，简称为普通用户；另一类是系统的录入与维护人员，简称为管理员。

6.1.3.1 普通用户管理需求

普通用户登录系统主要进行两类操作：一类是浏览内蒙古自治区公共机构能耗状况的各种分析和总结；另一类主要是下载某些区域、行业或个别公共机构单位做出的能耗分析报告。对于这些需求系统，应根据各相关部门对于能耗信息的密级对用户分别划分权限。

6.1.3.2 管理员用户管理需求

管理员用户登录系统后主要进行两类操作：一类是系统数据库的维护；另一类是系统中用户权限与操作的管理。

6.2 系统功能设计

根据系统需求分析，在系统界面原型设计上，项目组决定采用大数据技术方法、基于 Web 的多层软件架构等技术，来展现内蒙古自治区各公共机构的能耗状况和能耗分析。

6.2.1 网页界面原型设计

6.2.1.1 设计目的

内蒙古公共机构能耗评价原型设计的目的是，设计一种公共机构能耗状况的表现形式，从而了解该设计是否满足用户对公共机构能耗信息的需求情况。

6.2.1.2 原型类型

内蒙古公共机构能耗评价原型采用低保真草图设计形式。

6.2.2 网页界面原型制作(部分草案)

6.2.2.1 顶部导航条

顶部导航包括能耗分析、行业评价、区域评价、能耗定额和评价报告。

以区域评价为默认第一个导航显示，底部导航与顶部导航同步(见图6-8)。

图6-8　顶部导航条草图

6.2.2.2　区域评价内容区

区域评价展示内蒙古自治区不同区域情况下公共机构能耗评价，它包括以下内容：全自治区综合能耗评价、不同温度带能耗综合评价、盟市区域综合能耗评价、旗县综合能耗评价。

内容区主要展示能耗相关信息。项目组根据项目需求分析，对区域评价的展示方式采用下钻形式，利用内蒙古自治区地图实现数据之间的切换，来展示能耗数据。项目组将内蒙古自治区地图设置为互动窗口，此时页面显示的是全区的能耗数据情况；当需要了解各个盟市的能耗数据时，可以通过鼠标点击地图上的12个盟市之一，来展示盟市的能耗数据情况；当需要了解各个旗县的能耗数据时，可以通过鼠标点击盟市地图上的各个旗县，来展示旗县能耗数据。总体设计草稿如图6-9所示。

(1)自治区综合能耗评价。

自治区综合能耗评价包括以下几项内容：内蒙古自治区地图、全区综合能耗评价分值、全区历年来综合能耗评价分值比较、当年自治区各能源消耗占比、当年各级公共机构综合能耗分值、全区各区域综合能耗分值。

a. 内蒙古自治区地图。内蒙古自治区地图是系统功能下钻通道，且可以放大缩小。鼠标在盟市间移动时，可以显示盟市的综合能耗评价分值，让用户大致了解到盟市能耗基本信息。当用户想要了解更多关于所在盟市的能耗数据时，可以单击鼠标选择盟市，地图此时发生更替，从内蒙古自治区地图转换为相应的盟市地图，页面相关信息也变更为相应盟市的能耗信息。当用户想要了解更多关于盟市下属旗县的能耗数据时，可以单击鼠标选择旗县，地图此时发生更替，从盟市地图转换为相应的旗县地图，页面相关信息也变更为旗县的能耗信息。

b. 全区综合能耗评价分值。该内容显示当年全自治区所有公共机构综合能耗评价的分值及用能单位的数量，通过该模块可以了解到全区的用能

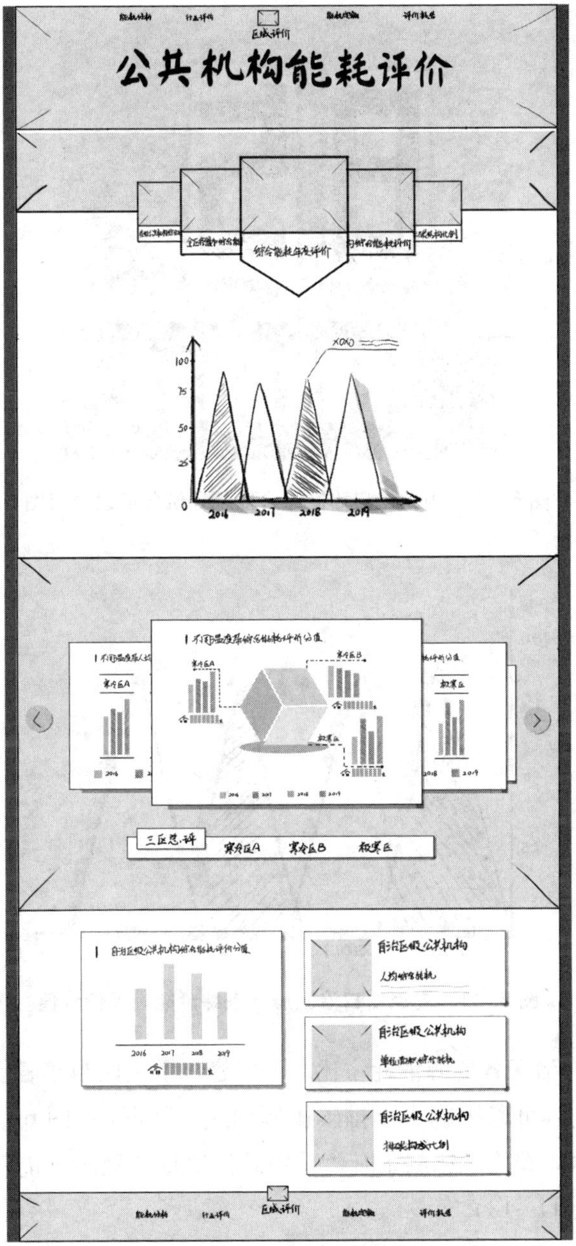

图 6-9　总体设计草稿

情况（见图 6-10）。

c. 全区历年来综合能耗评价分值比较。该内容显示历年来内蒙古自治区用能情况，通过该内容可以了解全区用能变化情况（见图 6-11）。

图 6-10　内蒙古自治区综合能耗评价分值设计草图

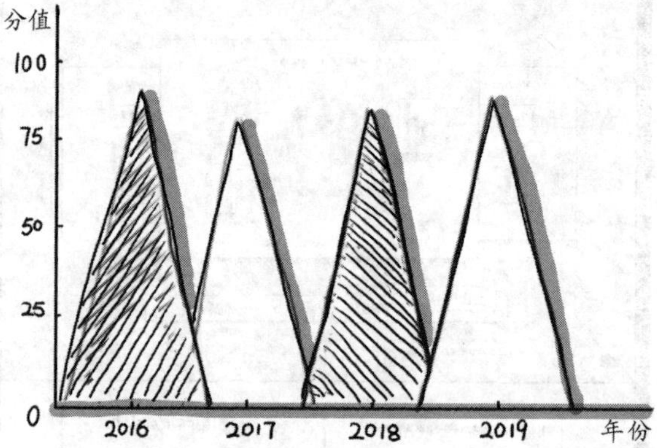

图 6-11　内蒙古自治区历年来综合能耗评价分值

d. 当年自治区各能源消耗占比。该内容显示全区当年各能源消耗的占比，通过该内容可以了解当年排碳比例构成的情况(见图 6-12)。当鼠标点击某一能源排碳构成比例条时，采用悬浮窗形式展示该能源的历年排碳构成比例(见图 6-13)。

e. 当年各级公共机构综合能耗分值。该内容显示自治区级公共机构综合能耗分值、盟市级公共机构综合能耗分值、旗县级公共机构综合能耗分值，通过该内容可以了解不同级别公共机构能耗情况(见图 6-14)。当鼠标点击某一级别公共机构分值条时，采用悬浮窗形式展示该级别公共机构综合能源的历年分值(见图 6-15)。

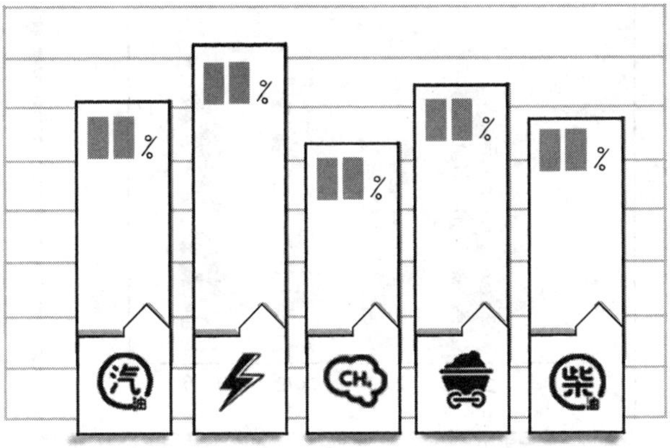

图 6-12　内蒙古自治区各能源排碳比例构成设计草图

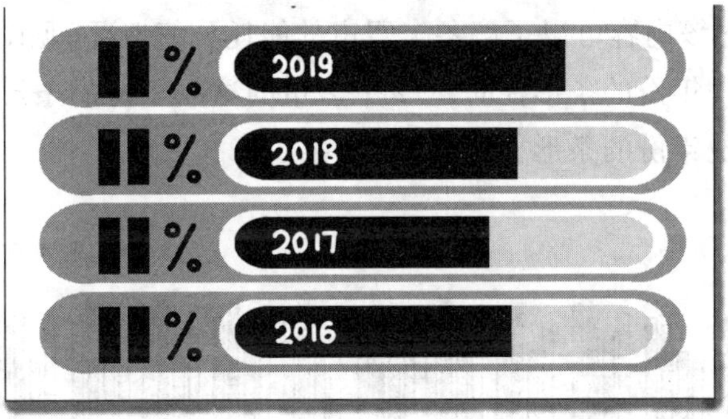

图 6-13　某一能源历年排碳比例构成设计草图

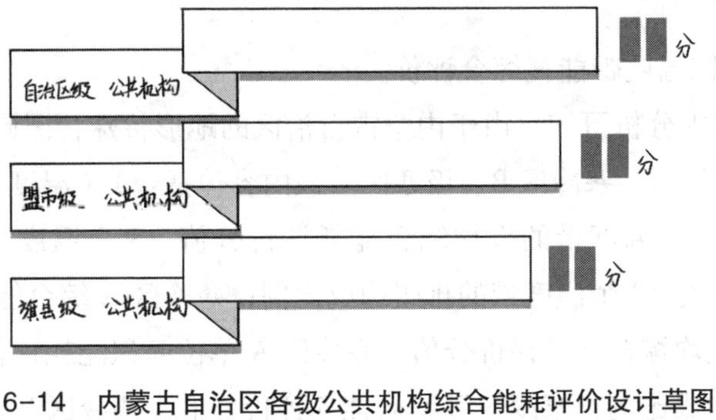

图 6-14　内蒙古自治区各级公共机构综合能耗评价设计草图

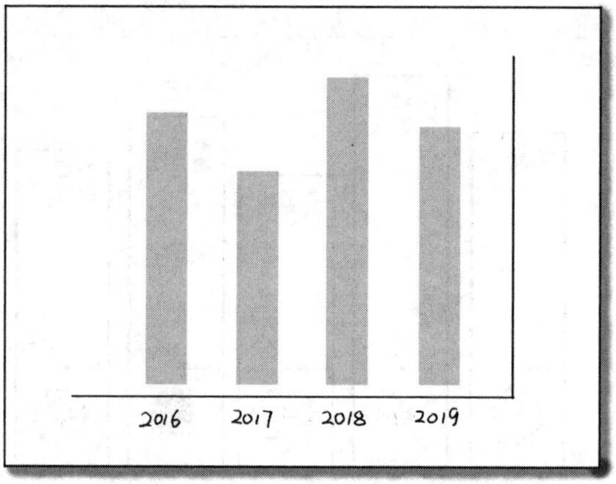

图 6-15　内蒙古自治区某级公共机构历年综合能耗比较设计草图

f. 全区各区域综合能耗分值。该内容显示全区 12 个盟市综合能耗历年分值，通过该内容可以了解各个盟市的能耗分值情况(见图 6-16)。当鼠标点击某一年份的条形柱时，12 个盟市的这一年份的条形柱高亮显示且放大，其他年份的条形柱黯淡。

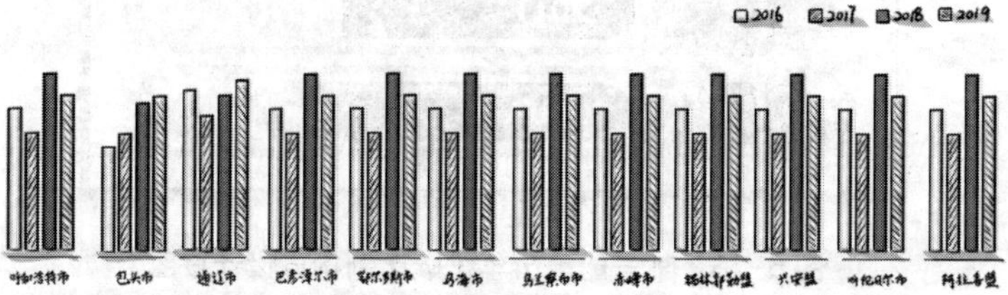

图 6-16　内蒙古自治区各盟市综合能耗历年分值设计草图

(2)不同温度带能耗综合评价。

根据需求分析可知，由于内蒙古自治区的地形特殊，因此将 12 个盟市划归为寒冷区 A、寒冷区 B、极寒区。该内容包括：3 个温度带的综合能耗评价分值、3 个温度带的人均综合能耗评价分值、3 个温度带的单位面积能耗评价分值、3 个温度带的排碳构成比例；寒冷区 A 综合能耗评价分值、寒冷区 A 人均综合能耗评价分值、寒冷区 A 单位面积能耗评价分值、寒冷区 A 排碳构成比例；寒冷区 B 综合能耗评价分值、寒冷区 B 人均综合能耗评价分值、寒冷区 B 单位面积能耗评价分值、寒冷区 B 排碳构成比例；极寒区综合能耗评价分值、极寒区人均综合能耗评价分值、极寒区单位面积能耗评价分值、极寒区排碳构成比例。因为3个温度带有共同的人均综合能耗评价分值、单位面积能耗评价分值和排碳构成比例，所以采用自定义按钮选择温度带，结合滚动鼠标，左右滑动浏览能耗信息。总体设计见图 6-17。

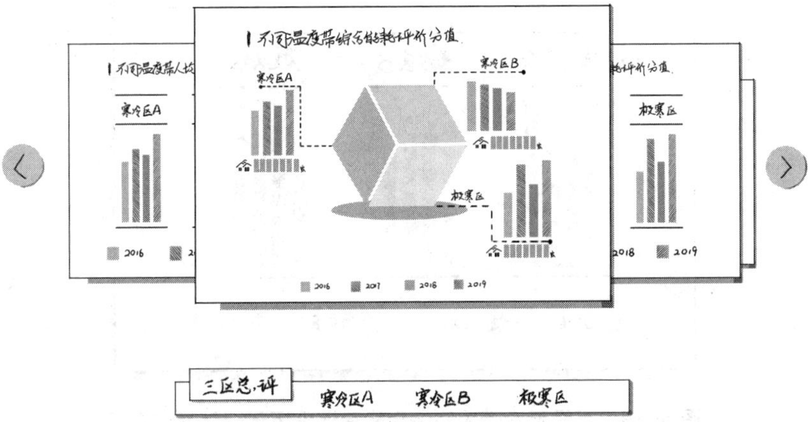

图 6-17　不同温度带能耗设计草图

a. 不同温度带能耗评价。

1) 不同温度带综合能耗评价分值。该内容显示3个温度带公共机构综合能耗分值及各温度带历年来综合能耗分值与用能单位数，通过该内容可以对3个温度带综合能耗分值进行多方位的了解(见图 6-18)。

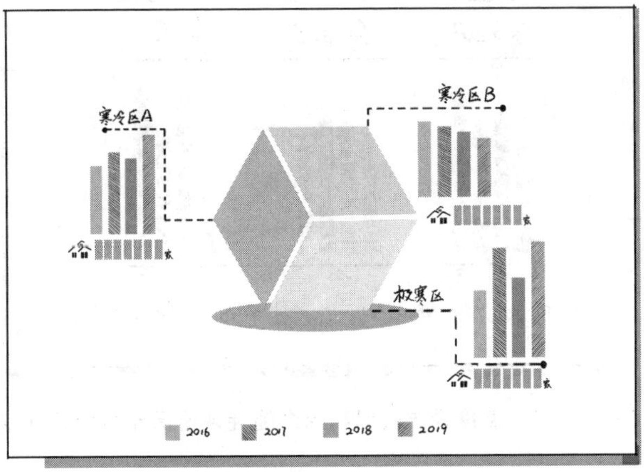

图 6-18　不同温度带综合能耗评价分值设计草图

2）不同温度带人均综合能耗评价分值。该内容显示3个温度带公共机构人均综合能耗分值及各温度带历年来综合能耗分值，通过该内容可以对3个温度带人均综合能耗分值进行多方位的了解（见图6-19）。

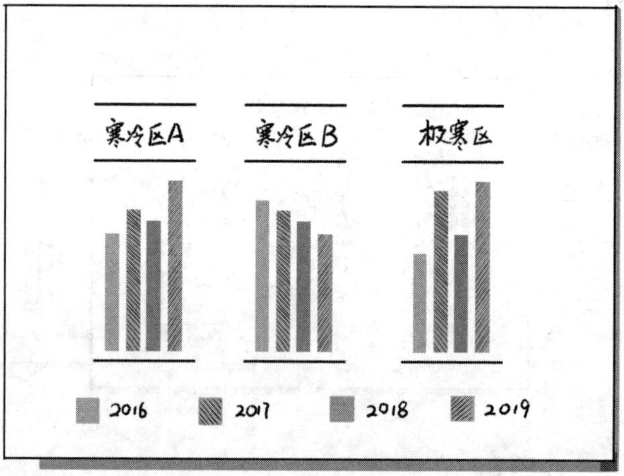

图6-19　不同温度带人均综合能耗评价历年分值设计草图

3）不同温度带单位面积综合能耗评价分值。该内容显示3个温度带公共机构单位面积综合能耗分值及各温度带历年来综合能耗分值，通过该内容可以对3个温度带单位面积综合能耗分值进行多方位的了解（见图6-20）。

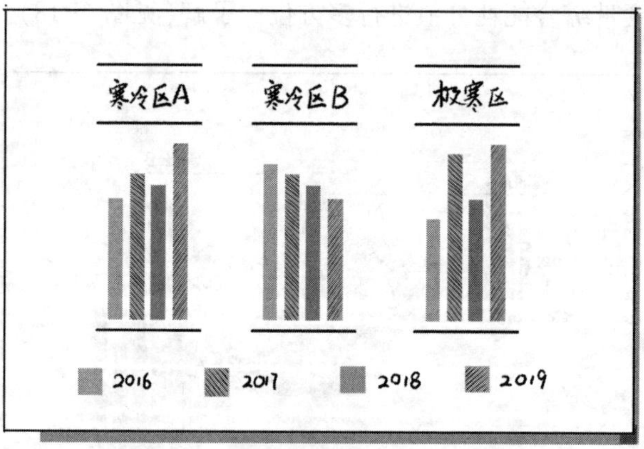

图6-20　不同温度带单位面积综合能耗评价历年分值设计草图

4）不同温度带排碳构成比例分值。该内容显示3个温度带公共机构排碳构成比例分值（见图6-21）。

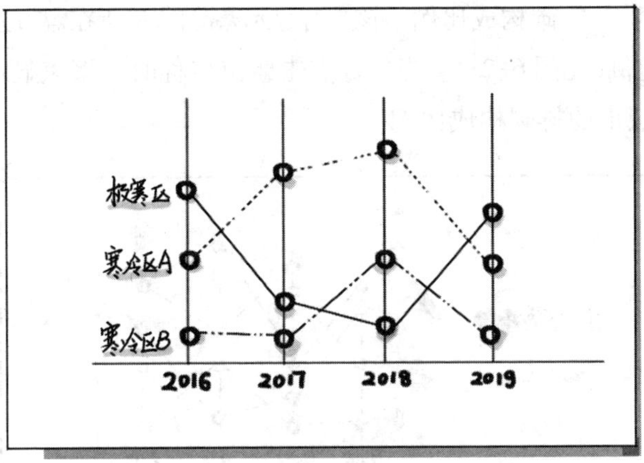

图 6-21 不同温度带排碳构成比例分值设计草图

b. 寒冷区 A 能耗相关数据设计。

1)寒冷区 A 综合能耗评价分值。该内容显示寒冷区 A 所在盟市公共机构历年来综合能耗分值及用能单位数，通过该内容可以了解寒冷区 A 各个盟市的能耗情况(见图 6-22)。寒冷区 A 包括乌兰察布市、锡林郭勒盟、兴安盟。当鼠标点击图例或相应年份条形柱时，当年分值高光显示且放大，其他年份隐藏。

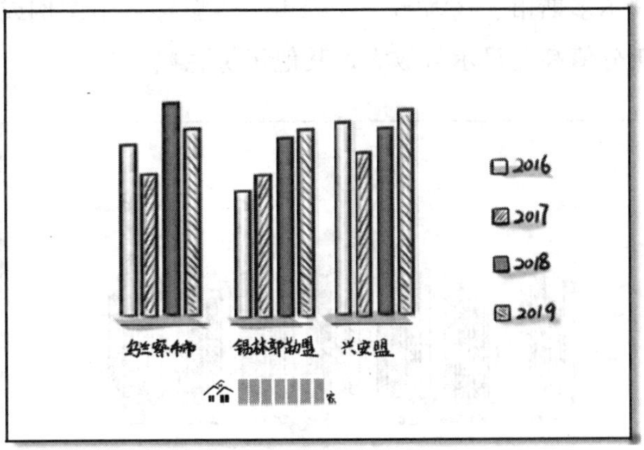

图 6-22 寒冷区 A 综合能耗历年分值设计草图

2)寒冷区 A 人均综合能耗评价分值。该内容显示寒冷区 A 所在盟市公共机构历年来人均综合能耗分值，草图类似于图 6-22。

3)寒冷区 A 单位面积综合能耗评价分值。该内容显示寒冷区 A 所在盟市公共机构历年来单位面积综合能耗分值，草图类似于图 6-22。

4）寒冷区 A 排碳构成比例。该内容显示寒冷区 A 所在盟市公共机构历年来排碳构成比例（见图 6-23）。当鼠标点击盟市名称时，聚焦显示盟市名称，对应显示该盟市的排碳构成比例。

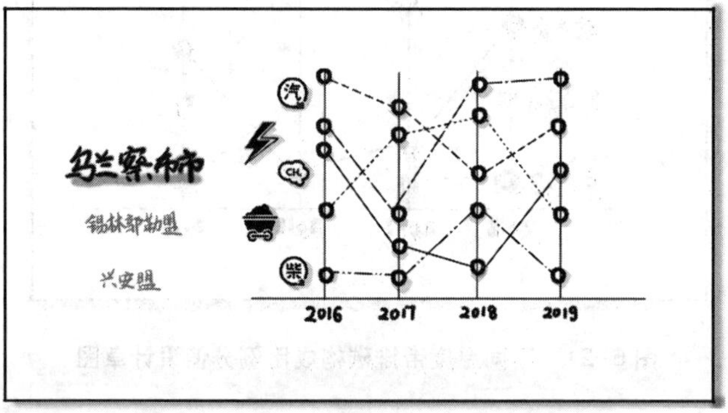

图 6-23　寒冷区 A 历年排碳构成比例设计草图

c. 寒冷区 B 能耗相关数据设计。

1）寒冷区 B 综合能耗评价分值。该内容显示寒冷区 B 所在盟市公共机构综合能耗分值及用能单位数，通过该内容可以了解寒冷区 B 各个盟市的能耗情况（见图 6-24）。寒冷区 B 包括呼和浩特市、包头市、通辽市、巴彦淖尔市、鄂尔多斯市、乌海市、赤峰市。当鼠标点击图例或相应年份条形柱时，当年分值高光显示且放大，其他年份隐藏。

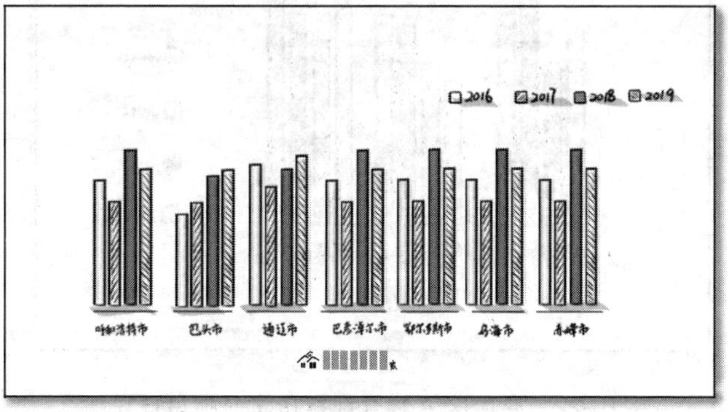

图 6-24　寒冷区 B 综合能耗历年分值设计草图

2）寒冷区 B 人均综合能耗评价分值。该内容显示寒冷区 B 所在盟市公共机构历年来人均综合能耗分值，草图类似于图 6-24。

3）寒冷区 B 单位面积综合能耗评价分值。该内容显示寒冷区 A 所在盟市公共机构历年来单位面积综合能耗分值，草图类似于图 6-24。

4）寒冷区 B 排碳比例构成。该内容显示寒冷区 B 所在盟市公共机构历年来排碳构成比例（见图 6-25）。当鼠标点击盟市名称时，聚焦显示盟市名称，对应显示该盟市的排碳构成比例。

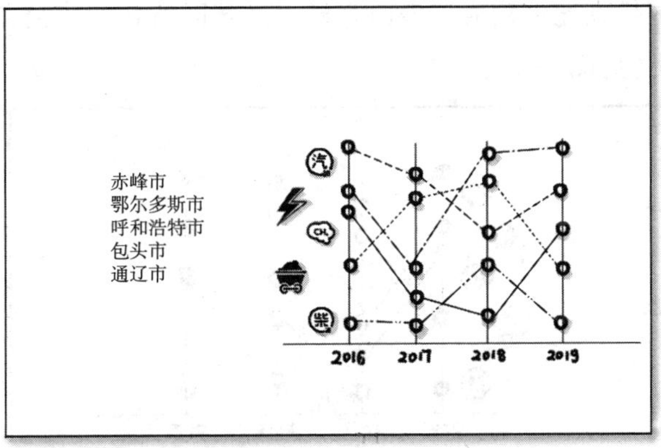

图 6-25　寒冷区 B 排碳比例构成设计草图

d. 极寒区能耗相关数据设计。

1）极寒区综合能耗评价分值。该内容显示极寒区所在盟市公共机构综合能耗分值及用能单位数，通过该内容可以了解极寒区各个盟市的能耗情况（见图 6-26）。极寒区仅有呼伦贝尔一座城市。当鼠标点击图例或相应年份条形柱时，当年分值高光显示且放大，其他年份隐藏。

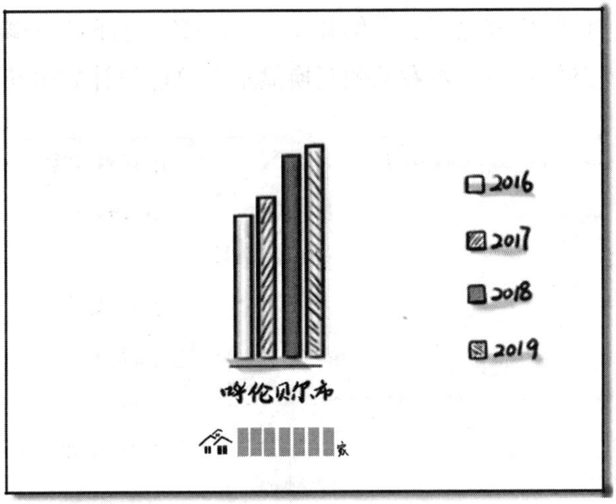

图 6-26　极寒区综合能耗历年分值设计草图

2）极寒区人均综合能耗评价分值。该内容显示极寒区所在盟市公共机构历年来人均综合能耗分值，草图类似于图 6-26。

3）极寒区单位面积综合能耗评价分值。该内容显示极寒区所在盟市公共机构历年来单位面积综合能耗分值，草图类似于图 6-26。

4）极寒区排碳比例构成。该内容显示极寒区所在盟市公共机构历年来排碳构成比例（见图 6-27）。

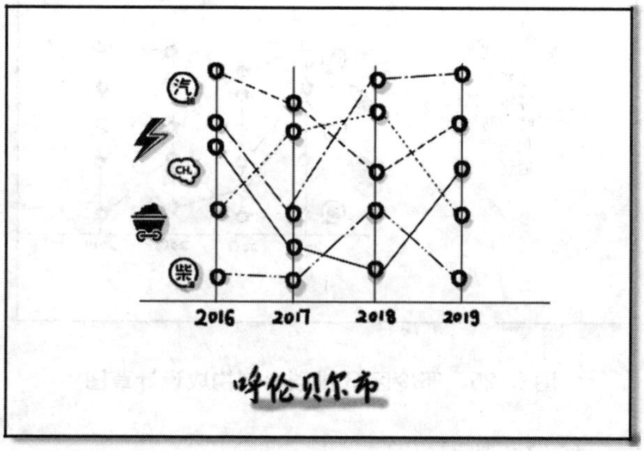

图 6-27　极寒区排碳构成比例设计草图

（3）自治区级公共机构能耗数据。

该内容包括自治区级公共机构综合能耗评价分值、自治区级公共机构人均综合能耗评价分值、自治区级公共机构单位面积能耗评价分值、自治区级公共机构排碳构成比例。左侧显示具体信息，右侧为缩略信息，当鼠标单击右侧缩略信息时，左右两侧互换显示。总体设计如图 6-28 所示。

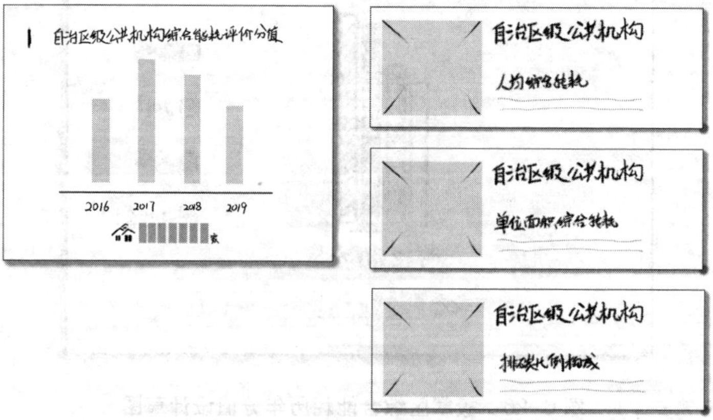

图 6-28　自治区级能耗数据显示草图

a. 自治区级公共机构综合能耗评价分值。该内容显示自治区级公共机构历年来综合能耗分值及用能单位数(见图 6-29)。当鼠标移动到相应年份的条形图时，用能单位数显示相对应的当年用能单位数。

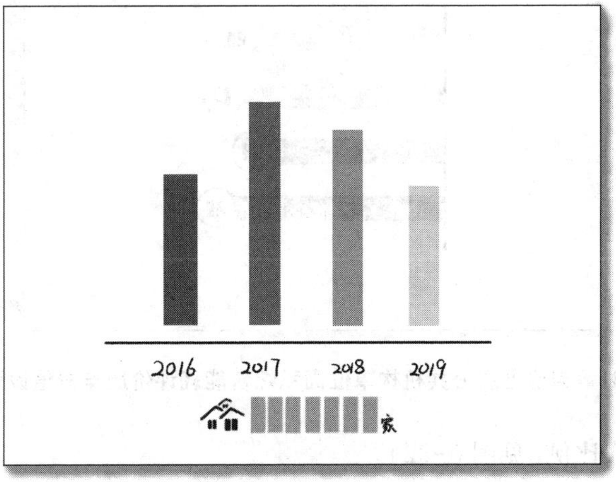

图 6-29 自治区级公共机构综合能耗评价历年分值设计草图

b. 自治区级公共机构人均综合能耗评价分值。该内容显示自治区级公共机构历年来人均综合能耗分值(见图 6-30)。

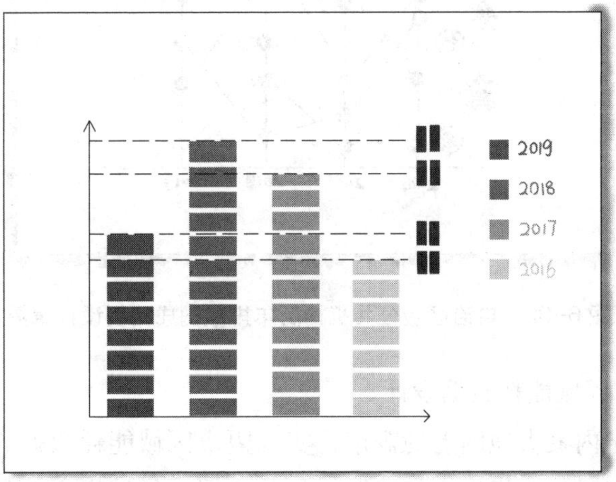

图 6-30 自治区级公共机构人均综合能耗评价历年分值设计草图

c. 自治区级公共机构单位面积综合能耗评价分值。该内容显示自治区级公共机构历年来单位面积综合能耗分值(见图 6-31)。

d. 自治区级公共机构排碳构成比例。该内容显示自治区级公共机构历

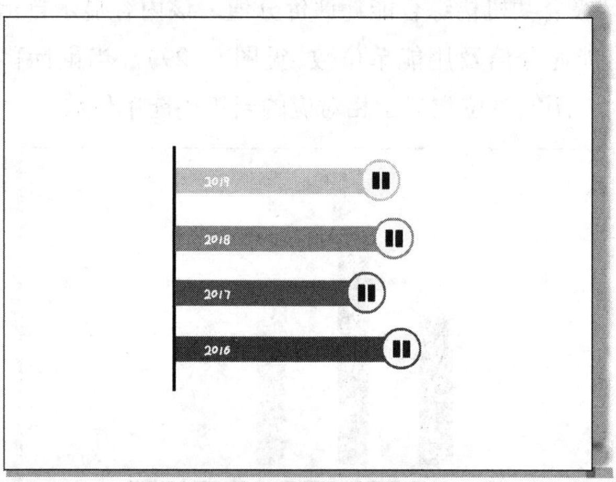

图 6-31　自治区级公共机构单位面积综合能耗评价历年分值设计草图

年来排碳构成比例(见图 6-32)。

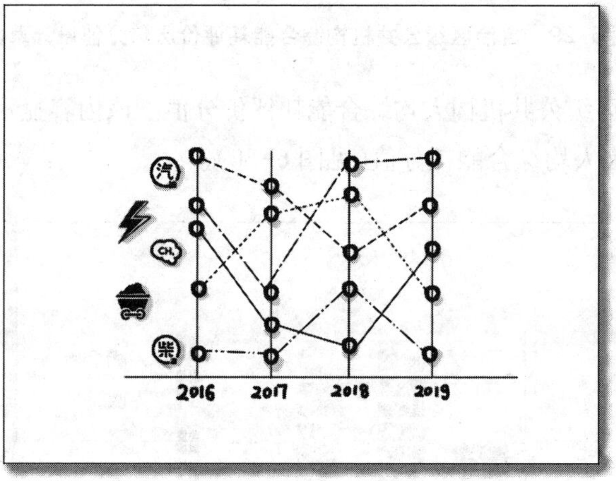

图 6-32　自治区级公共机构历年排碳构成比例设计草图

(4)盟市区域能耗数据设计。

通过单击内蒙古地图上的盟市，实现盟市区域能耗数据的显示。该内容显示各盟市区公共机构历年的能耗相关数据，包括盟市级公共机构当年综合能耗评价分值、盟市级公共机构历年综合能耗评价分值、盟市级公共机构人均综合能耗评价分值、盟市级公共机构单位面积能耗评价分值、盟市级公共机构排碳构成比例，设计草稿以呼和浩特市为例。总体设计如图 6-33 所示。

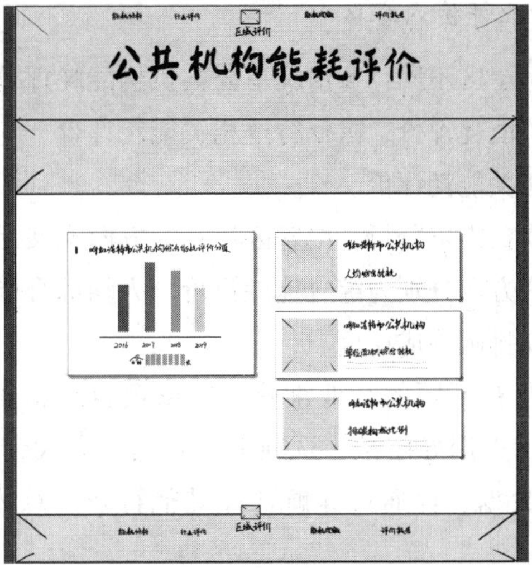

图 6-33 盟市区域能耗设计草图

(5)旗县区域综合能耗评价。

通过单击盟市地图上的旗县，实现旗县区域能耗数据的显示。该内容显示各旗县公共机构历年的能耗相关数据，包括旗县级公共机构当年综合能耗评价分值、旗县级公共机构历年综合能耗评价分值、旗县级公共机构人均综合能耗评价分值、旗县级公共机构单位面积能耗评价分值、旗县级公共机构排碳构成比例。设计草稿以呼和浩特市赛罕区为例。总体设计如图 6-34 所示。

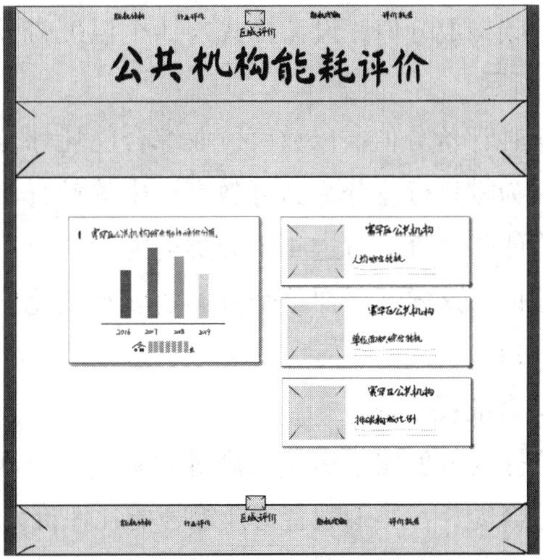

图 6-34 旗县区域能耗设计草图

6.2.2.3 行业评价内容区

行业评价展示全区不同行业情况下公共机构能耗评价，它包括以下内容：教育行业相关能耗评价、医疗行业相关能耗评价、党政机关相关能耗评价、其他行业相关能耗评价。

项目组根据项目需求分析，内容区从 4 个方向来展示不同行业的相关能耗数据，这 4 个方向分别为综合能耗评价、人均综合能耗评价、单位面积综合能耗评价和排碳构成比例。

因为每个行业有不同的行业细化，所以项目组根据项目需求分析，对行业评价的展示采用导航条、选项卡、聚焦等方式，即集中展示某一行业的相关能耗数据，再通过导航选择其他行业。总体设计如图 6-35 所示。

(1)顶端导航条。

在顶端导航条上选择“行业分析”，显示行业能耗数据子网页。

(2)行业区。

a. 行业选项卡。行业选项卡分为教育行业、医疗行业、党政机关和其他行业。它由图片、文字和图示组成，通过鼠标点击相应的图片或文字，则在行业内容区、行业细化区中出现某一行业的能耗信息，默认教育行业为第一选项，选中指示器为“图片+文字”高亮显示。设计草图如图 6-36 所示。

b. 行业内容区。行业内容区显示某一行业细化后历年来的总体能耗数据，包括行业综合能耗评价分值、行业人均综合能耗分值、行业单位面积能耗分值和行业排碳构成分值，设计样式与 3 个温度带设计样式相同。设计草图如图 6-37 所示。

1)行业综合能耗评价分值。以教育行业综合能耗评价分值为例说明展示的能耗信息。因为教育行业分为高等教育、中等教育、初等教育和学前教育，所以在综合能耗评价中对这 4 个分类的能耗进行比较，同时展示历年来的综合能耗分值，这样既可知单个分类的能耗变化，又可知 4 个分类能耗数据(见图 6-38)。

2)行业人均综合能耗分值。

行业人均综合能耗分值展示历年来高等教育、中等教育、初等教育和学前教育的人均综合能耗，类似教育行业综合能耗评价设计。

3)行业单位面积综合能耗分值。行业单位面积综合能耗分值展示历年

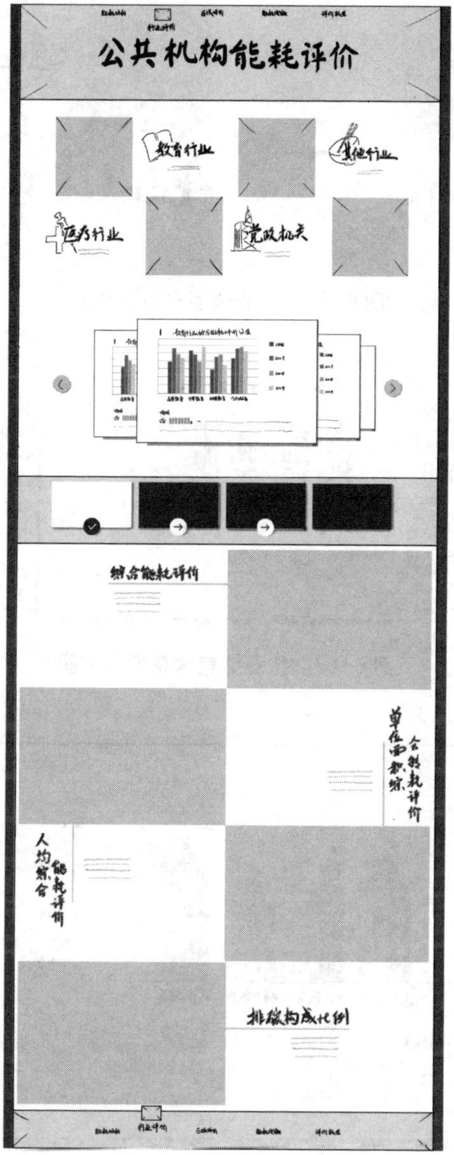

图 6-35 行业总体设计草图

来高等教育、中等教育、初等教育和学前教育的单位面积综合能耗，类似教育行业综合能耗评价设计。

4）行业排碳构成分值。行业排碳构成分值展示历年来高等教育、中等教育、初等教育和学前教育的人均排碳构成，类似教育行业综合能耗评价设计。

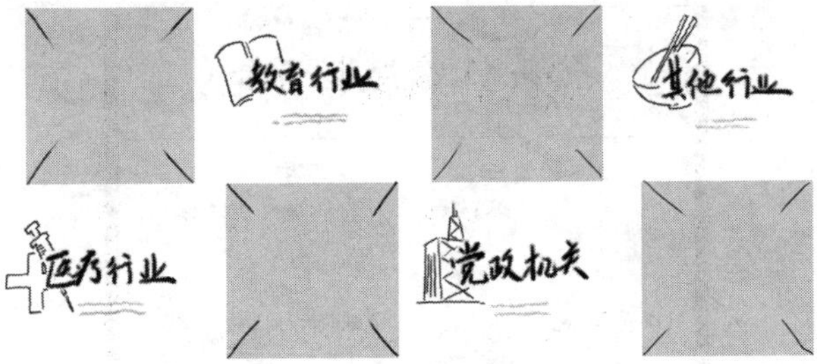

图 6-36　行业选项卡设计草图

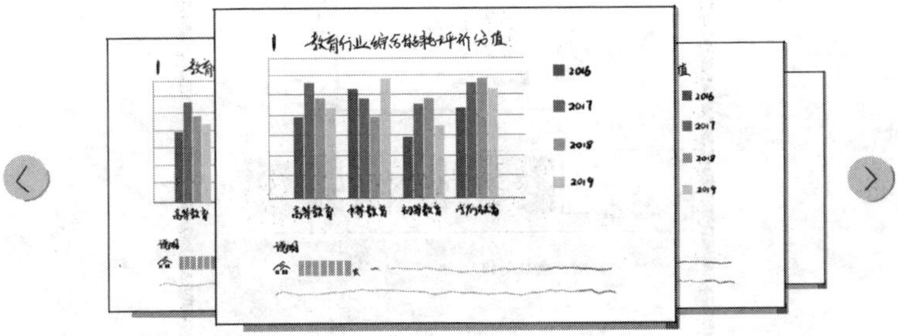

图 6-37　行业能耗信息设计草图

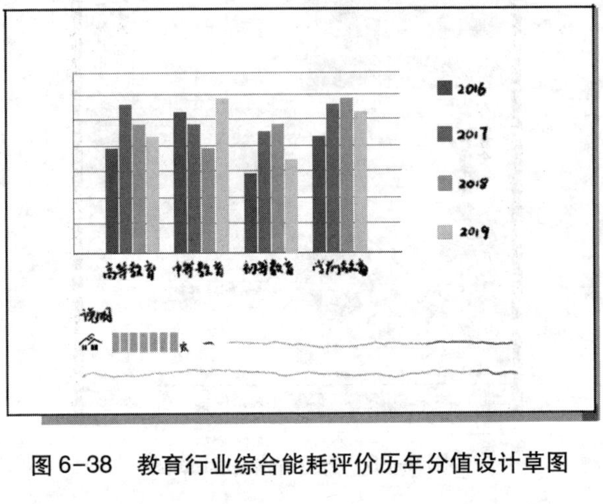

图 6-38　教育行业综合能耗评价历年分值设计草图

(3)行业细化区。

行业细化区由行业细化选项卡、细化后的行业能耗数据组成。

a. 行业细化选项卡。

由项目需求分析可知，教育行业分为高等教育、中等教育、初等教育和学前教育；医疗行业分为三级医院、二级医院和一级医院；党政机关分为自治区级、盟市级和旗县级；其他机构没有细化。

选项卡选用固定选项卡；标签为文字，该文字为行业细化后的分类名称，例如高等教育、中等教育、初等教育、学前教育；容器为长方形色块；选中指示器为对钩形式+容器变色。根据行业细化的个数，选项个数动态变化。设计草图如图 6-39 所示。

图 6-39 行业细化选项卡

b. 行业细化内容区

行业细化内容区主要显示细化后的行业在能耗综合评价、人均综合评价、单位面积综合评价和排碳构成比例上的能耗数据。设计草图如图 6-40 所示。

1）高等教育、三级医院、自治区级党政机关。根据需求分析可知，高等教育、三级医院、自治区级党政机关均属于自治区级，所以当选择高等教育、三级医院、自治区级党政机关的选项时，只需要展示历年来的能耗数据。

其中，排碳构成比例设计采用选项功能，当选择年份时，左侧圆饼图显示当年的电、天然气、汽油、柴油和原煤的排碳构成比例；当选择不同灰度代表的能源时，左侧圆饼图显示某一能源历年来的占比。

2）中等教育、初等教育、二级医院、盟市级党政机关。根据需求分析可知，中等教育、初等教育、二级医院、盟市级党政机关均属于盟市一级，所以当选择中等教育、初等教育、二级医院、盟市级党政机关的选项时，只需要展示所有盟市历年来的能耗数据。当鼠标移动到某一年份的条形柱上时，该年份的条形柱高亮放大显示，其他年份的条形柱变暗。排碳构成比例设计采用寒冷区 B 的设计思路。设计草图如图 6-41 所示。

3）学前教育、一级医院、旗县级党政机关、其他行业。根据需求分析可知，学前教育、一级医院、旗县级党政机关、其他行业均属于旗县一级，所以当选择学前教育、一级医院、旗县级党政机关、其他行业的选项时，要展示该盟市所下属的旗县历年来的能耗数据。以呼和浩特市为例说明，呼和浩特市下属新城区、赛罕区、回民区、玉泉区、和林格尔县、武

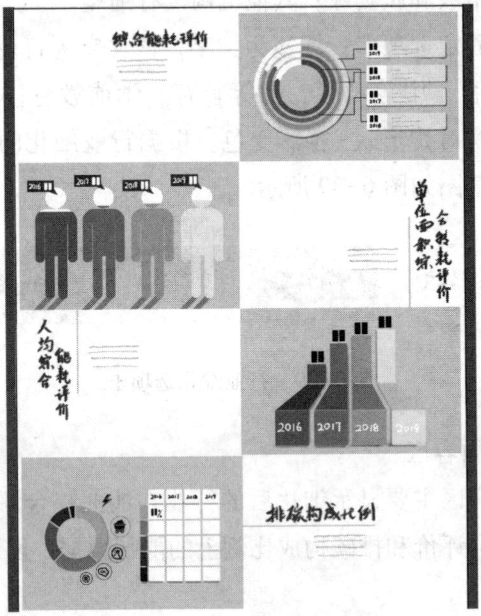

图 6-40　自治区级别行业能耗展示草图

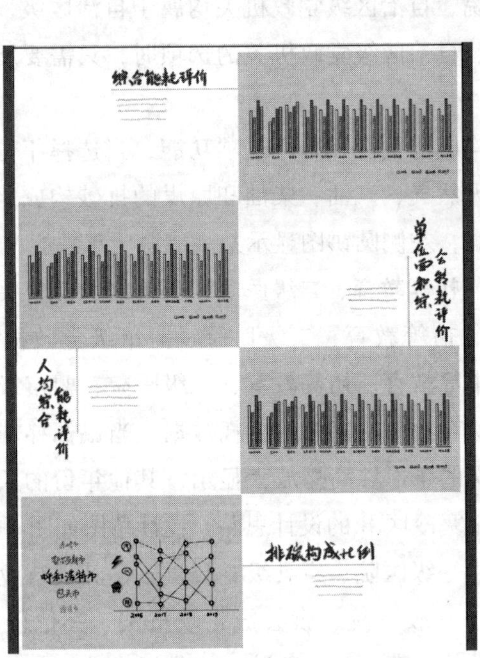

图 6-41　盟市级别行业能耗展示草图

川县、土默特左旗、托克托县、清水河县，所以要展示上述旗县有关的能耗数据。当鼠标移动到某一年份的条形柱上时，该年份的条形柱高亮放大显示，其他年份的条形柱变暗。排碳构成比例设计采用寒冷区 B 的设计思路。设计草图如图 6-42 所示。

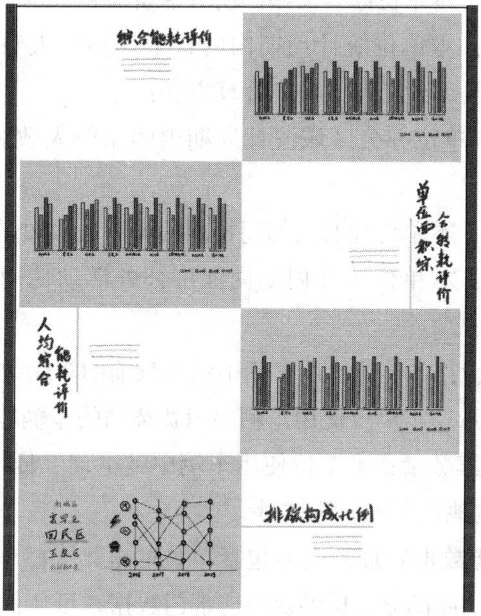

图 6-42 旗县级别行业能耗展示草图

6.2.3 数据库的搭建与维护模块

公共机构能耗评价系统能耗数据库模块是将内蒙古自治区机关事务管理局提供的内蒙古自治区各公共机构年度能耗总表导入数据库中，然后根据程序分解为公共机构基本情况表、能源基础信息表、能源消耗数据表、采暖能源资源表、中心机房、能源消费状况表、能源消耗统计数据表、国标单位字典、温度区域、能耗限制值、能源分值表、能耗结果表。

能耗基础数据管理模块设计包括：

对接能耗大数据平台数据，按照业务功能将数据进行分类存储，整理数据模型，与基础数据进行关联对应。基础数据部分由系统功能进行运维和完善操作。

(1)基础数据管理：主要包括单位用地面积、建筑面积、用能人数、编制人数、汽油车数量、车辆数量、柴油车数量、新能源汽车数量等信息的维护。

a. 用地面积：本单位经土地和规划许可用于办公的房屋建筑及各类配套、道路、绿化等在内的全部建设用地面积。

b. 建筑面积：本单位办公使用的所有建筑面积，职工住宅除外。

c. 用能人数：本单位统计周期内的日平均用能人数，包括在岗在编(注册)人员和各类编外工作人员。计算方法：

用能人数=本单位办公区域统计周期内的用能人数总量÷统计周期的天数。

d. 编制人数：本单位经有关部门批准的编制人员数量。

e. 车辆数量：本单位统计周期内保障公务活动使用的所有公务用车数量。

f. 汽油车数量：本单位使用车辆中消费汽油的车辆数量。

g. 柴油车数量：本单位使用车辆中消费柴油的车辆数量。

h. 新能源汽车数量：本单位使用车辆中纯电动、插电式混合动力(含增程式)和燃料电池汽车的车辆数量。

(2)单位用能数据管理：主要包括单位的电、天然气、燃煤以及其他用能数据的维护。此部分数据涉及供应部门数据，可从供应商处获得。

(3)单位数据中心机房信息管理：主要包括数据中心机房、机房建筑面积、设备总功率等信息的维护。

a. 数据中心机房：本单位专门用于放置数据处理、数据存储、网络传输等IT设备，并有不间断电源、空气调节等保障设备，是独立建筑区域。

b. 机房建筑面积：本单位数据中心机房使用及其配套用房的建筑面积。

c. 设备总功率：数据中心机房各类IT设备总功率、空气调节设备功率、机房配电及附属设备功率的和。

(4)单位采暖数据管理：主要包括独立采暖面积、集中供暖面积、采暖天数、独立供暖锅炉功率、独立供暖蒸汽锅炉蒸发量等信息的维护。

采暖面积填写本单位办公场所中实施冬季采暖的建筑面积。

独立供暖面积填写本单位办公场所中由本单位独立供暖的建筑面积。

集中采暖面积(按面积收费)填写本单位办公场所中按面积缴纳采暖费用的建筑面积。

集中采暖面积(按热量收费)已安装热计量装置，按热消费量收费，填写热计量收费的建筑面积。

独立供暖供热能力：填写本单位独立供暖的锅炉设备的额定供暖能力。

6.3 数据库设计

6.3.1 概念模型

系统的数据库设计在系统架构设计中是十分关键的部分，对系统的稳定性和速度等有着直接影响。在公共机构能耗评价系统中，主要角色为内蒙古的公共机构，公共机构又包含多种分类方式，如按照行业划分、按照地域划分、按照温度带划分等。需要存取的数据还包括公共机构的基础信息、能源使用信息、能源消费信息、能源评价得分等。由于该系统使用的数据量较大、维度较多，建立一套合理的 E-R 模型则是建立该系统数据库的基础，也就是说，概念模型的设计是软件开发的基础。根据系统中的业务逻辑和数据流程，首先建立实体图，公共机构能耗评价系统中数据模型较多，以下为部分核心数据模型。

6.3.1.1 能源基础信息

能源基础信息模型主要包含公共机构中所有消耗能源的单位数据，其中包括用地面积、建筑面积、用能人数、编制人数等(见图 6-43)。基于数据完整性的原则，同时需要在模型中加入单位名称、组织机构代码、统一社会信用代码、统计时间等信息。为了保证数据的一致性，同时要在多个数据库表间进行关联，增加 ID 字段，并与其他表统一定义一种数据类型、统一定义最大长度。

6.3.1.2 公共机构基本信息

公共机构基本信息模型主要包含公共机构的工商信息、区域信息以及行业分类等信息，其中包括单位名称、组织机构代码、统一社会信用代码、机构类型，行业分类代码、单位地址、区域代码、一级分类、二级分类等。由于部分公共机构具有多家机构共用能源的特点，需要在模型中加

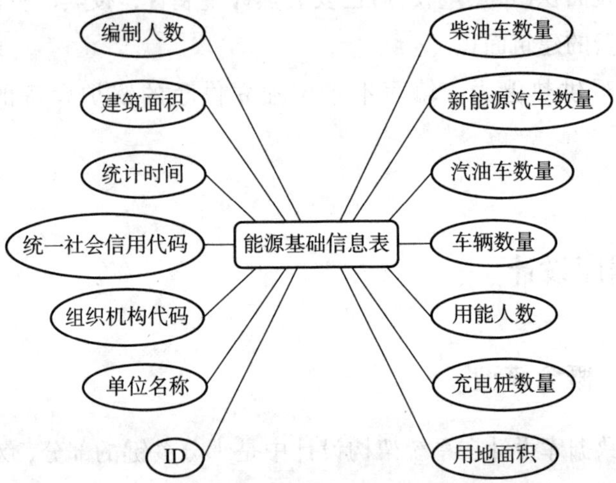

图 6-43　能源基础信息实体图

入合署办公单位标志、所属合署办公单位代码等信息，同时为了保证数据的一致性，在多个数据库表间进行关联，还需增加 ID 字段(见图 6-44)。

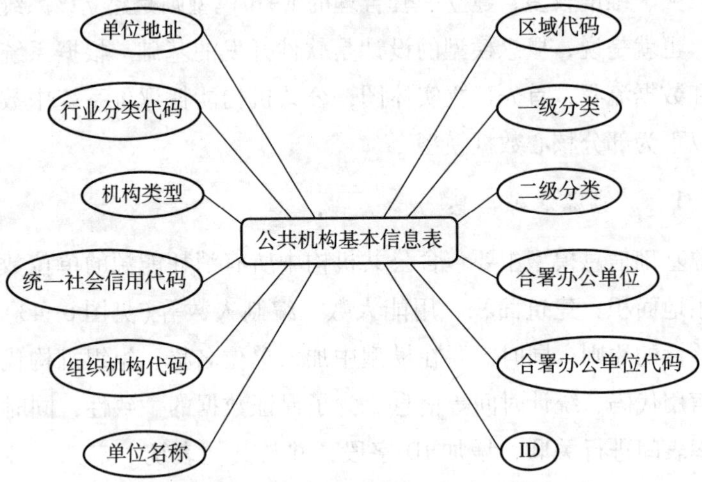

图 6-44　公共机构基本信息实体图

6.3.1.3　能源消耗统计

能源消耗统计模型主要包含公共机构能耗的计算结果。由于部分公共机构具有多家机构共用能源的特点，该表模型需要针对从属机构及合署办公区的能耗计算结果进行设计。从属、合署能耗相关信息包括从属/合署机构非供暖综合能耗、从属/合署机构综合能耗、从属/合署机构人均非供暖综合能耗、从属/合署机构人均综合能耗、从属/合署机构人均电耗等。基于数据完整性的原则，同时需要在模型中加入单位名称、组织机构代码、统一社会信用代码、统计时间等信息。同时为了保证数据的一致性，在多个数据库表间进行关联，还需增加 ID 字段(见图 6-45)。

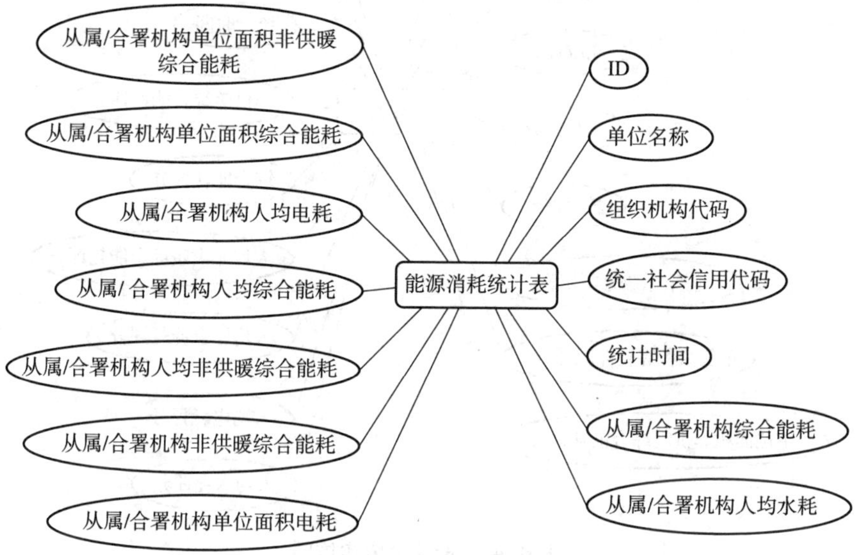

图 6-45　能源消耗统计实体图

6.3.1.4　能源分值

能源分值信息模型主要包含公共机构能耗综合评定分值。该分值主要由人均综合能耗评分、单位面积综合能耗评分、单位用能排碳结构评分三部分组成，同时还包含机构所在行业分类的评定分。基于数据完整性的原则，同时需要在模型中加入单位名称、所属地区、统一社会信用代码、统计时间等信息。同时为了保证数据的一致性，在多个数据库表间进行关联，还需增加 ID 字段(见图 6-46)。

6.3.2　E-R 图设计

根据对本系统具体的业务流程分析，将系统关键流程中的机构、地域、能耗、约束值、评价结果等实体、实体所具有的属性以及它们之间的联系进行抽象，建立 E-R 模型。

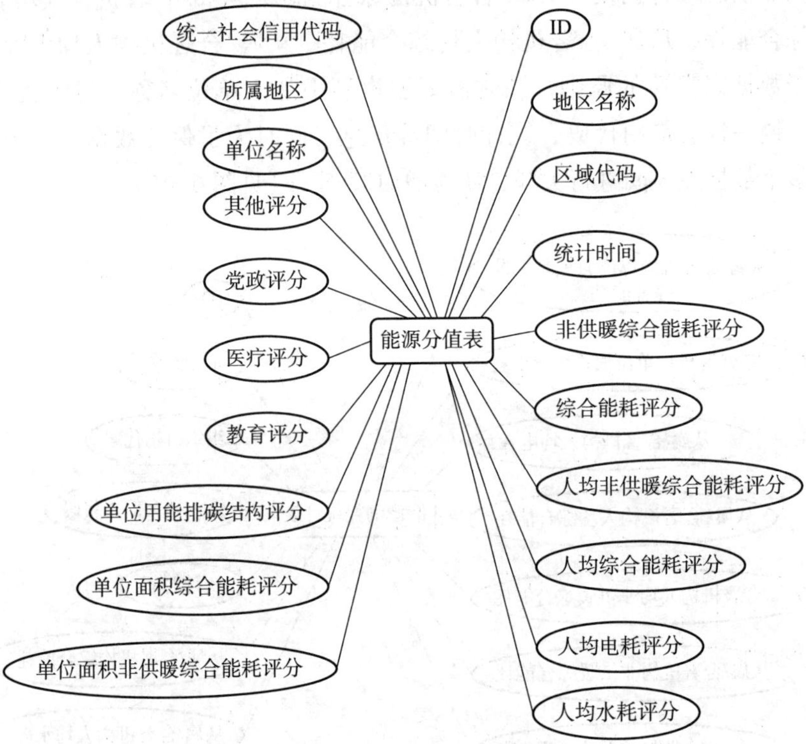

图 6-46 能源分值实体图

6.3.3 数据表设计

当概念模型与 E-R 图设计完成以后，数据表的基本结构、字段名称和类型、主键等内容就可以基本确定下来了。

如前文所述，能耗原始数据通过能耗数据库模块导入公共机构年度能耗数据模块，通过该模块对导入的数据进行清洗和筛选，再将清洗和筛选后的数据根据数据特征分别导入能源基础信息表（见表 6-2）、公共机构基本情况表（见表 6-3）、能耗约束值表（见表 6-4）、能耗限制值表（见表 6-5）、能源消耗表（见表 6-6）、能源消耗统计表（见表 6-7）、能源分值表（见表 6-8）、能耗结果表（见表 6-9）、采暖能源资源表（见表 6-10）、温度区域表（见表 6-11）等数据表当中，并通过调整接口对不符合要求的数据进行人工调整。

以下对主要的几种表结构进行简单介绍。

表 6-2 能源基础信息表 ECM_ BASIC_ ENERGY

序号	字段名	字段意义	字段类型	是否主键	是否允许为空	备注
1	ID	主键	VARCHAR2(32)	是	否	
2	DEP_ NAME	单位名称	VARCHAR2(200)		是	
3	ORG_ CODE	组织机构代码	VARCHAR2(50)		是	
4	UNIFIED_ SOCIAL_ CREDIT_ CODE	统一社会信用代码	VARCHAR2(100)		是	
5	DATETIME	统计时间	VARCHAR2(20)		是	
6	LAND_ AREA	用地面积	NUMBER(0)		是	
7	BUILD_ AREA	建筑面积	NUMBER(0)		是	
8	ENERGY_ USERS	用能人数	NUMBER(0)		是	
9	STAFF	编制人数	NUMBER(0)		是	
10	VEHICLES	车辆数量	NUMBER(0)		是	
11	VEHICLES_ GASOLINE	汽油车数量	NUMBER(0)		是	
12	VEHICLES_ DIESEL	柴油车数量	NUMBER(0)		是	
13	VEHICLES_ NEW_ ENERGY	新能源汽车数量	NUMBER(0)		是	
14	CHARGING_ POSTS	充电桩数量	NUMBER(0)		是	
15	OPERATOR	操作人	VARCHAR2(32)		是	
16	OPERATION_ TIME	操作时间	VARCHAR2(20)		是	

表 6-2 主要存储各公共机构单位关于能源消耗的基础信息，其包含主键、单位名称、组织机构代码、统一社会信用代码、统计时间、用地面积、建筑面积、用能人数、编制人数、车辆数量、操作人等信息。

表 6-3 公共机构基本情况表 ECM_ BASIC_ INFORMATION

序号	字段名	字段意义	字段类型	是否主键	是否允许为空	备注
1	ID	主键	VARCHAR2(32)	是	否	
2	DEP_ NAME	单位名称	VARCHAR2(200)		是	
3	ORG_ CODE	组织机构代码	VARCHAR2(50)		是	
4	UNIFIED_ SOCIAL_ CREDIT_ CODE	统一社会信用代码	VARCHAR2(100)		是	
5	ORG_ TYPE	机构类型	VARCHAR2(10)		是	

续表

序号	字段名	字段意义	字段类型	是否主键	是否允许为空	备注
6	INDUSTRY_ CODE	行业分类代码	VARCHAR2(20)		是	
7	ADDRESS	单位地址	VARCHAR2(200)		是	
8	AREA	区域代码	VARCHAR2(50)		是	
9	TELEPHONE	联系电话	VARCHAR2(20)		是	
10	OTHER	其他	VARCHAR2(200)		是	
11	OPERATOR	操作人	VARCHAR2(32)		是	
12	OPERATION_ TIME	操作时间	VARCHAR2(20)		是	
13	FIRST_ TYPE	一级分类	VARCHAR2(50)		是	
14	SECOND_ TYPE	二级分类	VARCHAR2(50)		是	
15	OFC_ ZONE	合署办公单位	VARCHAR2(200)		是	
16	OFC_ ZONE_ CODE	合署办公单位代码	VARCHAR2(50)		是	

表 6-3 主要存储各公共机构单位关于能源消耗的基础信息，其包含主键、单位名称、组织机构代码、统一社会信用代码、机构类型、行业分类代码、单位地址、区域代码、一级分类、二级分类、合署办公单位、合署办公单位代码等信息。

表 6-4　能耗约束值表 ECM_ COUNT_ CONTROL

序号	字段名	字段意义	字段类型	是否主键	是否允许为空	备注
1	ID	主键	VARCHAR2(32)	是	否	
2	AREA	区域代码	VARCHAR2(50)		是	
3	YEAR	年份	VARCHAR2(20)		是	
4	FIRST_ TYPE	一级分类	VARCHAR2(50)		是	
5	SECOND_ TYPE	二级分类	VARCHAR2(50)		是	
6	TEMPERATURE_ NUM	温度区域	VARCHAR2(50)		是	
7	AE_ STANDARD	ae 基准值	NUMBER(0)		是	
8	AE_ GUIDE	ae 引导值	NUMBER(0)		是	
9	AE_ CONSTRAINT	ae 约束值	NUMBER(0)		是	

续表

序号	字段名	字段意义	字段类型	是否主键	是否允许为空	备注
10	AS_ STANDARD	as 基准值	NUMBER(0)		是	
11	AS_ GUIDE	as 引导值	NUMBER(0)		是	
12	AS_ CONSTRAINT	as 约束值	NUMBER(0)		是	
13	PE_ STANDARD	pe 基准值	NUMBER(0)		是	
14	PE_ GUIDE	pe 引导值	NUMBER(0)		是	
15	PE_ CONSTRAINT	pe 约束值	NUMBER(0)		是	
16	PS_ STANDARD	ps 基准值	NUMBER(0)		是	
17	PS_ GUIDE	ps 引导值	NUMBER(0)		是	
18	PS_ CONSTRAINT	ps 约束值	NUMBER(0)		是	
19	LIMIT_ VALUE	限制值	NUMBER(0)		是	
20	OPERATOR	操作人	VARCHAR2(32)		是	
21	OPERATION_ TIME	操作时间	VARCHAR2(20)		是	
22	AHS_ STANDARD	ahs 基准值	NUMBER(0)		是	
23	AHS_ GUIDE	ahs 引导值	NUMBER(0)		是	
24	AHS_ CONSTRAINT	ahs 约束值	NUMBER(0)		是	

表 6-4 主要存储公共机构单位关于能耗定额的基础信息，其包含定额年份、一级分类、二级分类、温度区域、ae 基准值、ae 引导值、ae 约束值、as 基准值、as 引导值、as 约束值等信息。

表 6-5 能耗限制值表 ECM_ COUNT_ LIMIT

序号	字段名	字段意义	字段类型	是否主键	是否允许为空	备注
1	ID	主键	VARCHAR2(32)	是	否	
2	AREA	区域代码	VARCHAR2(50)		是	
3	YEAR	年份	VARCHAR2(20)		是	
4	FIRST_ TYPE	一级分类	VARCHAR2(50)		是	
5	SECOND_ TYPE	二级分类	VARCHAR2(50)		是	

续表

序号	字段名	字段意义	字段类型	是否主键	是否允许为空	备注
6	TYPE	类型	VARCHAR2(10)		是	
7	LIMIT_ VALUE	限制值	NUMBER(0)		是	
8	OPERATOR	操作人	VARCHAR2(32)		是	
9	OPERATION_ TIME	操作时间	VARCHAR2(20)		是	

表 6-5 主要存储公共机构单位关于能耗定额的基础信息，其包含年份、一级分类、二级分类、类型、限制值、操作人、操作时间等信息。

表 6-6　能源消耗表 ECM_ ENERGY_ CONSUMPTION

序号	字段名	字段意义	字段类型	是否主键	是否允许为空	备注
1	ID	主键	VARCHAR2(32)	是	否	
2	DEP_ NAME	单位名称	VARCHAR2(200)		是	
3	ORG_ CODE	组织机构代码	VARCHAR2(50)		是	
4	UNIFIED_ SOCIAL_ CREDIT_ CODE	统一社会信用代码	VARCHAR2(100)		是	
5	DATETIME	统计时间	VARCHAR2(20)		是	
6	ELECTRICITY	电消费数据	NUMBER(0)		是	
7	WATER_ FEE	水消费数据	NUMBER(0)		是	
8	COAL_ FEE	煤炭消费数据	NUMBER(0)		是	
9	NATURAL_ GAS_ FEE	天然气消费数据	NUMBER(0)		是	
10	GASOLINE_ FEE	汽油消费数据	NUMBER(0)		是	
11	DIESEL_ FEE	柴油消费数据	NUMBER(0)		是	
12	LIQUEFIED_ GAS_ FEE	液化石油气消费数据	NUMBER(0)		是	
13	HEAT_ FEE	热力消费数据	NUMBER(0)		是	
14	RENEWABLE_ ENERGY	可再生能源应用的相关数据	NUMBER(0)		是	
15	OTHER_ FEE	其他能源数据	NUMBER(0)		是	
16	OPERATOR	操作人	VARCHAR2(32)		是	
17	OPERATION_ TIME	操作时间	VARCHAR2(20)		是	

续表

序号	字段名	字段意义	字段类型	是否主键	是否允许为空	备注
18	ELECTRICITY_ COST	电费用	NUMBER(0)		是	
19	WATER_ FEE_ COST	水费用	NUMBER(0)		是	
20	COAL_ FEE_ COST	煤炭费用	NUMBER(0)		是	
21	NATURAL_ GAS_ FEE_ COST	天然气费用	NUMBER(0)		是	
22	GASOLINE_ FEE_ COST	汽油费用	NUMBER(0)		是	
23	DIESEL_ FEE_ COST	柴油费用	NUMBER(0)		是	
24	LIQUEFIED_ GAS_ FEE_ COST	液化气费用	NUMBER(0)		是	
25	HEAT_ FEE_ COST	热力费用	NUMBER(0)		是	
26	IS_ USE	正常数据	NUMBER(0)		是	
27	OFC_ ZONE_ CODE	合署办公单位代码	VARCHAR2(50)		是	

表 6-6 主要存储各公共机构单位当年关于能源消耗的具体信息，其包含单位名称、组织机构代码、统一社会信用代码、统计时间、电消费数据、水消费数据、煤炭消费数据、天然气消费数据、汽油消费数据、柴油消费数据、液化石油气消费数据、热力消费数据、可再生能源应用的相关数据、其他能源数据、操作人、操作时间、电费用、水费用、煤炭费用、天然气费用、汽油费用、柴油费用、液化气费用、热力费用、正常数据、合署办公单位代码等信息。

表 6-7 能源消耗统计表 ECM_ ENERGY_ COUNT

序号	字段名	字段意义	字段类型	是否主键	是否允许为空	备注
1	ID	主键	VARCHAR2(32)	是	否	
2	DEP_ NAME	单位名称	VARCHAR2(200)		是	
3	ORG_ CODE	组织机构代码	VARCHAR2(50)		否	
4	UNIFIED_ SOCIAL_ CREDIT_ CODE	统一社会信用代码	VARCHAR2(100)		是	
5	DATETIME	统计时间	VARCHAR2(20)		否	

续表

序号	字段名	字段意义	字段类型	是否主键	是否允许为空	备注
6	COUNT_ NOHSYNTHETICAL	从属机构非供暖综合能耗	NUMBER(0)		是	
7	COUNT_ SYNTHETICAL	从属机构综合能耗	NUMBER(0)		是	
8	COUNT_ PERSONNOHSYNT	从属机构人均非供暖综合能耗	NUMBER(0)		是	
9	COUNT_ PERSONSYNT	从属机构人均综合能耗	NUMBER(0)		是	
10	COUNT_ PERSONELECT	从属机构人均电耗	NUMBER(0)		是	
11	COUNT_ PERSONWATER	从属机构人均水耗	NUMBER(0)		是	
12	COUNT_ AREANOHSYNT	从属机构单位面积非供暖综合能耗	NUMBER(0)		是	
13	COUNT_ AREASYNT	从属机构单位面积综合能耗	NUMBER(0)		是	
14	COUNT_ AREAELECT	从属机构单位面积电耗	NUMBER(0)		是	
15	OFCOUNT_ NOHSYNTHETICAL	合署非供暖综合能耗	NUMBER(0)		是	
16	OFCOUNT_ SYNTHETICAL	合署综合能耗	NUMBER(0)		是	
17	OFCOUNT_ PERSONNOHSYNT	合署人均非供暖综合能耗	NUMBER(0)		是	
18	OFCOUNT_ PERSONSYNT	合署人均综合能耗	NUMBER(0)		是	
19	OFCOUNT_ PERSONELECT	合署人均电耗	NUMBER(0)		是	
20	OFCOUNT_ PERSONWATER	合署人均水耗	NUMBER(0)		是	
21	OFCOUNT_ AREANOHSYNT	合署单位面积非供暖综合能耗	NUMBER(0)		是	
22	OFCOUNT_ AREASYNT	合署单位面积综合能耗	NUMBER(0)		是	
23	OFCOUNT_ AREAELECT	合署单位面积电耗	NUMBER(0)		是	
24	OPERATOR	操作人	VARCHAR2(32)		是	
25	OPERATION_ TIME	操作时间	VARCHAR2(20)		是	

表6-7主要存储各公共机构单位关于合署办公的具体信息，其包含主键、单位名称、组织机构代码、统一社会信用代码、统计时间、从属机构非供暖综合能耗、从属机构综合能耗、从属机构人均非供暖综合能耗、从属机构人均综合能耗、从属机构人均电耗、从属机构人均水耗、从属机构单位面积非供暖综合能耗、从属机构单位面积综合能耗、从属机构单位面积电耗、合署非供暖综合能耗、合署综合能耗、合署人均非供暖综合能

耗、合署人均综合能耗、合署人均电耗、合署人均水耗、合署单位面积非供暖综合能耗等信息。

表 6-8 能源分值表 ECM_ ENERGY_ POINT

序号	字段名	字段意义	字段类型	是否主键	是否允许为空	备注
1	ID	主键	VARCHAR2(32)	是	否	
2	AREA_ NAME	地区名称	VARCHAR2(200)		是	
3	AREA_ CODE	区域代码	VARCHAR2(50)		是	
4	DATETIME	统计时间	VARCHAR2(20)		是	
5	NOHSYNTHETICAL	非供暖综合能耗评分	NUMBER(0)		是	
6	SYNTHETICAL	综合能耗评分	NUMBER(0)		是	
7	PERSONNOHSYNT	人均非供暖综合能耗评分	NUMBER(0)		是	
8	PERSONSYNT	人均综合能耗评分	NUMBER(0)		是	
9	PERSONELECT	人均电耗评分	NUMBER(0)		是	
10	PERSONWATER	人均水耗评分	NUMBER(0)		是	
11	AREANOHSYNT	单位面积非供暖综合能耗评分	NUMBER(0)		是	
12	AREASYNT	单位面积综合能耗评分	NUMBER(0)		是	
13	CARBON	排碳评分	NUMBER(0)		是	
14	JY	教育评分	NUMBER(0)		是	
15	YL	医疗评分	NUMBER(0)		是	
16	DZ	党政评分	NUMBER(0)		是	
17	QT	其他评分	NUMBER(0)		是	
18	OPERATOR	操作人	VARCHAR2(32)		是	
19	OPERATION_ TIME	操作时间	VARCHAR2(20)		是	

表 6-8 主要存储公共机构单位关于能耗评价分值的基础信息，其包含主键、地区名称、区域代码、统计时间、非供暖综合能耗评分、综合能耗评分、人均非供暖综合能耗评分、人均综合能耗评分、人均电耗评分、人均水耗评分、单位面积非供暖综合能耗评分、单位面积综合能耗评分、排碳评分、教育评分、医疗评分、党政评分、其他评分、操作人、操作时间等信息。

表 6-9 能耗结果表 ECM_ ENERGY_ RESULT

序号	字段名	字段意义	字段类型	是否主键	是否允许为空	备注
1	ID	主键	VARCHAR2(32)	是	否	
2	DEP_ NAME	单位名称	VARCHAR2(200)		是	
3	ORG_ CODE	组织机构代码	VARCHAR2(50)		否	
4	DATETIME	统计时间	VARCHAR2(20)		否	
5	PERSON_ SYNT_ VALID	人均综合能耗合理标志	NUMBER(0)		是	
6	PERSON_ ELECT_ VALID	人均电耗合理标志	NUMBER(0)		是	
7	AREA_ SYNT_ VALID	单位面积综合能耗合理标志	NUMBER(0)		是	
8	AREA_ ELECT_ VALID	单位面积电耗合理标志	NUMBER(0)		是	
9	CARBON_ VALUE	机构排碳值	NUMBER(0)		是	
10	PERSON_ SYNT_ SCORE	人均综合能耗分值	NUMBER(0)		是	
11	AREA_ SYNT_ SCORE	单位面积综合能耗分值	NUMBER(0)		是	
12	AREA_ CARBON_ MIN	所属分类中排碳值最小值	NUMBER(0)		是	
13	AREA_ CARBON_ SCORE	排碳值分值	NUMBER(0)		是	
14	TOTAL_ SCORE	总分	NUMBER(0)		是	
15	ELECTRICITY_ KGCE	用电标准煤	NUMBER(0)		是	
16	WATER_ KGCE	用水标准煤	NUMBER(0)		是	
17	OPERATOR	操作人	VARCHAR2(32)		是	
18	OPERATION_ TIME	操作时间	VARCHAR2(20)		是	
19	UNIFIED_ SOCIAL_ CREDIT_ CODE	统一社会信用代码	VARCHAR2(100)		是	
20	NATURAL_ GAS_ KGCE	天然气消费标准煤	NUMBER(0)		是	
21	GASOLINE_ KGCE	汽油消费标准煤	NUMBER(0)		是	
22	DIESEL_ KGCE	柴油消费标准煤	NUMBER(0)		是	
23	LIQUEFIED_ GAS_ KGCE	液化石油气消费标准煤	NUMBER(0)		是	

续表

序号	字段名	字段意义	字段类型	是否主键	是否允许为空	备注
24	HEAT_ KGCE	热力消费标准煤	NUMBER(0)		是	
25	COAL_ KGCE	原煤消费标准煤	NUMBER(0)		是	
26	OFC_ NOHSYNTHETICAL	非供暖综合能耗	NUMBER(0)		是	
27	OFC_ SYNTHETICAL	综合能耗	NUMBER(0)		是	
28	OFC_ PERSONNOHSYNT	人均非供暖综合能耗	NUMBER(0)		是	
29	OFC_ PERSONSYNT	人均综合能耗	NUMBER(0)		是	
30	OFC_ PERSONELECT	人均电耗	NUMBER(0)		是	
31	OFC_ PERSONWATER	人均用水	NUMBER(0)		是	
32	OFC_ AREANOHSYNT	单位面积非供暖综合能耗	NUMBER(0)		是	
33	OFC_ AREASYNT	单位面积综合能耗	NUMBER(0)		是	
34	OFC_ AREAELECT	单位面积电耗	NUMBER(0)		是	
35	IS_ USE	正常数据	NUMBER(0)		是	
36	OFC_ ZONE_ CODE	合署办公单位代码	VARCHAR2(50)		是	

表6-9主要存储公共机构单位关于能耗评测后统计结果的基础信息，其包含主键、单位名称、组织机构代码、统计时间、人均综合能耗合理标志、人均电耗合理标志、单位面积综合能耗合理标志、单位面积电耗合理标志、机构排碳值、人均综合能耗分值、单位面积综合能耗分值、所属分类中排碳值最小值、排碳值分值、总分、用电标准煤、用水标准煤、操作人、操作时间、统一社会信用代码、天然气消费标准煤、汽油消费标准煤、柴油消费标准煤等信息。

表6-10 采暖能源资源表 ECM_ HEATING_ ENERGY

序号	字段名	字段意义	字段类型	是否主键	是否允许为空	备注
1	ID	主键	VARCHAR2(32)	是	否	
2	DEP_ NAME	单位名称	VARCHAR2(200)		是	
3	ORG_ CODE	组织机构代码	VARCHAR2(50)		是	

续表

序号	字段名	字段意义	字段类型	是否主键	是否允许为空	备注
4	UNIFIED_ SOCIAL_ CREDIT_ CODE	统一社会信用代码	VARCHAR2(100)		是	
5	DATETIME	统计时间	VARCHAR2(20)		是	
6	BUILDING_ AREA	采暖面积	VARCHAR2(100)		是	
7	HEATING_ AREA	独立供暖面积	VARCHAR2(100)		是	
8	FEE_ AREA	集中采暖面积（按面积收费）	CHAR(10)		是	
9	FEE_ HEAT	集中采暖面积（按热量收费）	CHAR(10)		是	
10	OPERATOR	操作人	VARCHAR2(32)		是	
11	OPERATION_ TIME	操作时间	VARCHAR2(20)		是	

表6-10主要存储公共机构单位关于供暖能耗的基础信息，其包含主键、单位名称、组织机构代码、统一社会信用代码、统计时间、采暖面积、独立供暖面积、集中采暖面积（按面积收费）、集中采暖面积（按热量收费）、操作人、操作时间等信息。

表6-11 温度区域表ECM_ TEMPERATURE_ CITY

序号	字段名	字段意义	字段类型	是否主键	是否允许为空	备注
1	ID	主键	VARCHAR2(32)	是	否	
2	AREA	区域代码	VARCHAR2(200)		否	
3	TEMPERATURE_ CODE	温度区域代码	VARCHAR2(50)		否	
4	TEMPERATURE_ NUM	温度系数	VARCHAR2(100)		是	
5	REMARK	备注	VARCHAR2(20)		是	
6	OPERATOR	操作人	VARCHAR2(32)		是	
7	OPERATION_ TIME	操作时间	VARCHAR2(20)		是	

表6-11主要存储公共机构单位关于所属温度区域的基础信息，其包含主键、区域代码、温度区域代码、温度系数、备注、操作人、操作时间等信息。

6.4 技术路线

6.4.1 设计要求

6.4.1.1 设计目标

制定开发部分建设目标：一是衔接大数据部分，对接能耗大数据平台数据；二是维护基础数据，按国标和行标规范化基础数据的存储；三是提供能耗相关数据的 Web 端展现、导入、导出等功能。

6.4.1.2 设计原则

软件设计原则依据先进性、可靠性、实用性、经济性和开放性的要求，旨在缩短系统的开发周期，提高系统的代码重用率，以及模块之间的互操作性和升级换代的便利性。软件的设计主要遵循以下设计原则：

(1)先进性原则。

软件应尽量采用当前最先进的 B/S 结构，利用成熟的 WWW 浏览器技术，仅用浏览器就可以实现原来需要复杂专用软件才能实现的强大功能，尽量节约开发成本、方便用户的使用。

(2)安全可靠性原则。

软件应具备高可靠性，确保数据的完整性、一致性、安全性和不可修改性。软件具有完备的数据安全保证措施，能有效地保护原始数据的修改，并具有数据备份和恢复能力。

(3)经济实用性原则。

软件应充分考虑实际运作情况，从满足系统运营的要求出发，结合 MIS 系统的特点，尽可能地采用先进、可靠、成熟的技术，提高系统的可靠性和安全性，以及系统的实用性和便利性，使软件能够更好地服务用户。

(4)开放性原则。

软件应具有良好的开放性，结构设计和软件平台设计应遵循国际开放性构建标准；应选用国际上通用的关系型数据库以及具有良好安全性和互联性的国际标准操作系统；同时应充分考虑未来的发展需要，可以扩展软件的功能。

6.4.2 技术路线设计

软件的设计主要以综合评价系统的实际需求为依据，以管理目标为出发点，在满足具体业务功能的前提下，提高系统性能，节能降耗，保证系统安全运行，以提高经济效益、社会效益为最终目的。同时，软件将采用模块化设计，提高系统的可扩充性；考虑到综合评价系统未来可能不断滚动开发建设的需要，在灵活可靠、实用的前提下，适应系统不同开发阶段的需要。

因此在系统的技术设计过程中，首先要考虑的是系统的安全性、兼容性和扩展性，在确定好系统设计的目标后，再确定系统的平台选择、系统的功能结构和系统的框架。

6.4.2.1 系统技术线路设计要求

(1)安全性。

该系统涉及内蒙古2万多家公共机构的能耗数据，因此，系统在安全性方面要有较为可靠的保障，在后端登录需验证用户身份的合法性，前端登录页面要防止各种可能的非法攻击，如SQL注入、XSS、Cookie等Web攻击方式，确保系统在遭受非法攻击时能够有效抵御非法入侵。

(2)可扩展性。

系统的目标是评价公共机构能耗情况，为了让系统不断发展，应该充分考虑在后续的研究改进中，系统具有良好的可扩展性，以便系统功能扩展。在系统设计中，将功能组件化，将前端界面中通用的功能模块封装成组件，服务端组件采用接口编程方式，提前预留业务接口，使得系统未来省级扩展成本较低，扩展性更好。

(3)兼容性。

基于Java的Web应用，系统页面设计中尽可能兼容主流的多种内核版本浏览器，另外为移动版本提供更好的支持。在系统部署方面，Java虚拟机能够部署在各种操作系统中，并能够稳定运行，基于Java的Web应用系统具有很好的兼容性。

6.4.2.2 系统的平台架构设计要求

(1)平台选择。

平台技术选型要充分考虑开发技术的前瞻性、应用通用性；系统框架设计过程中，要考虑框架的安全性和易扩展性。主要考虑如下几个方面的因素：

a. 基于主流的开发技术，能够支持快速开发、迭代复用的工具和中间件；

b. 在行业应用中已经证明是典型的 Web 设计范例；

c. 系统具有良好的扩展性和可维护性；

d. 平台具有低耦合、高内聚的特点，数据层、业务层、展示层灵活分离。

(2)功能和结构。

基于 B/S 模式的应用系统，其优越性体现在只要在网络上通过浏览器就可以访问。考虑到本项目应用软件主要面向用户的需求，系统采用 B/S 架构。公共机构能耗管理本质是 MIS 系统，这就确定了整个系统开发的方案、技术路线。Web 应用系统工作界面，通过互联网访问的方式可以实现。

6.4.3 Web 系统开发框架

Struts 框架是目前基于 Java 开发 Web 系统的主流框架，其组件模块化具有高度的灵活性和复用性等特点。Struts 框架简化了基于 MVC 的 Web 应用程序的开发，使得开发人员能够聚焦业务快速开发。Struts 主要是针对前端页面展示、页面跳转控制而设计的，对后端的业务逻辑没有很好的支持，比如对后端持久层和事务的处理。对后端的业务需要开发人员进行处理。因此，在软件开发框架的演化过程中，有必要对 Struts 框架进行研究改进，弥补它在后端的不足，降低开发人员在编码上的复杂程度，使开发人员专注于业务处理的本身。

Spring 是面向 IoC(控制反转)和 AOP(面向切面)的框架，使得软件开发具有更良好的模块化，模块间实现解耦合，简化了开发过程。Spring 能有效组织系统的中间业务层，尤其在事务管理上具有独特优势。Spring 在持久层对 JDBC 进行了良好的封装，使用 JdbcTemplate 方便实现数据库操作，在开发中相当程度上降低了 JDBC 操作的复杂性，但是 Spring 框架对数据持久层的封装只是一层初步的，作为一个能够集成各种其他框架的优秀框架，Spring 提供了对各种优秀框架(如 Struts、Hibernate、MyBatis 等)的直接支持。因此对于持久层，需要功能较强、开发灵活的方案来替代

Spring 框架对 JDBC 的封装。

Hibernate 是一个开放源代码的对象关系映射(ORM)框架，是一款优秀的持久化工具。Hibernate 对 JDBC 进行了轻量级对象封装，实现了从 Java 类到数据表之间的映射，使得 Java 程序员可以更便捷地使用对象编程思维来操纵数据库。相对于使用 JDBC 和 SQL 直接操作数据库，使用 Hibernate 可以极大地减少操作数据库的工作量。Hibernate 使用 Java 反射机制实现透明性程序开发，同时具有性能较好的灵活映射，支持各类关系数据库，从一对一到多对多的各类复杂关系，是一个理想的 O/R 映射工具，用它来替代 Spring 框架对 JDBC 的封装是一种很好的做法。

SSH 框架是一个在 J2EE 架构的基础上，整合了 Struts、Spring 和 Hibernate 所形成的组合框架。该框架继承 Struts 框架在表示层的优点，实现灵活的页面请求和控制调转，在业务层发挥 Spring 框架的优势，通过 Spring 容器管理机制实现业务逻辑层；同时采用持久层 Hibernate，实现 Java 对象与数据库表的映射与交互，这样便形成一个非常清晰的框架组合，将多种框架的优势都能够发挥出来，有利于程序人员专注在具体的业务的实现上，减少底层的开发工作量。

SSH 为 Struts、Spring、Hibernate 的一个集成框架，是较为主流的 Java Web 应用程序开源框架，具有易于动态扩展、易于维护、易于控制的特点，其设计目标是提供一个更加简洁、功能更加完善的 Web 框架，提高组件的可复用性，降低层与层之间的耦合度，有利于系统的可维护性和可扩展性等。

采用 SSH 框架作为系统的开发框架，表示层由 Struts 完成，Struts 提供完善的标记库，便于页面的数据交互与展示，管理用户的请求并做出相应的响应，提供一个控制器，调用相应的业务逻辑。通过 Struts 框架实现前端页面的展示和跳转，如用户登录、数据展示、数据查询等。Spring 在事务管理和依赖注入方面有着独到之处，系统中业务模型、分析模型、逻辑操作模型，通过 Spring 实现依赖注入和事务管理。以 Hibernate 框架实现数据的持久化和事务处理，通过对象与表的映射(O/RMapping)，建立轻量级对象封装，来进行 JDBC 的数据持久化操作。

整个综合能耗评价分析系统，采用 SSH 框架应用的设计，解决的问题有:

➢ Struts 的控制器调用 Action 对象时，将 Action 对象注入 Spring 容器

中，从而实现 Struts 和 Spring 的有效整合；

➢ 在 Struts 框架中自动装载 Spring 的上下文环境(Application Context)，使 Web 容器在初始化时能自动获得 Spring 配置中的 JavaBean 对象；

➢ 通过 Spring IoC 容器来管理 Hibernate 的核心接口 SessionFactory，实现 Spring 与 Hibernate 框架整合，Hibernate 使用 Spring 的声明式事务来进行事务管理。

6.4.4 Web 开发框架的改进

前文详细介绍了基于 B/S 架构的软件，采用的主流开发框架，无论采用哪种框架，其核心的设计思想是高内聚、低耦合、前后端分离。

随着软件开发设计思想的演化，在 MVC 的基础上出现了 MVVM(Model-View-ViewModel)思想，即模型—视图—视图模型，模型(Model)指数据模型，视图(View)指页面展示，视图模型(ViewModel)是 MVVM 模式的核心。系统前端采用 MVVM 模式，结合后端采用 SpringMVC 进行开发，通过前后端统一的 API 接口，后端模块能够为前端模块提供业务数据和服务的支撑，无须关注业务具体的展现逻辑。而前端展示层负责组织数据并展示，接受并处理用户的请求、实现页面跳转等工作。这种交互模型结构清晰，业务分离，很好地实现了前后端的解耦合。MVVM 模式的架构如图 6-47 所示。

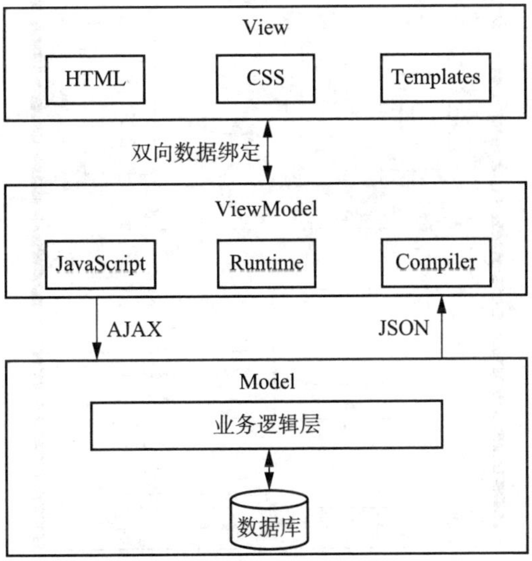

图 6-47 MVVM 模式的架构

MVVM 模式的核心是数据模型数据双向绑定，通过视图层模型层 ViewModel 进行数据交互，是连接 View 和 Model 的桥梁，实现数据双向交互，因此视图层的数据的变化会同时影响模型层数据，而模型层数据的变化也会立即反映到视图层上。同时，MVVM 模式还为系统前端框架提供了视图引擎、数据存取器、组件机制的功能。

后端采用 SpringMVC 架构，客户端发送 AJAX 请求，服务器端接收到请求后并把数据返回给前端，然后客户端进行界面数据更新和内容渲染。后端业务层实现业务逻辑，同时访问数据库并为前端提供相应的数据接口即可。整体架构分层图如图 6-48 所示。

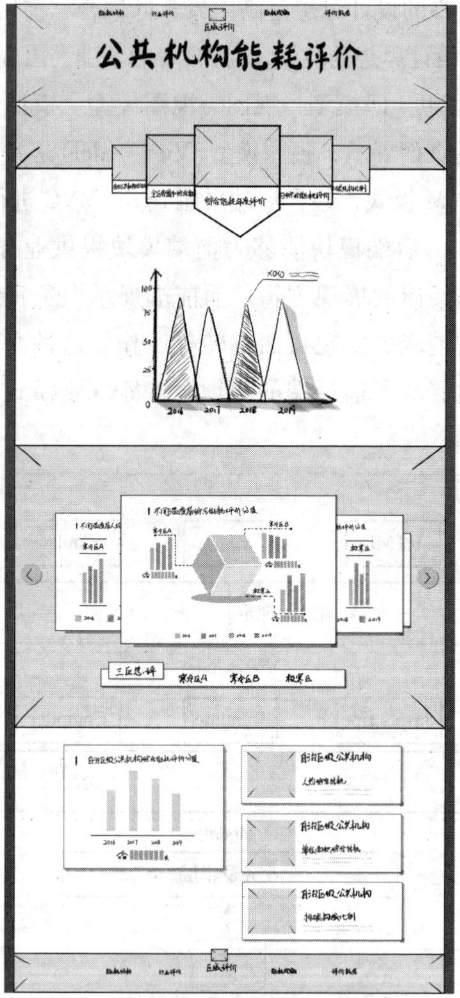

图 6-48　整体架构分层设计草图

业务逻辑层：主要实现服务端的业务处理，负责系统中数据存取、处理、计算。同时业务逻辑层为前端框架模型层提供数据接口，用户在前端页面交互的动态数据，是由业务逻辑层组件负责提供的。

数据访问层：该层主要是在数据模型与数据库之间建立映射关系，通过数据操作接口 DAO 的实现类 DAOImpl 完成对数据库的增删改查操作，数据访问层是业务逻辑层与数据持久层之间交互的桥梁。

数据持久层：是在系统逻辑层面上，专注于实现数据持久化的一个相对独立的部分。该层包含数据库及相关数据资源文件，主要负责存储数据。

6.4.5 开发环境及相关技术

项目使用集成开发工具包括 Eclipse 和 WebStorm，项目实现过程中采用 Java 作为服务端开发语言，语言环境基于 JDK1.8，前端开发基于 JavaScript、CSS、HTML5。

前端布局采用 Vue+ElementUI 作为页面 UI 框架，采用 WebPack 作为包管理工具。Vue 框架是一套用于构建用户界面的渐进式框架，对页面中文档对象模型 DOM API 的许多元素进行了封装，从而直接操作 DOM 元素对象，去除烦琐的 DOM 操作。Vue 核心库只关注视图层，是一个通过简洁的 API 提供高效的数据绑定和灵活组件的系统，同时还方便与第三方库或既有项目整合及后期维护。Vue 官方提供了迁移工具，能够容易实现不同版本间的迁移，极大地满足了版本间的兼容性。另外，Vue 是基于组件的开发，很好地降低了各个模块间的耦合，提高了复用性及可扩展性。

服务端运用 SH(SpringMVC+Hibemate)框架与数据库进行交互。SpringMVC 是基于 Spring 功能之上添加的 Web 框架，同时作为 MVC 框架的一种，它非常适合于复杂的项目开发。相较于 Struts2 框架，SpringMVC 框架结构层次更加清晰，开发更加简单，与 Spring 的两大核心 IoC 和 AOP 天然实现无缝对接。Spring 框架是目前 Java 应用最广的框架，它就像是一个大工厂，可以将所有对象的创建和依赖关系的维护工作都交给 Spring 容器管理，极大地降低了组件之间的耦合性。

在数据访问层方面，数据对象由数据持久层的 Hibernate 框架将数据库中的表映射而生成。正如前文所述，Hibernate 作为一种轻量级的 O/R Maping(对象关系映射)工具，可以轻松获取多个表中的数据，极大地简化了应用程序数据访问对象与数据库的交互流程，对于开发本系统中描述的公共机构能耗评价系统来说非常合适，采用 SpringMVC 与 Hibernate 组合框架，系统的研发会降低开发难度，缩短开发周期。

Web 服务器采用 Nginx 和 Apache Tomcat，用于部署系统并为用户提供 Web 访问服务，包括前端工程的部署和服务端工程的部署。数据库采用 MySQL，用于提供持久化的数据存储，是 Web 系统的数据来源。

6.5 系统实现

经过两年的努力，内蒙古自治区公共机构能耗评价系统已完成了大部分设计。由于资金、调研环境、时间等因素的影响，当前已完成系统主要功能内容，系统实现部分如图 6-49 所示，主要由行业评价、区域评价、能耗分析、能耗定额、评价报告、能耗数据库 6 个功能部分组成。其中，行业评价、区域评价、能耗分析、能耗定额已相对成熟，可在现有数据库的基础上对内蒙古自治区公共机构 2016—2019 年在这 4 个方面的能耗数据进行分析。评价报告、能耗数据库等其他设计模块由于资金关系只实现了部分功能，若进行商业化模块转换，还需要进一步地投入。

6.5.1 行业评价

行业评价模块主要完成用户从行业或行业单位的能耗数据在同行业中的能耗数据中处于什么水平的角度来展示用户所关心的公共机构能耗状况。

如图 6-49 所示，行业评价模块由党政机关、教育机构、医疗机构、其他类型机构 4 个选项卡组成，这 4 个选项卡的布局基本相同，下面以教育机构选项卡为例进行分析。

图 6-49　行业评价模块 4 个选项卡

6.5.1.1 教育机构中高等教育能耗评价实现

在教育机构行业评价中第一个模块是高等教育机构能耗年度评价模块，以柱状图形式展示，其纵坐标为省级单位综合能耗评价分值，横坐标为年度(见图 6-50)。

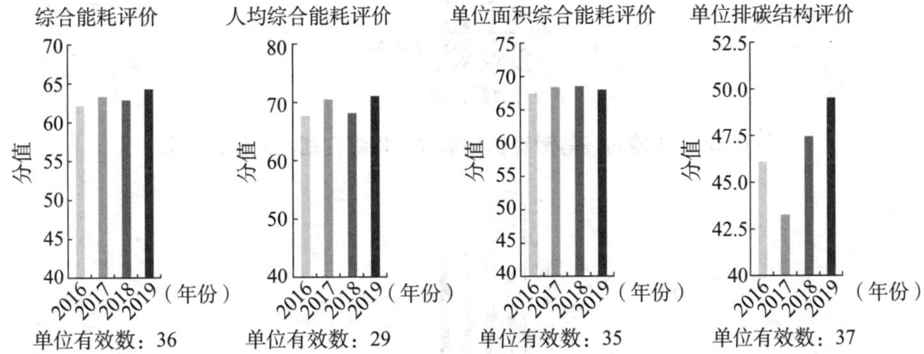

图 6-50 内蒙古自治区高等教育机构模块

图 6-51 展示了内蒙古高等教育机构的单位综合能耗评价的年度变化分值分布。

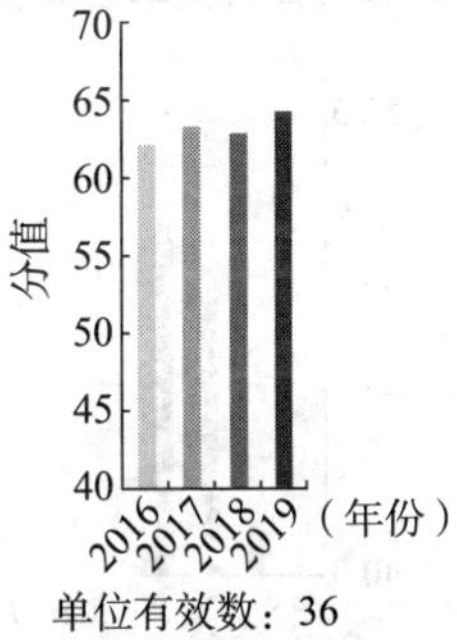

图 6-51 内蒙古高等教育机构单位综合能耗评价

图 6-52 为内蒙古高等教育机构单位人均综合能耗分值分布图、图 6-53 为内蒙古高等教育机构单位面积能耗分值分布图、图 6-54 为内蒙古高等教育机构单位排碳结构分值年度分布图。每张图下方都附带符合当年评价要求的省级单位的有效数。

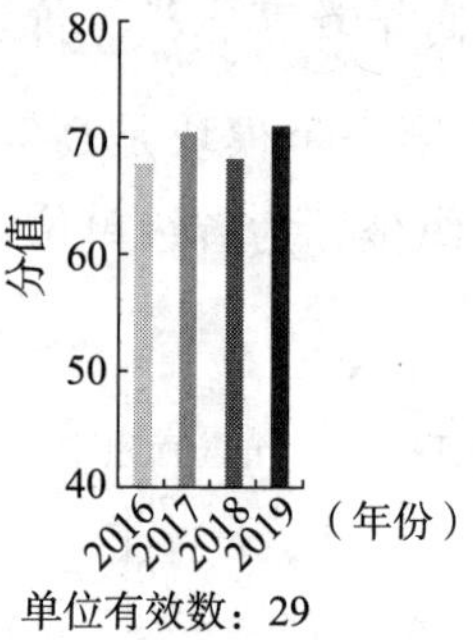

图 6-52　内蒙古高等教育机构单位人均综合能耗分值分布图

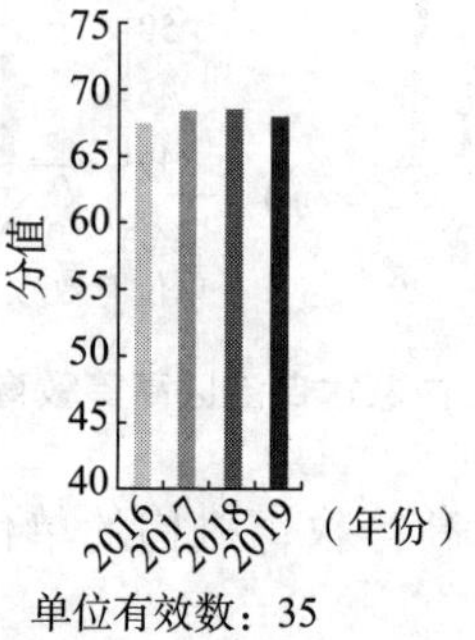

图 6-53　内蒙古高等教育机构单位面积能耗分值分布图

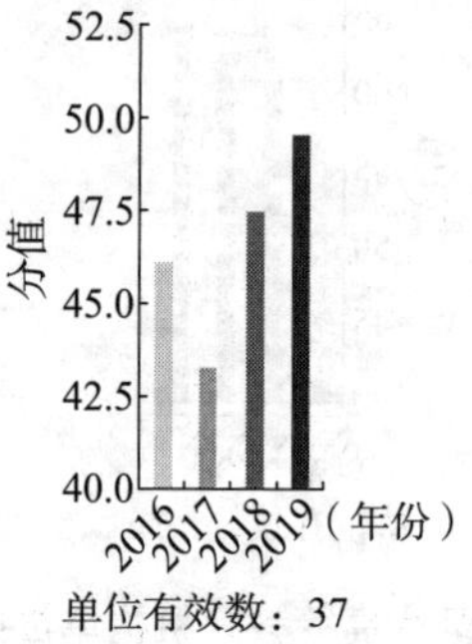

图 6-54　内蒙古高等教育机构单位排碳结构分值年度分布图

6.5.1.2　教育机构中中等教育能耗评价实现

在教育机构行业评价中第二个模块为中等教育机构能耗年度评价模块，以分组柱状图形式展示，其纵坐标为各项指标的评价分均值，横坐标以 12 个盟市为分组，每组以年度为分类。图 6-55 为内蒙古中等教育机构单位综合能耗评价分布图、图 6-56 为内蒙古中等教育机构单位人均综合能耗评价分布图、图 6-57 为内蒙古中等教育机构单位面积综合能耗评价分布图、图6-58为内蒙古中等教育机构单位排碳结构评价分布图。各图下方均附带符合当年评价要求的内蒙古中等教育机构单位的有效数。

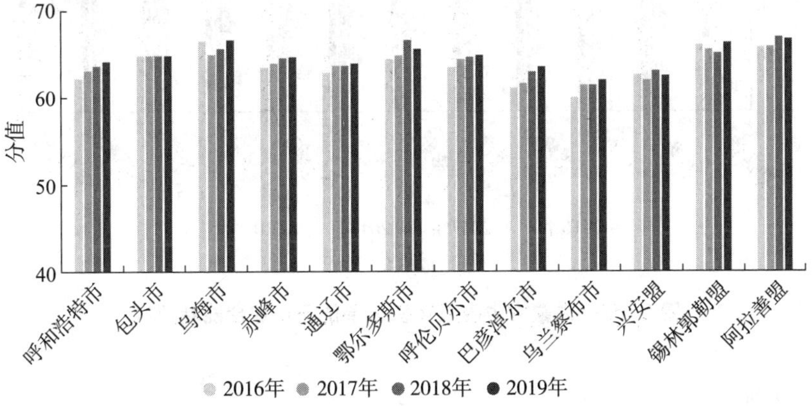

单位有效数：1328

图 6-55 内蒙古中等教育机构单位综合能耗评价

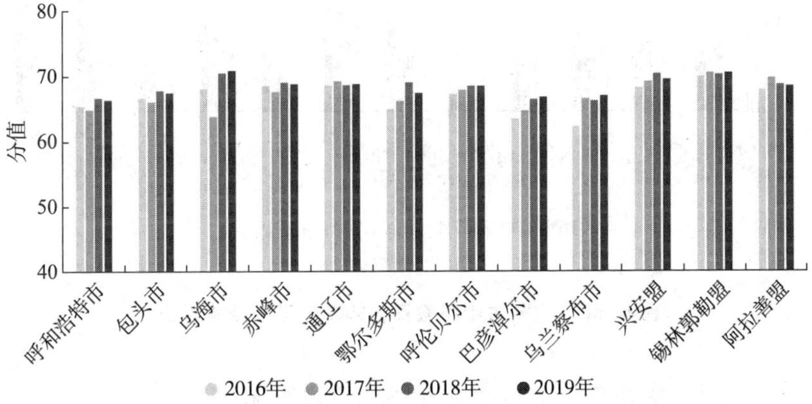

单位有效数：1165

图 6-56 内蒙古中等教育机构单位人均综合能耗评价

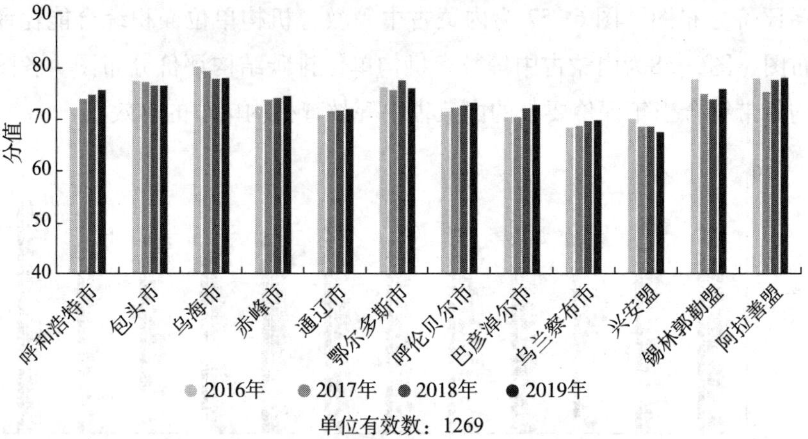

图 6-57　内蒙古中等教育机构单位面积综合能耗评价

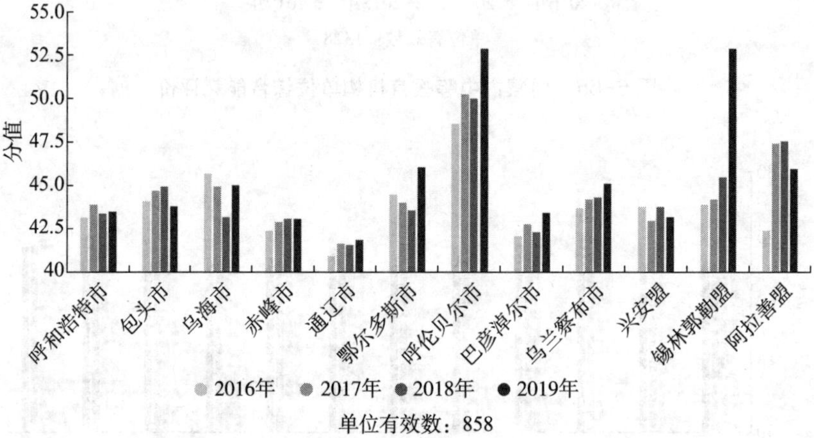

图 6-58　内蒙古中等教育机构单位排碳结构评价

6.5.1.3　教育机构中初等教育能耗评价实现

在教育机构行业评价中第三个模块是初等教育机构能耗年度评价模块，以分组柱状图形式展示，其纵坐标为各项指标的评价分均值，横坐标以 12 个盟市为分组，每组以年度为分类。图 6-59 为内蒙古初等教育机构单位综合能耗评价分布图、图 6-60 为内蒙古初等教育机构单位人均综合能耗评价分布图、图 6-61 为内蒙古初等教育机构单位面积综合能耗评价分布图、图6-62为内蒙古初等教育机构单位排碳结构分布图。各图下方均附带符合当年评价要求的内蒙古初等教育机构单位的有效数。

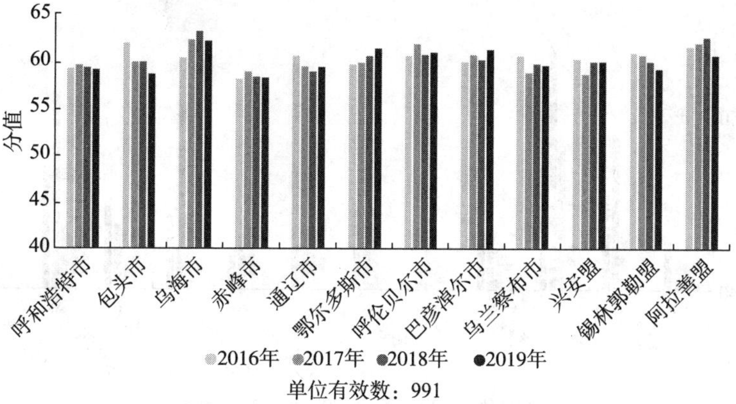

图 6-59　内蒙古初等教育机构单位综合能耗评价

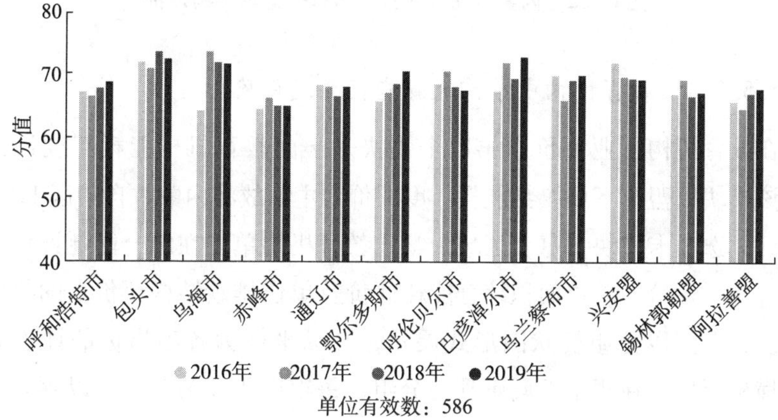

图 6-60　内蒙古初等教育机构单位人均综合能耗评价

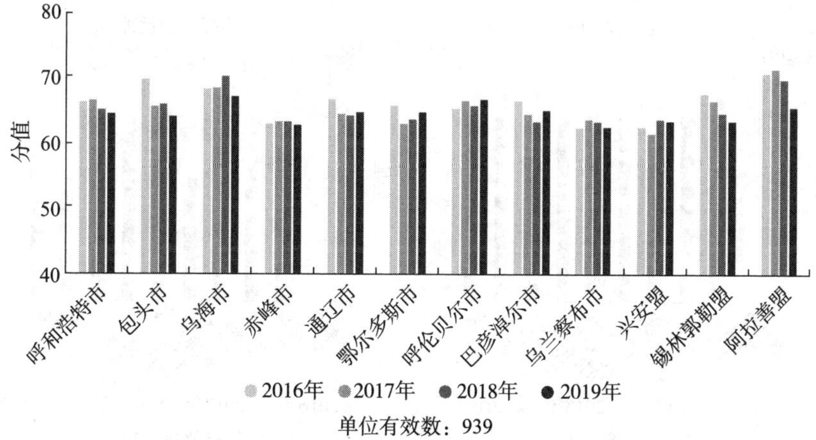

图 6-61　内蒙古初等教育机构单位面积综合能耗评价

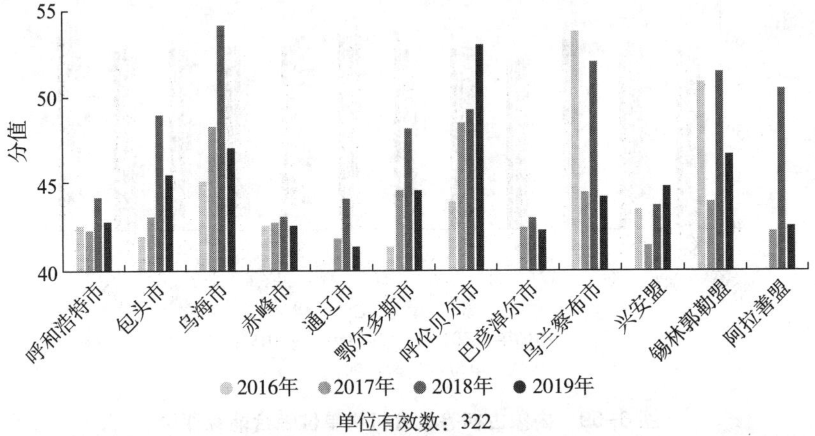

图 6-62　内蒙古初等教育机构单位排碳结构评价

6.5.1.4　教育机构中学前教育能耗年度评价

在教育机构行业评价中第四个模块是学前教育机构能耗年度评价模块，该模块以盟市下属旗县能耗年度评价为主，故将内蒙古自治区 12 个盟市设计成选项卡模块，每个区域为学前教育机构单位在综合能耗评价、人均综合能耗评价、单位面积综合能耗评价及单位排碳结构评价上的年度分布图。分布图以分组柱状图形式展示，其纵坐标为各项指标的评价分均值，横坐标以所在盟市下属旗县为分组，每组以年度为分类。以呼和浩特市为例，图 6-63 为学前教育机构能耗年度评价，且各图下方均附带符合当年评价要求的学前教育机构单位的有效数。

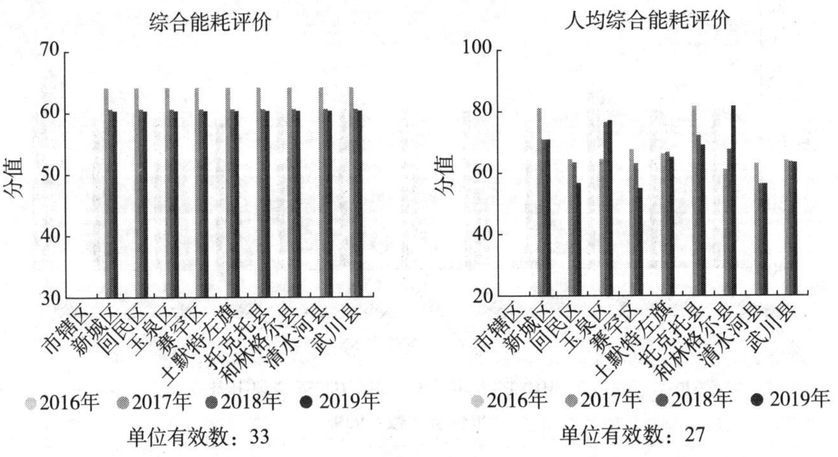

图 6-63　学前教育机构能耗年度评价

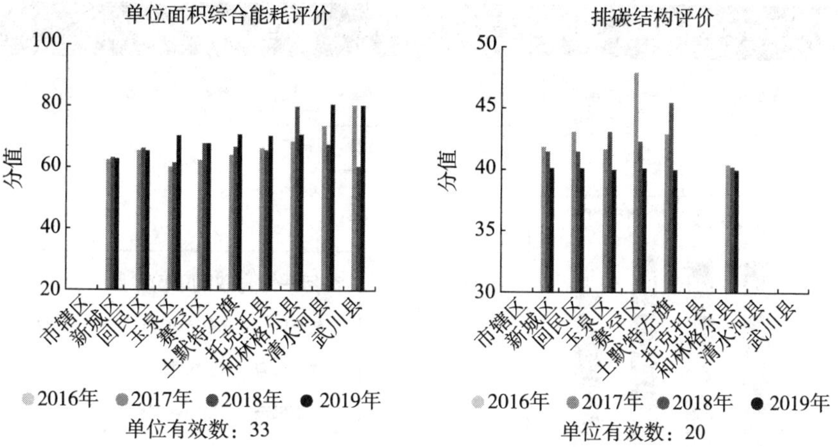

图 6-63 （续）

6.5.2 区域评价

区域评价体系通过区域评价模块对内蒙古自治区公共机构的内蒙古本级、呼和浩特市级、包头市级、乌海市级、赤峰市级、通辽市级、鄂尔多斯市级、呼伦贝尔市级、巴彦淖尔市级、乌兰察布市级、兴安盟市级、锡林郭勒盟市级、阿拉善盟市级这 13 个区域分类的公共机构按照综合评定体系进行评价赋分，并将评价结果在综合能耗年度评价、综合评价结构、盟市级区域行业能耗评价等几方面的分布以图表的形式表现出来。

6.5.2.1 综合能耗年度评价

如图 6-64 所示，区域评价体系模块由对应内蒙古本级、呼和浩特市级、包头市级等 13 个区域评价的选项卡组成。其中，内蒙古自治区本级选项卡由综合能耗年度评价、综合评价结构、内蒙古自治区各区域综合分值分布 3 个模块组成。

综合能耗年度评价如图 6-64 所示，左边显示了 2016—2019 年内蒙古自治区教育机构中的高等教育、医疗机构中的三级医院、党政机关中的自治区级机关参与评价的有效单位在综合能耗年度评价中的各年分值分布。从图 6-64 中可以看出，综合能耗年度评价的分值由排碳比例构成评价、人均综合能耗评价和单位面积综合能耗评价三个部分的分值组成，右边则显示了 2019 年参与该评价的有效单位的种类与个数。

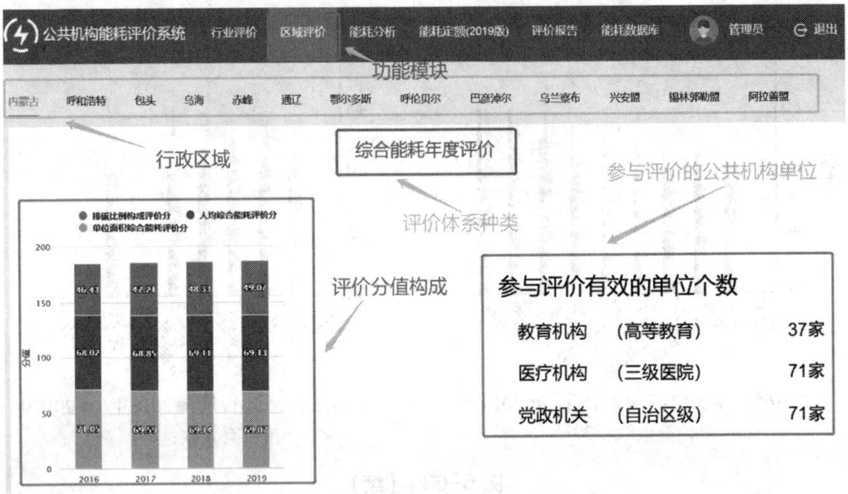

图 6-64　区域评价体系部分模块设计草图

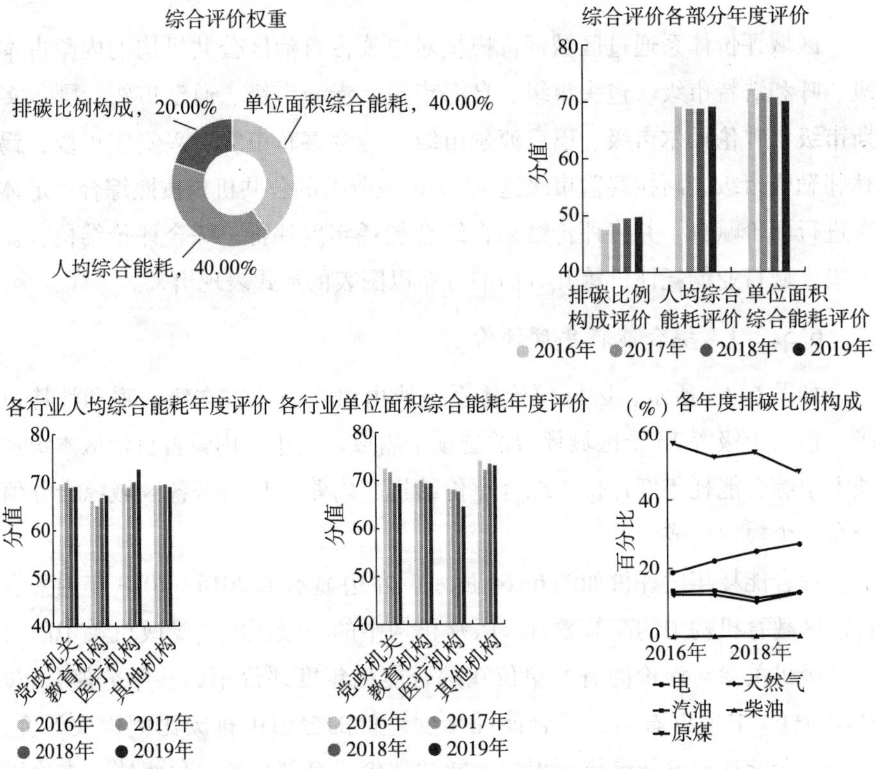

图 6-65　区域评价体系内蒙古自治区综合评价结构模块

区域评价体系内蒙古自治区综合评价结构模块是对综合评价体系的说明和展示。由综合评价权重、综合评价各部分年度评价、各行业人均综合能耗年度评价、各行业单位面积综合能耗年度评价、各年度排碳比例构成变化分布 5 个部分组成(见图 6-65)。

(1)综合评价权重。

综合评价权重用以解释综合评价的构成，如图 6-66 所示。

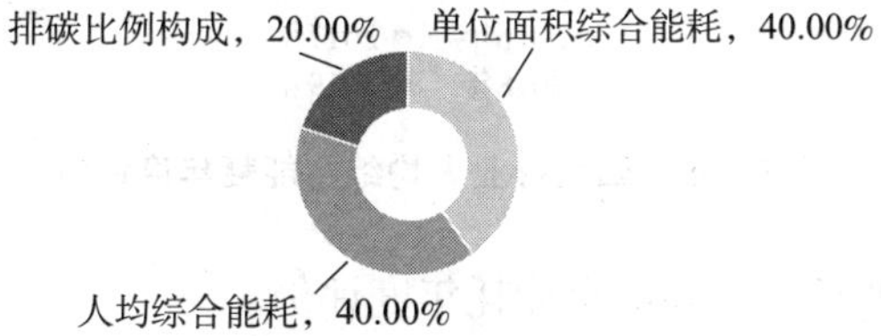

图 6-66 综合评价权重

其综合评价权重为人均综合能耗评价占 40%、单位面积综合能耗评价占 40%、排碳比例构成评价占 20%。

(2)综合评价各部分年度评价。

综合评价各部分年度评价是综合能耗年度评价的分解，如图 6-67 所示。

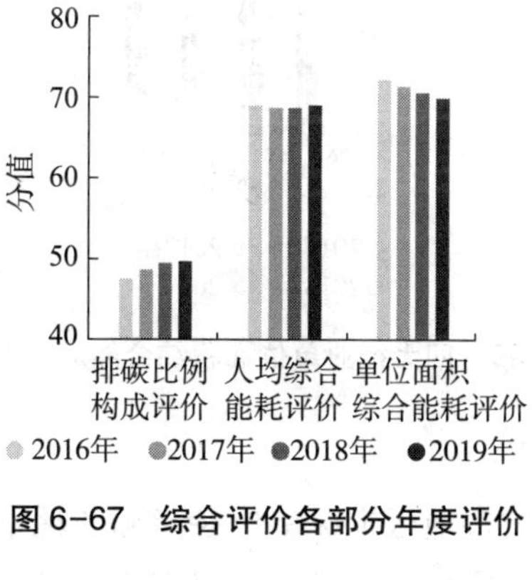

图 6-67 综合评价各部分年度评价

用 4 个年度从 3 个不同角度评价分的变化来展示内蒙古自治区本级单位不同年度在综合能耗评价平均分值上的变化。

(3)四大行业人均综合能耗年度评价。

2016—2019 年内蒙古地区本级单位在党政、教育、医疗、其他 4 大行业中人均综合能耗年度评价如图 6-68 所示。

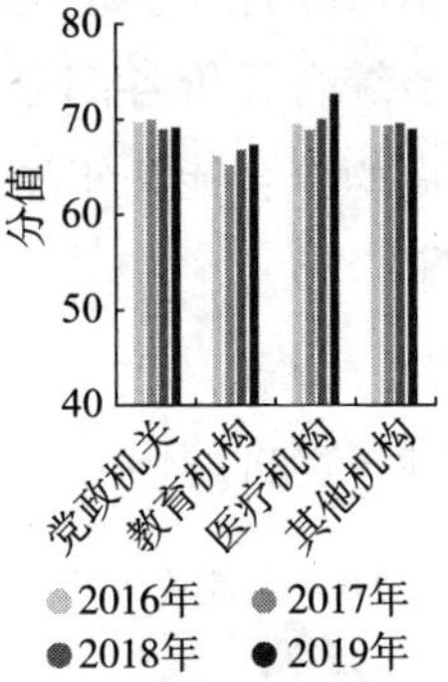

图 6-68　四大行业人均综合能耗年度评价

（4）四大行业单位面积综合能耗年度评价。

四大行业单位面积综合能耗年度评价是对综合评价的单位面积展开，如图 6-69 所示。

2016—2019 年内蒙古地区本级单位在党政、教育、医疗、其他 4 个行业分类中平均单位面积综合能耗评价的变化，如图 6-69 所示。

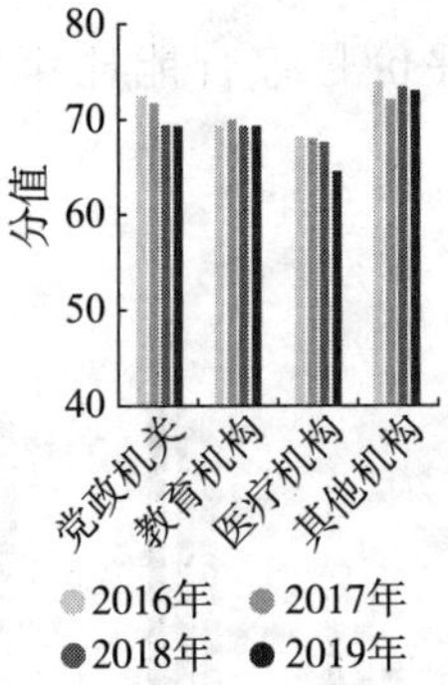

图 6-69　四大行业单位面积综合能耗年度评价

（5）年度排碳比例。

2016—2019 年内蒙古地区本级单位各能源消耗平均比重的变化，以及 2016—2019 年内蒙古地区本级单位年度用能排碳评价平均分的变化趋势，如图 6-70 所示。

（6）内蒙古自治区各区域综合分值。

内蒙古自治区各区域综合分值是对内蒙古自治区的 12 个行政区域的综合能耗年度评价，如图 6-71 所示。该图为分组柱状图，横坐标为内蒙古

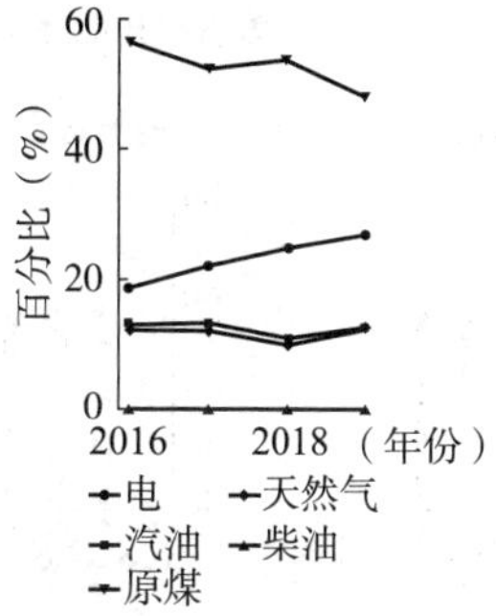

图 6-70 年度排碳比例

自治区的 12 个行政区域，每组以年度为分类，纵坐标为该行政区域所有有效单位综合评价分值。

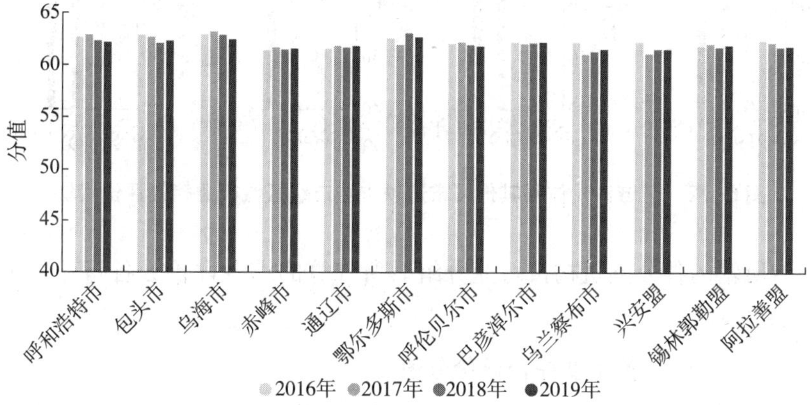

图 6-71 区域评价体系内蒙古自治区各区域综合评价分值

6.5.2.2 盟市级区域行业能耗评价

区域评价体系中的其他盟市选项卡与内蒙古自治区本级选项卡大同小异，也是由 3 个模块组成，前两个模块与内蒙古自治区本级选项卡前两个模块类似，最后一个模块由盟市级区域行业能耗评价模块组成。

由图 6-72 可知，机构能耗比例显示了 4 大行业在总能耗中的不同分值占比，其他机构能耗年度评价、教育机构能耗年度评价、医疗机构能耗年度评价、党政机关能耗年度评价分别显示了 2016—2019 年该区域四大行业各二级分类在年度综合能耗评价上的分值分布。

(1)行业综合评价分占比。

行业综合评价分占比如图 6-73 所示，该图展示了内蒙古自治区某行

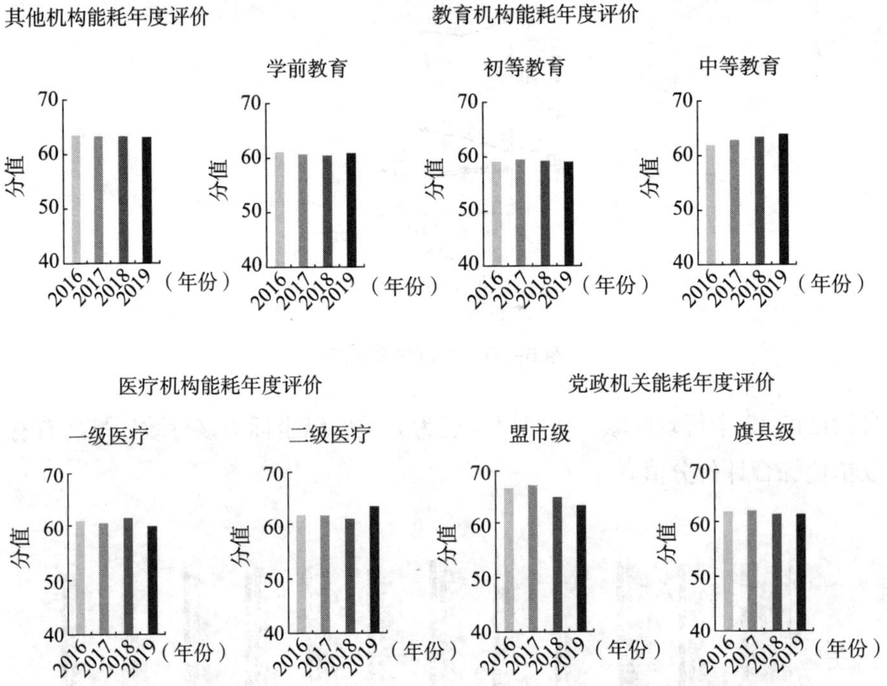

图 6-72　区域评价体系其他盟市选项卡盟市级区域行业能耗评价模块

政区域所辖的各公共机构按行业分组后所计算的综合评价分各行业所占的比例构成。

(2)其他机构各年度综合评价分值。

其他机构各年度综合评价分值如图 6-74 所示，该图展示了内蒙古自治区某行政区域所辖的其他机构在 2016—2019 年度综合评价分值变化趋势。

(3)教育机构分组综合评价分值。

教育机构分组综合评价分值如图 6-75 所示，展示了内蒙古自治区某行政区域所辖的各公共机构按行业分组教育分组中二级分类学前教育单

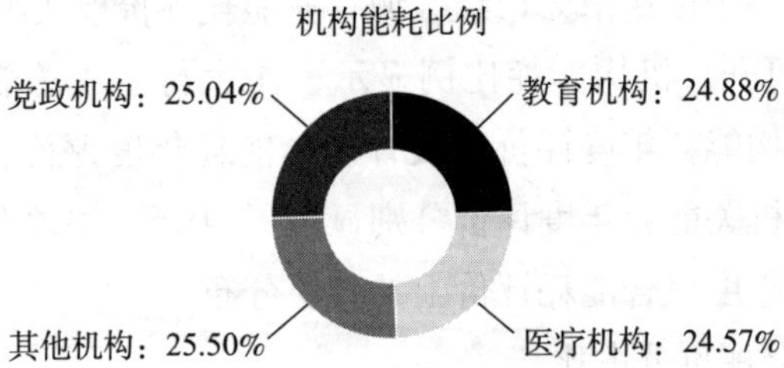

图 6-73　行业综合评价占比

位、初等教育单位、中等教育单位在 2016—2019 年度综合评价分值的变化趋势。

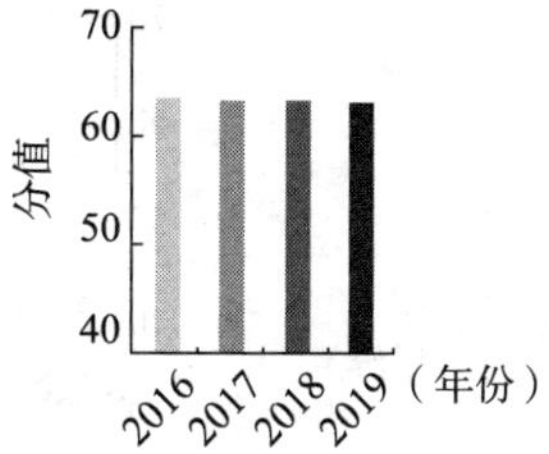

图 6-74　其他机构能耗年度评价

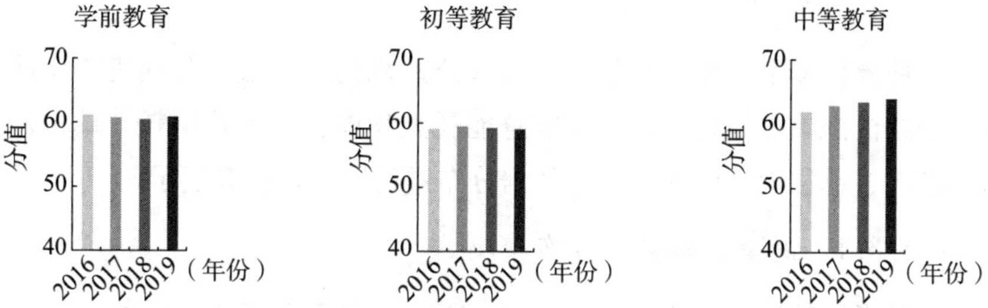

图 6-75　教育机构分组综合评价分值

（4）医疗机构分组各年度综合评价分值。

医疗机构分组各年度综合评价分值如图 6-76 所示，展示的是内蒙古自治区某行政区域所辖的各公共机构按行业分组医疗分组中二级分类一级医疗机构和二级医疗机构单位在 2016—2019 年度综合评价分值的变化趋势。

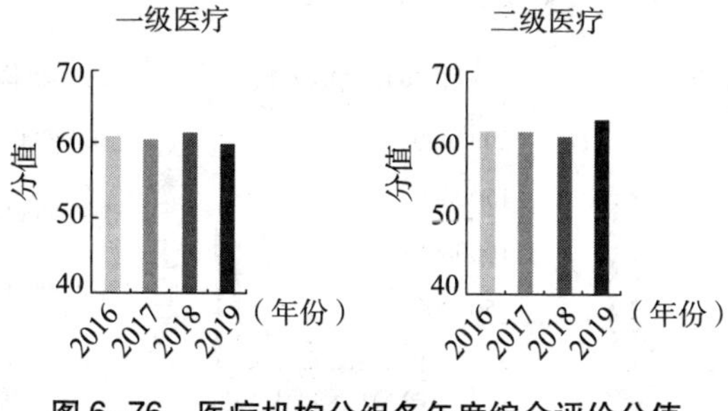

图 6-76　医疗机构分组各年度综合评价分值

（5）党政机关分组综合评价分值。

党政机关分组综合评价分值如图 6-77 所示，展示的是内蒙古自治区某行政区域所辖的各公共机构按行业分组党政分组中二级分类盟市级单位和旗县级单位在2016—2019年度综合评价分值的变化趋势。

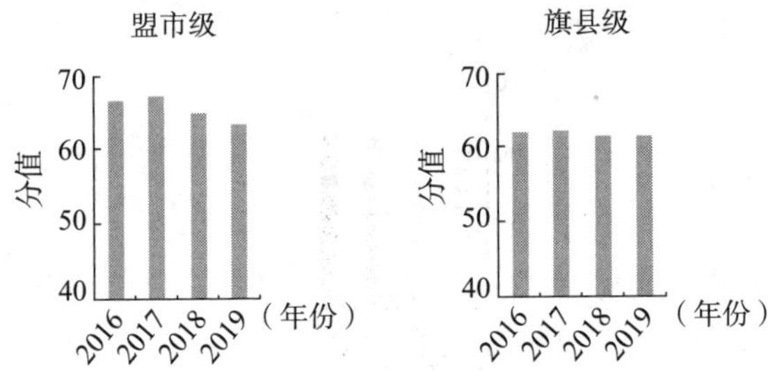

图6-77 党政机关分组综合评价分值

6.5.3 能耗分析

能耗分析体系主要对内蒙古自治区公共机构单位数、公共机构用能人数、公共机构单位建筑面积、年度总能耗人均能耗、人均电耗、单位面积综合能耗、单位面积电耗等用能数据分布进行图表描述和展示。

6.5.3.1 总量指标数值分布模块

总量指标数值分布模块如图6-78所示，主要由能耗分析体系三大基础总量指标数值分布组成，即机构单位数分析图、机构单位用能人数分析图、机构单位建筑面积分析图组成。以公共机构单位数分析图为例，其纵坐标为内蒙古自治区各行业分类的公共机构单位数，横坐标为公共机构的行业分类。在公共机构单位建筑面积分析图中，由于公共机构单位建筑面积的纵坐标为平方米，此时若出现某一项数值过大，将会导致其他行业分类的变异不明显，所以对数据进行技术处理。

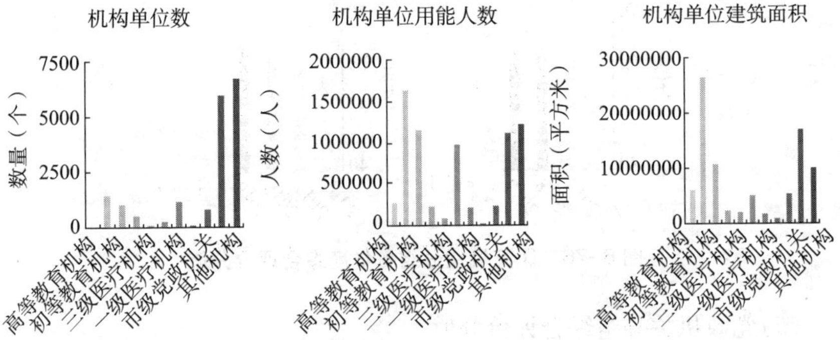

图6-78 能耗分析体系总量指标数值分布模块

6.5.3.2　能耗分析体系基础指标数值分布模块

能耗分析体系基础指标数值分布模块主要分析内蒙古自治区各行业分类在总能耗、人均综合能耗、人均电耗、单位面积综合能耗、单位面积电耗这几个指标上的数据分布(见图 6-79)。以单位面积综合能耗指标为例，其纵坐标为对应的行业分类各单位的单位面积综合能耗的值，横坐标为各行业分类。如果出现某一项数值过大，导致其他行业分类的变异不明显，则考虑将纵坐标的各项值取自然对数。

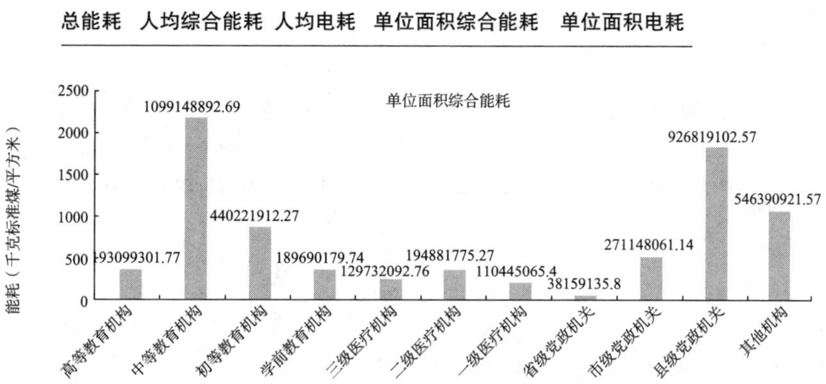

图 6-79　能耗分析体系基础指标数值分布模块

6.5.3.3　能源结构比重模块

能源结构比重模块如图 6-80 所示，该部分主要分析内蒙古自治区各行业分类在能源结构上的比重构成。

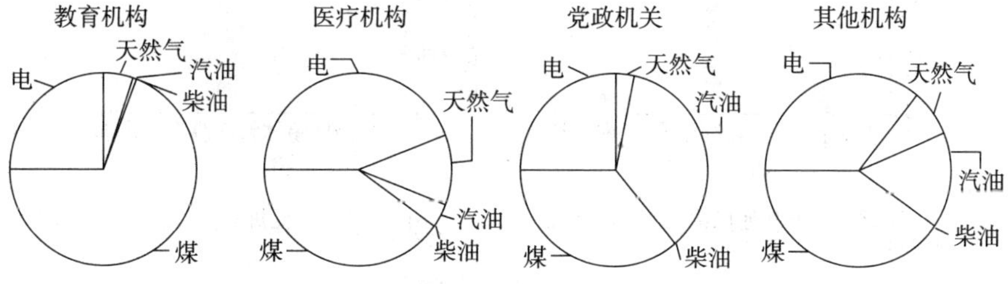

图 6-80　各行业分类在能源结构上的比重构成模块设计草图

6.5.3.4　各行业分类在不同温度区域中的能耗分布模块

各行业分类在不同温度区域中的能耗分布模块如图 6-81 所示，这部分从温度区域的构成来分析各盟市的能源消耗，主要从不同区域下各行业分类人均综合能耗和单位面积综合能耗两项指标来对同一温度带的不同盟市的用能情况做一个分析。以寒冷区 A 的用能情况为例，主要罗列了教育、医疗、党政、其他 4 个行业分类在人均综合能耗和单位面积综合能耗两项指标上的 8 个分析图。

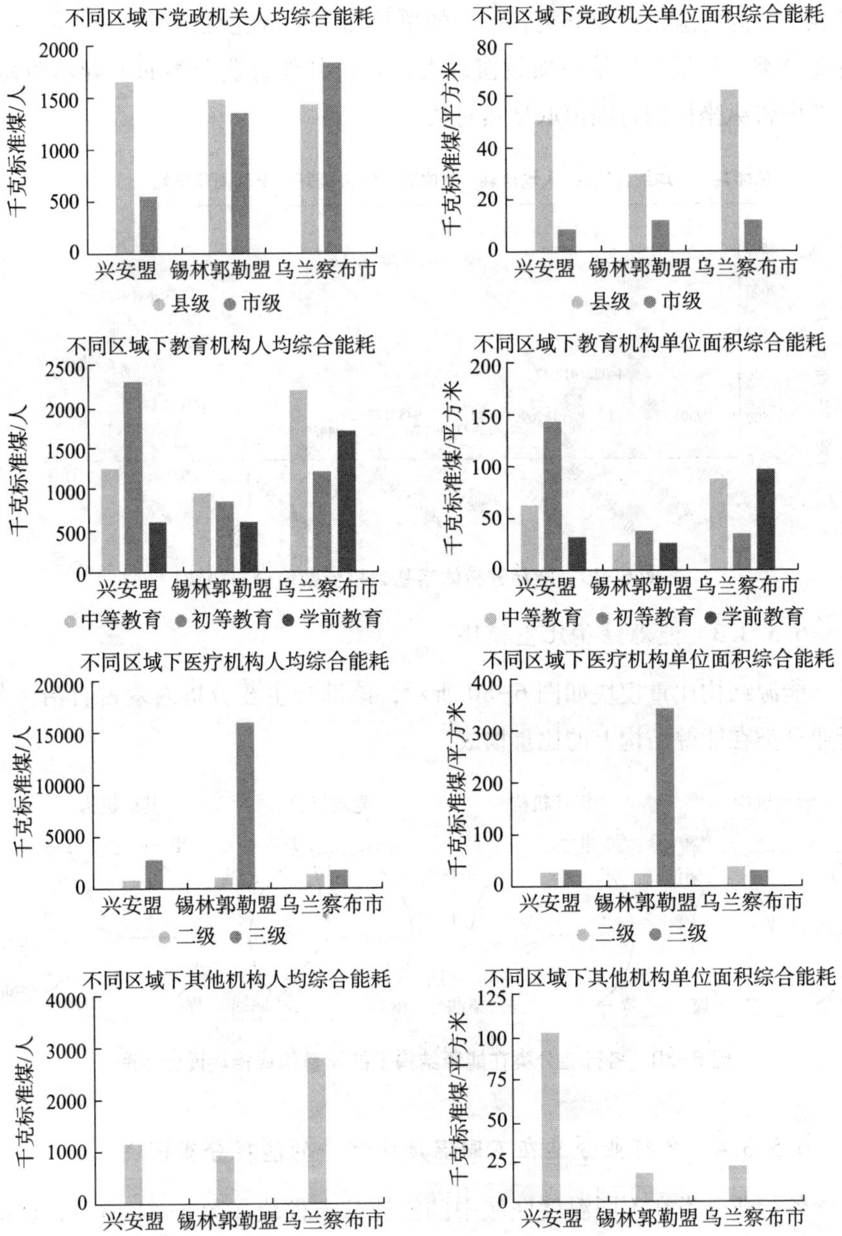

图 6-81　各行业分类在不同温度区域中的分布模块

特别值得注意的是以分类人均综合能耗的分析图为例。由于省级单位不属于寒冷区下的各个盟市，所以该党政分类下只有旗县和盟市两个二级分类，而寒冷区 A 下所属的盟市一共有 8 个，因此在该图上一共有 8×2=16 个数据柱。这张图的纵坐标为千克标准煤/人，计算方式为取对应盟市各党政二级分类公共机构单位的人均综合能耗的平均值。横坐标为寒冷 A 区下属的 8 个盟市中党政机关的各二级分类。

与党政机关相同的是在该类图形中教育机构没有高等教育的二级分类，医疗机构中没有三级医疗机构。

6.5.4 能耗定额

能耗定额体系模块对内蒙古自治区公共机构的各行业分类的公共机构在单位面积综合能耗、单位面积非供暖综合能耗、人均综合能耗、单位面积电耗、人均电耗这 5 个指标体系中的数据分布进行图表展示。

该体系模块由党政机关、教育机构、医疗机构、其他机构 4 个选项卡组成，其中以教育机构分类的选项卡为例，该区域主要包括以下两部分。

6.5.4.1 高等教育能耗定额部分

高等教育能耗定额展示部分如图 6-82 所示，反映了内蒙古自治区高等教育机构在 5 项指标中的数值分布状况。5 项指标分别为高等教育单位面积综合能耗、单位面积非供暖综合能耗、人均综合能耗、单位面积电耗、人均电耗，分布图横坐标为有效单位数，纵坐标分别为千克标准煤/平方米、千克标准煤/平方米、千克标准煤/人、千瓦·时/平方米、千瓦·时/人。

6.5.4.2 各温度区域教育机构能耗定额部分

这部分主要显示了教育机构中的中等教育、初等教育、学前教育这几个行业分类在寒冷区 A、寒冷区 B、极寒区单位面积综合能耗、单位面积非供暖综合能耗、人均综合能耗、单位面积电耗、人均电耗上的分布状况。

以寒冷区 A 为例：

(1) 中等教育机构能耗定额。

寒冷区 A 中等教育机构能耗定额如图 6-83 所示，该部分主要由内蒙古自治区教育机构的中等教育在寒冷区 A 中的单位面积综合能耗分布图、

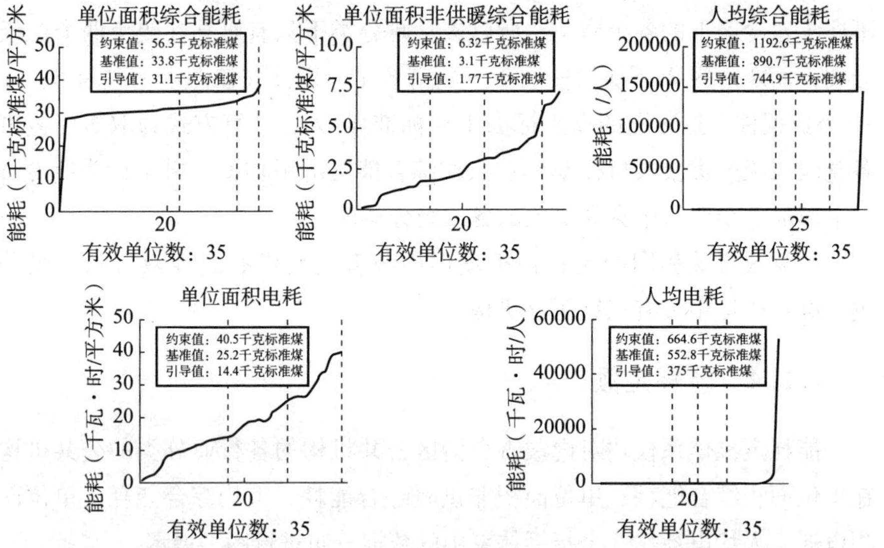

图 6-82　高等教育能耗定额模块

单位面积非供暖综合能耗分布图、人均综合能耗分布图、单位面积电耗分布图、人均电耗分布图这 5 个图组成，分布图的横坐标为有效单位数，纵坐标分别为千克标准煤/平方米、千克标准煤/平方米、千克标准煤/人、千瓦·时/平方米、千瓦·时/人。

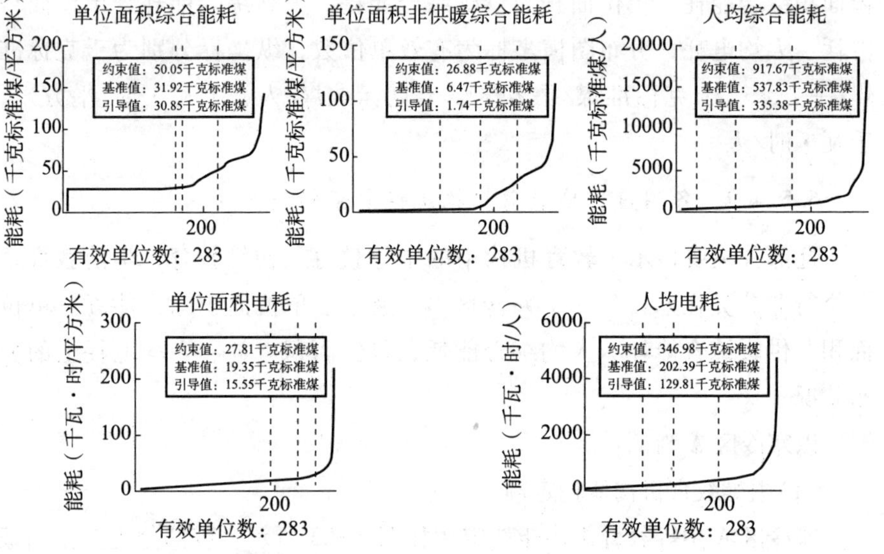

图 6-83　寒冷区 A 中等教育机构能耗定额部分

(2)初等教育机构能耗定额。

寒冷区 A 初等教育机构能耗定额如图 6-84 所示，该部分主要由内蒙古自治区教育机构的初等教育在寒冷区 A 中的单位面积综合能耗分布图、单位面积非供暖综合能耗分布图、人均综合能耗分布图、单位面积电耗分布图、人均电耗分布图这 5 个图构成，分布图的横坐标为有效单位数，纵坐标分别为千克标准煤/平方米、千克标准煤/平方米、千克标准煤/人、千瓦·时/平方米、千瓦·时/人。

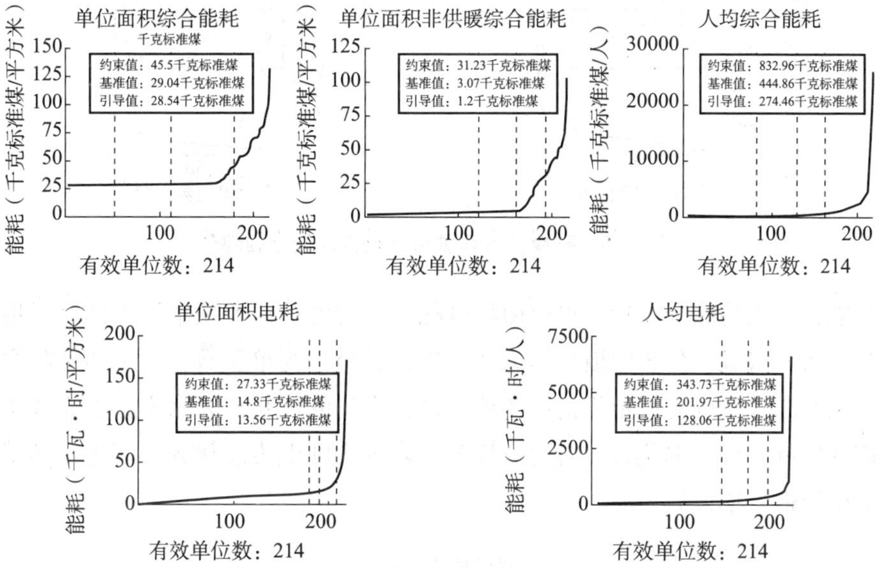

图 6-84　寒冷区 A 初等教育机构能耗定额部分

(3)学前教育机构能耗定额。

寒冷区 A 学前教育机构能耗定额如图 6-85 所示，该部分主要由内蒙古自治区教育机构的学前教育在寒冷区 A 中的单位面积综合能耗分布图、单位面积非供暖综合能耗分布图、人均综合能耗分布图、单位面积电耗分布图、人均电耗分布图这 5 个图构成，分布图的横坐标为有效单位数，纵坐标分别为千克标准煤/平方米、千克标准煤/平方米、千克标准煤/人、千瓦·时/平方米、千瓦·时/人。

(4)各盟市教育机构能耗定额完成分布。

各盟市教育机构能耗定额完成分布如图 6-86 所示，该部分主要由内蒙古自治区各盟市所属教育机构在单位面积综合能耗、单位面积非供暖综

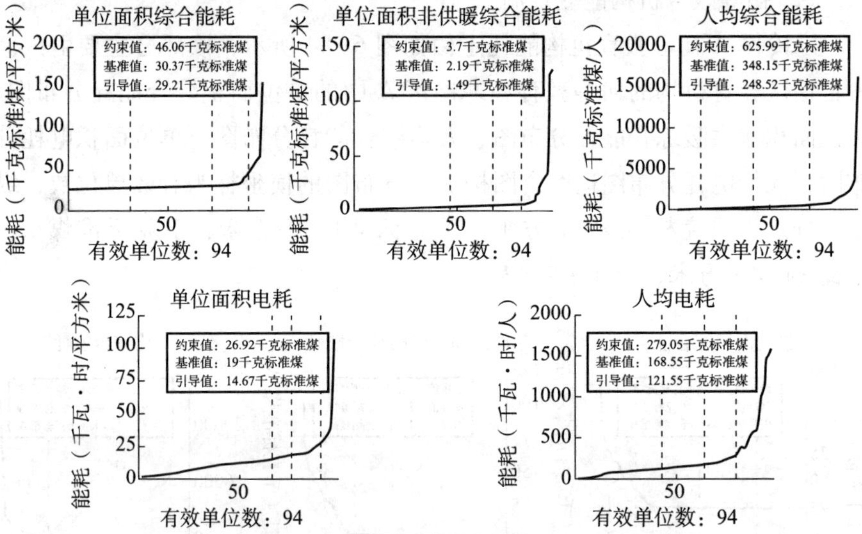

图 6-85　寒冷区 A 学前教育机构能耗定额部分

合能耗、人均综合能耗、单位面积电耗、人均电耗这 5 项指标上的完成情况分布图组成。分布图横坐标为各盟市，纵坐标为单位数，左边的柱状图表示实际未完成能耗定额指标的单位数，中间的柱状图表示实际上完成了能耗定额指标的单位数，右边的柱状图表示实际上表现优秀、超过定额指标引导值的单位数。

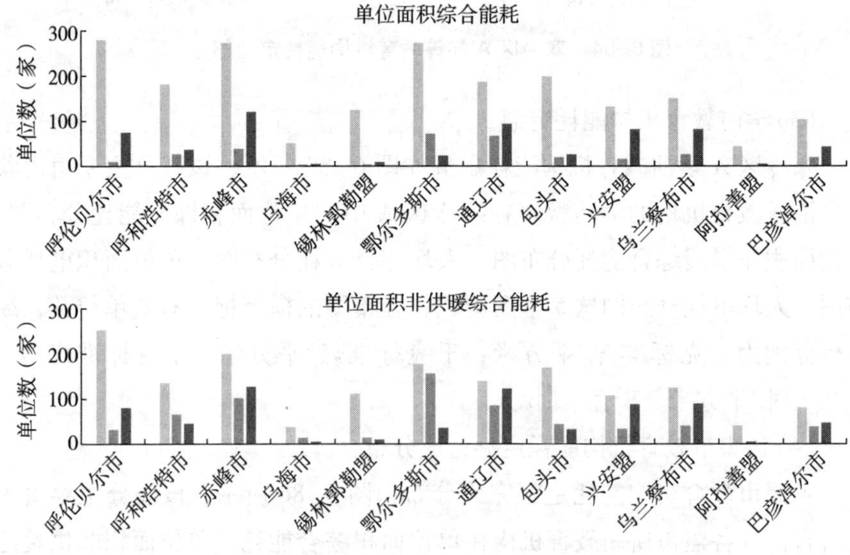

图 6-86　各盟市教育机构能耗定额完成情况

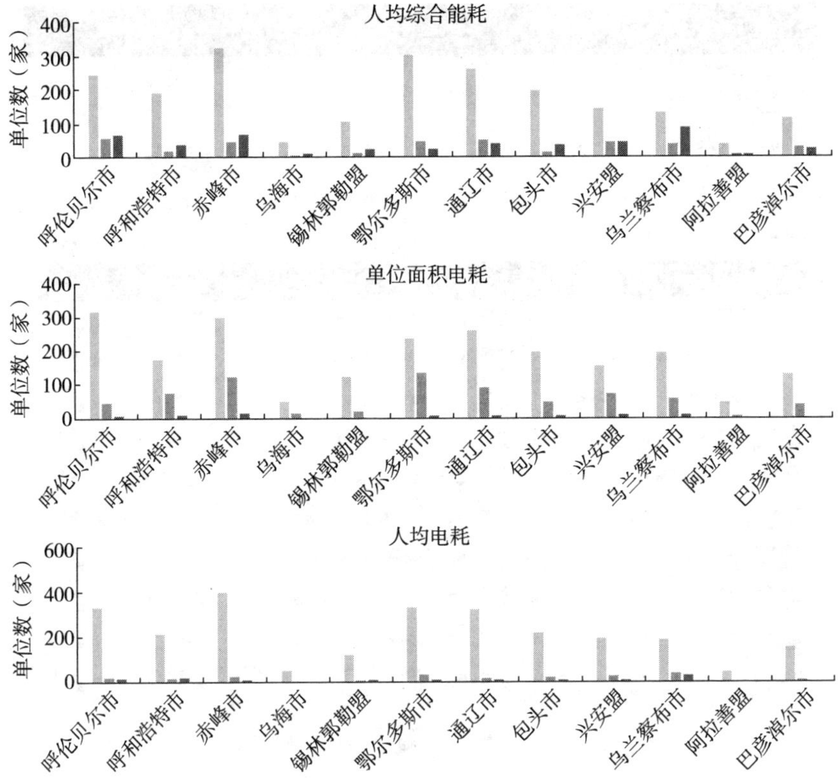

图 6-86 各盟市教育机构能耗定额完成情况(续)

6.5.5 评价报告

评价报告模块主要对单个单位能源消耗状况出具一份简单的评估报告，如图 6-87 所示。

该部分主要由内蒙古自治区 22846 家公共机构当前能源消耗的数据部分出具一份简单的评价报告。在该部分的分类里选择所需单位的一级分类、二级分类以及单位的名称，就可以找到该单位。在找到所需的单位后，点击报告下载，即可看到该单位能源消耗数据部分的简单评价报告。

以某中学为例：

从单位的基本状况、单位用能的基本数据、单位能耗的基本状况这 3 个方面对某中学的能源消耗状况做一简单报告(见图 6-88~图 6-90)。

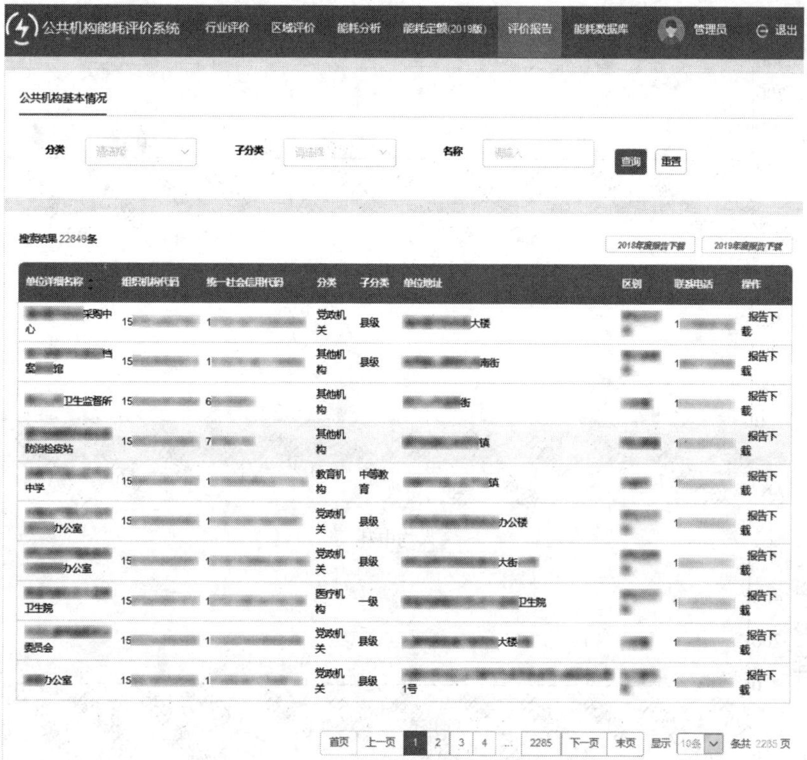

图 6-87　评价报告模块设计草图

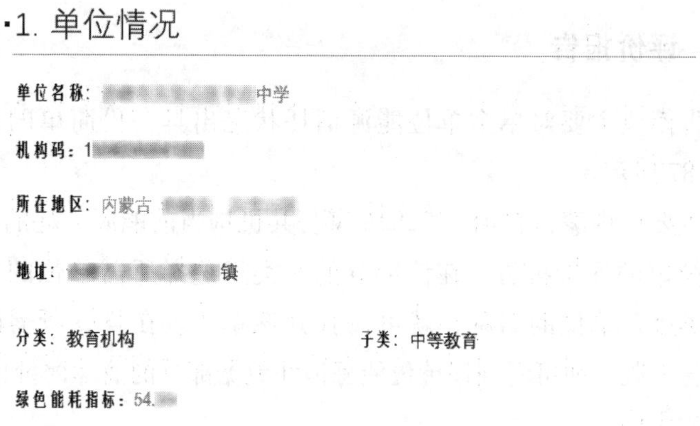

图 6-88　某中学单位基本状况

2. 单位用能数据

名称	年份	数量
用地面积	2019	5[illegible]m^3
建筑面积	2019	1[illegible]m^3
用能人数	2019	1[illegible]人
编制人数	2019	2[illegible]人
汽油车数量	2019	0 辆
柴油车数量	2019	0 辆
新能源汽车数量	2019	0 辆
用地面积	2018	5[illegible]m^3
建筑面积	2018	1[illegible]m^3
用能人数	2018	1[illegible]人
编制人数	2018	2[illegible]人
汽油车数量	2018	0 辆
柴油车数量	2018	0 辆
新能源汽车数量	2018	0 辆
用电量	2019	2[illegible]kwh
用水量	2019	0m^3
用煤量	2019	0m^3
天然气	2019	0m^3
汽油	2019	0L
柴油	2019	nullL

图 6-89 某中学单位用能的基本数据部分展示

3. 能耗情况

2018 年，人均综合能耗为：3[redacted]kgce,全省排名：第 1[redacted]名,共 2[redacted]名；全市排名：第 1[redacted]名,共 2[redacted]名;行业排名：第 1[redacted]名,共 3[redacted]名。

2019 年，人均综合能耗为：4[redacted]kgce,全省排名：第 1[redacted]名,共 2[redacted]名；全市排名：第 1[redacted]名,共 2[redacted]名;行业排名：第 1[redacted]名,共 3[redacted]名。

2018 年，人均电耗为：1[redacted]kwh,全省排名：第 1[redacted]名,共 2[redacted]名；全市排名：第 1[redacted]名,共 2[redacted]名;行业排名：第 1[redacted]名,共 3[redacted]名。

2019 年，人均电耗为：1[redacted]kwh,全省排名：第 8[redacted]名,共 2[redacted]名；全市排名：第 1[redacted]名,共 2[redacted]名;行业排名：第 9[redacted]名,共 3[redacted]名。

2018 年，人均水耗为：0kgce,全省排名：第 1[redacted]名,共 2[redacted]名；全市排名：第 2[redacted]名,共 2[redacted]名;行业排名：第 2[redacted]名,共 3[redacted]名。

2019 年，人均水耗为：0kgce,全省排名：第 1[redacted]名,共 2[redacted]名；全市排名：第 2[redacted]名,共 2[redacted]名;行业排名：第 3[redacted]名,共 3[redacted]名。

2018 年，单位面积综合能耗为：2[redacted]kgce,全省排名：第 9[redacted]名,共 2[redacted]名；全市排名：第 1[redacted]名,共 2[redacted]名;行业排名：第 1[redacted]名,共 3[redacted]名。

2019 年，单位面积综合能耗为：2[redacted]kgce,全省排名：第 8[redacted]名,共 2[redacted]名；全市排名：第 1[redacted]名,共 2[redacted]名;行业排名：第 1[redacted]名,共 3[redacted]名。

2018 年，单位面积电耗为：1[redacted]kwh,全省排名：第 8[redacted]名,共 2[redacted]名；全市排名：第 1[redacted]名,共 2[redacted]名;行业排名：第 1[redacted]名,共 3[redacted]名。

2019 年，单位面积电耗为：1[redacted]kwh,全省排名：第 7[redacted]名,共 2[redacted]名；全市排名：第 1[redacted]名,共 2[redacted]名;行业排名：第 8[redacted]名,共 3[redacted]名。

图 6-90　评价报告模块

除单个单位外，系统还可以对内蒙古自治区各公共机构年度总体情况做一简单汇报，该汇报主要从内蒙古自治区能耗基本情况、盟市用能数据、行业用能数据、温度区域用能数据、用电排名、用水排名、用煤排名、用天然气排名、汽油排名、柴油排名这 10 个方面，对内蒙古当前年度能源消耗状况做一简单汇报。由于资金和技术原因，该报告没有继续深入。

6.5.6　数据库的搭建与维护模块

公共机构能耗评价系统能耗数据库模块是将内蒙古自治区机关事务管理局所提供的内蒙古自治区各公共机构年度能耗总表导入数据库中，然后根据程序分解为公共机构基本情况表、能源基础信息表、能源消耗数据表、采暖能源资源表、中心机房、能源消费状况表、能源消耗统计数据表、国标单位字典、温度区域、能耗限制值、能源分值表、能耗结果表。当有部分数据发生错误时，可以手动在以上的表格中对数据进行修改，见

图 6–91。由于资金和技术条件的限制，该系统目前只适用于内蒙古自治区机关事务管理局所提供的表格数据格式，尚无拓展功能。

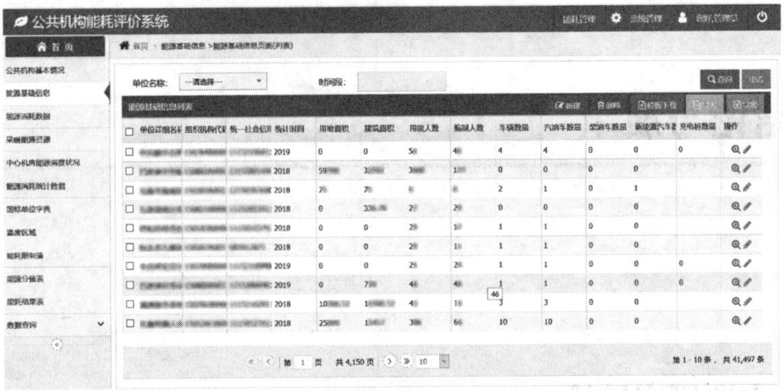

图 6–91　公共机构能耗评价系统能耗数据库模块设计草图

由于资金与条件的限制，当变动条件较多、变动数据较多时，需要技术人员进入后台重新调试，少量的数据变动可以在数据库模块进行维护。

7 结论与展望

7.1 主要研究结论

7.1.1 构建多维度的机构能耗数据库，为分区域、分行业、分级评价提供数据支撑

项目首先整合了内蒙古自治区各公共机构 2016—2019 年能源消耗的数据，并在此基础上整合了全区 2010 年以来各地区的温度数据与电力公司部分公共机构细粒度的用电数据，建立了一个综合性内容创新的数据库，使公共机构在创建能耗评价系统时就考虑到温度对能耗的影响，考虑到电力数据对能耗数据准确性的参照。

由于内蒙古地形呈横长形，横跨多个经度区域，地域辽阔，各公共机构单位星罗棋布，同区域同类型单位很难构成有效的统计数列，且各地区温度对当地单位能耗造成的影响也不同，因此为了能科学地对跨区域各单位能耗的产生进行评估和排序就必须考虑温度的影响。

为了提高数据的有效性，项目组根据机关事务管理局提供的内蒙古公共机构能源消耗数据、电力部门提供的电力数据、内蒙古气象局提供的气候数据等各方面数据，建立数据库来解决这个问题。这是本项目在多元能源数据融合上的创新。

大数据的应用在公共机构能耗管理和统计分析领域中尚属空白。公共机构的能耗分析和管理是一个非常复杂的系统，其涉及的各级各类公共机构数量庞大，数据类型多样，公共机构的能耗分析和管理具有典型的大数据特征，采用大数据理念和技术手段将各类能耗数据进行集成融合，对提

高能耗统计、分析、预测的时效性和准确度具有重要价值，因此本项目属于创新性应用领域。

7.1.2 建立自治区首个公共机构能耗定额标准

2019 年，国家机关事务管理局为推动能耗限额向定额转变，节能司发布《公共机构能耗定额标准编制和应用指南(试行)》，要求各省份制定本地区的能耗定额。

由于内蒙古地形特殊，有森林、沙漠、高原、戈壁，横跨多个时区，各公共机构单位星罗棋布，同区域同类型单位很难构成有效的统计数列。项目组在专家的指导下，结合本地区气候行政能源消耗的特点，打破传统的东、中、西三区在公共机构能耗上区分不明显的局面，创新性地以温度聚类划分区域，将全区划分为 3 个不同的温度区域，制定了符合本地区特色的新型公共机构能耗定额标准，为内蒙古自治区公共机构绿色环保、“碳达峰”“碳中和”等能源专项行动提供了一把衡量标尺。

7.1.3 建立创新型内蒙古公共机构能耗综合评价体系

项目组有幸参与了内蒙古公共机构能耗定额标准的制定，在能耗定额标准的制定过程中，通过对自治区公共机构能源消耗的调查和研究，通过与专家交流与讨论，在定额标准的基础上，项目组建立并完善了“内蒙古公共机构能耗综合评定体系”。

内蒙古公共机构能耗综合评定体系旨在建立一个以全区公共机构能耗定额标准为基础，由人均综合能耗指标评价体系、单位面积综合能耗指标评价体系、单位用能排碳结构指标评价体系三部分组成的综合评价体系。该体系以百分值的形式对自治区各公共机构的能源消耗情况做了一个综合评分，使同类型、同温度、同气候区域的不同公共机构能源消耗状况综合可比。

7.1.4 构建公共机构能耗综合评价系统

项目在整合了包括内蒙古自治区各公共机构 2016—2019 年能源消耗的数据、全区 2010 年以来各地区的温度数据、电力公司部分公共机构细粒度用电数据等，在合性内容创新数据库的基础上，以内蒙古公共机构能耗定额标准为标尺建立了内蒙古公共机构能耗定额评价系统。

公共机构能耗定额评价系统通过行业评价模块对教育机构、医疗机构、党政机关、其他机构这四大行业的公共机构按照综合评价体系进行打分，并将打分的结果分别以图表的形式表现出来。

公共机构能耗定额评价系统通过区域评价模块对内蒙古本级、呼和浩特市级、包头市级、乌海市级、赤峰市级、通辽市级、鄂尔多斯市级、呼伦贝尔市级、巴彦淖尔市级、乌兰察布市级、兴安盟市级、锡林郭勒盟市级、阿拉善盟市级这 13 个区域分类的公共机构按照综合评定体系进行打分，并将打分结果按照综合能耗年度评价、综合评价结构、盟市级区域行业能耗评价等方面的分布以图表的形式表现出来。

公共机构能耗定额评价系统通过能耗分析模块对内蒙古自治区公共机构单位数目、公共机构用能人数、公共机构单位建筑面积、年度总能耗人均能耗、人均电耗、单位面积综合能耗、单位面积电耗、各行业能源结构、各行业在不同温度区域人均综合能耗等能源相关数据分布以图表的形式进行展示。

公共机构能耗定额评价系统通过能耗定额模块对各行业分类的公共机构在单位面积综合能耗、单位面积非供暖综合能耗、人均综合能耗、单位面积电耗、人均电耗这五个指标体系中的数据分布以图表的形式进行展示。

公共机构能耗定额评价系统通过各个模块的不同展示，将内蒙古自治区公共机构当前能源消耗以直观的形式呈现在用户面前，为内蒙古自治区公共机构能源消耗、节能减排、“双碳”方面政策的制定提供了参考依据。

7.2 研究的不足与展望

7.2.1 数据质量与理想状态存在差距

项目数据虽然来源于内蒙古机关事务管理局提供的内蒙古自治区公共机构 2016—2019 年的全量统计数据，但是数据的质量并不是十分理想。

7.2.1.1 可进行交叉验证的数据有限

系统通过电力部门提供的部分公共机构细粒度用电数据，对 2019 年内蒙古自治区多个盟市的用电数据进行了交叉验证，对内蒙古公共机构用能数据的准确性判定起到有效的作用。但该类数据只含有2019年的数据，且地区仅限于东四盟，这使得整个系统中所用数据的交叉验证并没有达到系统设置时的理想状态。

各公共机构能耗数据统计人员专业水准不一致。由于历史、经济等原因，各公共机构能耗数据统计人员并非专业人员，且无固定的统计人员编制，因此提交上来的数据质量参差不齐。

7.2.1.2 内蒙古自治区各公共机构能耗数据统计能源算法不一致

为了保证数据的真实性，各公共机构能耗数据是以各单位的财务发票为参考依据的，而各单位的财务发票并不是一个实时的结算数据，有很多能源数据是一些单位的预估值，只能反映该单位的部分能源消耗状况。

7.2.2 公共机构能耗定额指标的行业分类有待进一步细化

本项目按照国家机关事务管理局节能司发布的《公共机构能耗定额标准编制和应用指南(试行)》将内蒙古自治区公共机构划分为四大类，分别为(一级分类)：

7.2.2.1 党政机关

党政机关包括党政机关以及全部或者部分使用财政性资金且用能特点与党政机关相类似的事业单位(除教育机构与医疗机构外)和团体组织。

7.2.2.2 教育机构

教育机构包括高等教育机构、中等教育机构、初等教育机构、学前教育机构、其他教育机构。其中，高等教育机构包括大学、学院、高等职业技术学院、高等专科学校等，中等教育机构包括普通中等专业学校、中等师范学校、职业初中、职业高中、成人高中、成人中专、中等技工学校等，初等教育机构即小学，学前教育机构包括幼儿园、托儿所，其他教育机构包括特殊教育学校和进修学校等教育机构。

7.2.2.3 医疗机构

按国家等级分类的各级医院、卫生院、防保站等内蒙古自治区行政辖区内全部或者部分使用财政性资金的医疗机构。

7.2.2.4 其他机构

不包含在党政机关、教育机构、医疗机构的其他内蒙古自治区行政辖区内全部或者部分使用财政性资金的事业单位和团体组织，并在此基础上进行了二级分类的划分。

但是这些行业分类并不能涵盖所有单位的能源使用特征。比如在党政机关中，公检法机关的用能特征与一般行政机关的用能特征大不相同。农林牧草等科研机构的用能特征与一般党政机关的用能特征也不尽相同。由于时间以及现有统计条件的限制，很多行业分类都没有进一步地细化，我们期待当条件进一步完善时在进一步的研究中能对其进行进一步的细化，且在研究过程中，最主要的工作应该是把各单位的特殊用能与一般通用工作用能(如办公温控，照明等)进行区分后，再进行分类。比如同为高等教育的大学，综合类大学与工学类大学的用能特征有很大不同，其主要差别就在于特殊用能的不同。只有划分好了用能的分类，才可能更科学地制定各行业的能耗标准。期待当条件进一步完善时能对用能分类进行进一步的细化研究。

7.2.3 公共机构能耗评价系统功能完善，产品化尚需投入

当前，公共机构能耗评价系统所有功能已基本满足了项目的科研需求。行业评价、区域评价、能耗分析、能耗定额四大模块分别从内蒙古自治区公共机构行业角度能耗评价分布，内蒙古自治区公共机构地区角度能耗评价分布，内蒙古自治区公共机构用能单位数、用能人数、用能面积、用能结构等用能数值分布，内蒙古自治区各公共机构完成指标数值分布4个角度，对内蒙古自治区公共机构能耗状况进行了分析和描述。

但由于科研经费有限，还存在界面展示不够理想、系统数值分析颗粒度较为粗糙及各项数据关联广度与深度不足等问题。

而评价报告与能耗数据库管理模块目前只能完成当前部分数据的导入，数据部分的展示还需要程序人员从后台进行调整。该部分模块在参数的调整和新数据的录入方面还存在一些问题，如果需要导入新的数据，生成新的图形展示使之变成一个通用型系统，还需要进一步加大资金投入。

参考文献

[1]Corgnati s P, Corrado V, Filippi M. A method for heating consumption assessment in existing buildings: A field survey concerning 120 Italian schools [J]. Energy and Buildings, 2008, 40(5): 801-809.

[2]Zhang F, Deb C, Lee S E, et al. Time series forecasting for building energy consumption using weighted support vector regression with differential evolution optimization technique [J]. Energy and Buildings, 2016, 126 (1): 94-103.

[3] Ashrae. Energy estimating and modeling methods [M]. Atlanta: AsHRAE Inc, 2005.

[4]Zhao J, Xin Y J, Tong D D. Energy consumption quota of public buildings based on statistical analysis[J]. Energy Policy, 2012, 43(2): 362-370.

[5]Anselin L. Spatial econometrics: Methods and models[M]. The Netherlands: Kluwer Academic Publishers, Dordrecht, 1988.

[6] Fischer, M, Scholten, H, and Unwin, D(eds), Spatial Analytical Perspectives on GIS in Environmental and Socio - Economic Sciences [M]. London: Taylor and Francis, 1996.

[7]Assuncao R, Reis E A. A new proposal to adjust Moran's I for population density[J]. Statistics in Medicine, 1999(18): 2147-2161.

[8]Bailey T C, Gatrell A C. Interactive spatial data analysis[M]. New York: John Wiley and Sons, NY, 1995.

[9]Getis A, Griffith D A. Comparative spatial filtering in regression analysis [J]. Geographical Analysis, 2002(34): 130-140.

[10]Gilley O, Pace R K. On the harrison and rubinfeld data[J]. Journal of Environmental Economics and Management, 1996(31): 403-405.

[11] Krugman P. Confronting the mystery of urban hierarchy[J]. Journal of the Japanese and Information Economies, 1996(10): 399-418.

[12] Lawson A B, Browne W J, Rodeiro C L V. Disease mapping with win-BUGS and MLWin[M]. Chichester: John Wiley and Sons, 2003.

[13] Marius Brülhart. Rolf traeger an account of geographic concentration patterns in Europe[J]. Regional Science and Urban Economics, 2005, 35(6): 597-624.

[14] Xia H, Carlin B P. Spatio-temporal models with errors in covariates: Mapping Ohio lung cancer mortality[J]. Statistics in Medicine, 1998(17): 2025-2043.

[15] Yu J, Jong R, Lee L F. Quasi-maximum likelihood estimators for spatial dynamic panel data with fixed effects when both n and T are large[J]. Journal of Econometrics, 2008, 146(1): 118-134.

[16]《中华人民共和国节约能源法》(中华人民共和国主席令 第 77 号)。

[17]《公共机构节能条例》(国务院第 531 号令)。

[18]《国务院关于印发“十三五”节能减排综合工作方案的通知》(国发〔2016〕74 号)。

[19]《公共机构节约能源资源“十三五”规划》(国管节能〔2016〕87 号)。

[20]《关于印发〈公共机构能耗定额标准编制和应用指南(试行)〉的通知》(国管办发〔2019〕5 号)。

[21]《综合能耗计算通则》 GB/T 2589—2008。

[22]《能源管理体系要求》 GB/T 23331—2020。

[23]《公共机构能源审计技术导则》 GB/T 31342—2014。

[24]《公共机构能源管理体系实施指南》 GB/T 32019—2015。

[25]《民用建筑能耗分类及表示方法》 GB/T 34913—2017。

[26]《民用建筑设计统一标准》 GB 50352—2019。

[27]《建筑工程建筑面积计算规范》 GB/T 50353—2013。

[28]《民用建筑能耗标准》 GB/T 51161—2016。

[29]《党政机关单位综合能耗、电耗定额及计算方法》 DB 33/T 736—2015。

[30]《普通高等院校单位综合能耗、电耗定额及计算方法》 DB 33/T 737—2015。

[31]《医疗机构单位综合能耗、电耗定额》 DB 33/T 738—2016。

[32]《党政机关能耗限额》 DB 46/T 340—2015。

[33]《普通高等院校能耗限额》 DB 46/T 373—2016。

[34]《海南省公共机构能耗定额标准》 DB 46/T 481—2019。

[35]刘菁，王芳．办公建筑能耗影响因素与数据标准化分析[J]．暖通空调 HV&AC，2017，47(5)：14，83-88.

[36]周浩，李嘉麒，林波荣，等．北京市公共建筑电耗限额管理现状调研分析[J]．建筑节能，2019，47(343)：115-122，153.

[37]昂超．基于相似日法的空调系统节能改造节能量计算方法[J]．暖通空调，2016，46(8)：88-91.

[38]孙多斌，肖贺．大型商业建筑能耗定额方法研究与实证[J]．暖通空调，2016，46(9)：44-50.

[39]清华大学建筑节能研究中心．中国建筑节能年度发展研究报告2014[M].北京：中国建筑工业出版社，2014.

[40]曹勇．德国与美国能耗基准确定方法在北京地区办公建筑空调系统能耗定额确定方面的应用及对比[J]．建筑科学，2012，28(4)：17-24，90.

[41]武汉市机关事务管理局，武汉市标准化研究院．公共机构能耗定额标准编制要从严从紧[J]．中国机关后勤，2020(2)：20-21.

[42]黄凯，杨玥，魏燕丽．公共建筑一种能耗定额方法的浅析[J]．建筑节能，2013(3)：43-46，78.

[43]廖深瓶，佘乾仲，朱惠英，等．广西国家机关办公建筑能耗定额研究[J]．建筑节能，2012(4)：45-47.

[44]高莉娟，储雪松，高立强，等．杭州市大型商业建筑能耗定额浅析[J]．浙江建筑，2020，37(1)：45-47.

[45]陈义波，谭洪卫．杭州市公共建筑能耗定额研究[J]．建筑科学，2017，33(12)：91-95，124.

[46]孙彦楷，邹晓华．河南省党政机关能耗定额研究[J]．计量与测试技术，2020，47(6)：87-90.

[47]薛世海，李玉云．湖北地区高校能耗定额的研究[J]．建筑科学，

2013，29(12)：93-97.

[48]刘爽．基于案例的城市轨道交通车站能耗定额标准研究[J]．交通运输系统工程与信息，2020，20(4)：231-235.

[49]马坤，田玉卓．基于弹性定额理论的建筑能耗定额方法研究[J]．石家庄铁道大学学报(自然科学版)，2013，24(1)：100-104.

[50]杨晓凡，白文峰．基于能耗模拟的中瑞生态城建筑用能指标确立[J]．建筑节能，2019(11)：103-109，143.

[51]周智勇，付祥钊，刘俊跃，等．基于统计数据编制的公共建筑能耗定额[J]．煤气与热力，2009，29(12)：A14-A17.

[52]肖贺．办公建筑能耗统计分布特征与影响因素研究[D]．北京：清华大学，2011.

[53]徐强．公共建筑用能定额研究现状及思考[J]．建设科技，2010(8)：35-37.

[54]茆诗松，程依明，濮晓龙．概率论与数理统计教程[M]．北京：高等教育出版社，2011.

[55]卜震，王安光，蒋友娣．既有建筑节能改造中部分建筑功能改变的节能量计算[J]．暖通空调，2015，45(11)：35-39.

[56]张玉清．我国能源产业"十四五"高质量发展的思考[J]．环境与生活，2021(6).

[57]丁超，王天一．基于绿色低碳理念的某医院节能改造实践[J]．新型工业化，2022(1).

[58]国家机关事务管理局，国家发展和改革委员会，财政部，等．国家机关事务管理局　国家发展和改革委员会　财政部　生态环境部关于印发深入开展公共机构绿色低碳引领行动　促进碳达峰实施方案的通知[J]．建筑节能(中英文)，2021，49(11)：137-138.

[59]魏峥，邹瑜，王虹．英国公共建筑能耗基准评价方法对我国建筑能耗定额方法的启示[J]．建筑科学，2011，27(10)：7-12.

[60]张维化，师磊．内蒙古公共机构能耗定额中与气候相关的区域划分研究[J]．内蒙古财经大学学报，2022，20(1)：91-94.

重要术语索引